Die getLaunched Startup Formel

7 Schlüssel, 5 Schritte und passende Tools für Startups

Rolf Meyer

und

Slavisa Tavic

2. vollständig überarbeitete Auflage

ISBN 978-3-906941-11-0

Verlag
Quergründer GmbH
Rathausstrasse 14
CH-6340 Baar

Illustrationen: Judith Küstner

ISBN: 978-3-906941-11-0

DANKSAGUNG

Danke an all die Gründerpersonen und Studierenden an Universitäten und Hochschulen auf der ganzen Welt, welche an unseren Workshops teilgenommen haben und www.getLaunched.io einsetzen.

An unsere Familien und Freunde, die endlos geduldig mit uns sind. Arika Cullen, unsere Wortschmiedin.

Für die Illustration des «getLaunched® Motor» danken wir Carmen Zahno.

Für die Illustrationen und Infografiken auf unserer Webseite, der Plattform getLaunched® und in diesem Buch geht ein grosses Dankeschön nach Stuttgart an Judith Küstner (www.have-a-look.de).

Und Ihnen, liebe Leserin und lieber Leser. Hoffentlich finden Sie ebenso viel Freude und Spass am Entwickeln von Geschäftsideen wie wir.

INHALTSVERZEICHNIS

Willkommen in der unternehmerischen Selbständigkeit

Viele Menschen, die bisher nicht die Erfahrung gemacht haben, ein eigenes Unternehmen zu gründen und zu führen, empfinden das Unternehmertum als mysteriös, geheimnisvoll – gar beängstigend. Entrepreneurship (oder zu gut Deutsch Unternehmertum) wird als idealistisch angesehen, als „Mission Impossible", aufregend und zugleich ruinös. Es lockt die Unabhängigkeit, gepaart mit dem Risiko zu scheitern. Spannend oder bedrohlich, je nachdem wen Sie fragen.

All jene, welche die Selbständigkeit als Abenteuer anstatt Bedrohung sehen, stossen sogleich auf weitere Hürden. Und das noch ehe es überhaupt losgeht. Angehende Gründungspersonen schrecken zurück, wenn sie an den Papierkrieg denken, die finanzielle Belastung oder ganz einfach an ihrem betriebswirtschaftlichen Know-how zweifeln.

Doch wir dürfen uns von solchen Hindernissen nicht aufhalten lassen. Gründerpersonen sind – ganz schlicht und ergreifend – zu wichtig!

Gesamtwirtschaftliche Bedeutung von Startups

Startups spielen eine tragende Rolle, sowohl lokal als auch global gesehen. Natürlich nahm jedes Unternehmen irgendwann in der Vergangenheit seinen Anfang. Kein einziges Unternehmen würde existieren, wenn es keine Gründerpersonen gäbe, mit ihrem Drang vorwegzugehen, Innovationen zu erschaffen und Visionen zu verwirklichen. Ohne Gründerpersonen würden demnach auch kaum Angestellte beschäftigt. Startups sind die Quelle und der Ursprung einer gesunden Wirtschaft.

Jugendarbeitslosigkeit ist ein zunehmendes Problem. In manchen europäischen Staaten steht fast die Hälfte aller Jugendlichen mit Schulabschluss ohne Arbeit da. Interessanterweise gibt der Eurofound 2015 [1] (ein Bericht der Europäischen Union über Lebens- und Arbeitsumstände in Europa) bekannt, dass 49 Prozent der Leute zwischen 15 und 34 Jahren eine Karriere als

Entrepreneur (neudeutsch für Unternehmensgründer bzw. -gründerin) erstrebenswert finden. Tendenz steigend. Es scheint klar, dass die Gründung eines eigenen Unternehmens eine mögliche Lösung bei jeder Wirtschaftskrise für junge Menschen darstellt.

Eine Firmengründung hat denn auch zahlreiche Vorteile. Gründerinnen und Gründer von Startups geniessen Unabhängigkeit, persönliche Zufriedenheit, ein wachsendes Netzwerk aus interessanten und vielseitigen Kontakten sowie die Aussicht auf ein angemessenes Einkommen, in Einzelfällen gar sehr hohes Einkommen. Und dass bei einer Tätigkeit, die diesen Personen wirklich wichtig ist.

Herausforderungen des Unternehmertums

Die Vorteile, ein eigenes Unternehmen zu gründen, liegen also auf der Hand. Allerdings haben auch diese Vorteile ihren Preis.

Wer das normale Angestelltenverhältnis gegen die Selbständigkeit eintauscht, verzichtet damit auf einen sicheren Job mit einem garantierten Einkommen. Das bedeutet nicht selten den Abschied von geregelten Arbeitszeiten und festen Urlaubstagen. Eine Gründerperson fasste das so zusammen: „Ich bin der schlechteste Chef, den ich jemals hatte. Niemand sonst verlangte von mir so hart zu arbeiten. Würde ich unter diesen Umständen für jemand anders arbeiten, läge längst meine Kündigung vor."

Als ob dieses Opfer nicht schon gross genug wäre, um die Begeisterung einer angehenden Gründerperson zu bremsen, geben 82 Prozent der jungen Europäer an, dass es schwierig sei an das nötige Startkapital zu kommen. Manche halten es sogar für unmöglich. Ob dieses Hindernis der Wahrheit entspricht oder nicht, es hat die Macht viele Gründerpersonen aufzuhalten.

Bürokratie kann die nächste hohe Hürde sein. Nahezu 75 Prozent der Gründungswilligen sagen aus, dass Registrierungen, Beurkundungen, Lizenzen, Bewilligungen und anderer Papierkram eine grosse Barriere darstellen, wenn es um die Gründung eines Unternehmens geht. Und dann kommt da noch die altbekannte Angst vor dem Ungewissen hinzu. Auch fehlendes betriebswirtschaftliches Wissen kann sich als grosse Hürde entpuppen. Viele grossartige Ideen von wahren Visionären gelangten so nie an die Öffentlichkeit.

Die Persönlichkeitsmerkmale der Gründerinnen und Gründer

Welche Persönlichkeiten können diese Barrieren überwinden, die Ängste hinter sich lassen und am Ende als erfolgreicher Entrepreneur dastehen?

Die erfolgreichsten Unternehmerinnen und Unternehmer der heutigen Zeit haben sehr unterschiedliche Charaktere, jedoch allesamt 5 Eigenschaften gemeinsam. Diese Eigenschaften treiben sie als Menschen an, aber auch als erfolgreiche Gründerpersonen:

- Hohes Mass an Kreativität
- Freude an der Innovation
- freiheitsliebend
- Hohes Mass an Eigenständigkeit
- Risikofreudigkeit

Kreativität und Innovation sind unentbehrlich, um neuartige Produkte und Methoden zu entwickeln. Und diese sind bekanntlich das Blut, das durch die Venen eines Startups fliesst. Die oben genannten Charaktereigenschaften geben der Gründerperson eine weitere mächtige Fähigkeit: Effektive Problemlösung. Seit je her birgt das Geschäftsleben gewisse Probleme. Einige davon sind vorhersehbar, andere kommen überraschend. Die Fähigkeit, die Dinge so zu nehmen, wie sie kommen und zum eigenen Besten zu nutzen, ist dabei zwingend notwendig.

Unabhängigkeit und Eigenständigkeit sind zwei Eigenschaften, die grundlegend dazu beitragen, Impulse zu setzen und beizubehalten. Derselbe Entrepreneur von vorher sagte dazu: „Gleichzeitig bin ich aber auch der beste Chef, den ich jemals hatte. Kein anderer Vorgesetzter konnte bei mir jemals so viel Hingabe und Leidenschaft zu meiner Arbeit entfachen.“

Die Risikofreudigkeit schlägt die Brücke zwischen Erwägung und Umsetzung. Während Leichtsinn auch eine schlechte Eigenschaft sein kann, ist Furchtlosigkeit hochgradig nützlich. Sinnvolle Risiken einzugehen ist der einzige Weg zu grossartigen Belohnungen für die eigenen Mühen.

Heisst das jetzt, dass Sie ohne diese Charaktereigenschaften zum Scheitern verurteilt, sind als Gründerperson? Nein. Besitzen Sie eine Erfolgsgarantie, wenn sie alle diese Charaktereigenschaften besitzen? Keinesfalls.

Einerseits sind gewisse Eigenschaften dem unternehmerischen Erfolg dienlich. Andererseits erhöht die kontinuierliche Aneignung und Verbesserung von unternehmerischen Fähigkeiten und die effektive Nutzung von betriebswirtschaftlichen Analyse- und Planungsinstrumente Ihre Aussicht auf Erfolg.

Wie dieses Buch und die getLaunched® Plattform dabei helfen

Eine sehr gute Möglichkeit, dem eigenen unternehmerischen Erfolg etwas nachzuhelfen, egal ob im Geschäftsleben oder anderswo, bietet die aktive Einbeziehung eines erfahrenen und aktiven Mentors. Ob Sie gegenwärtig einen solchen Mentor haben oder nicht, dieses Buch und die getLaunched® Plattform wurden geschaffen, um Ihnen zu helfen und Sie anzuleiten, wie ein Mentor dies tut.

Zusammen mit den vielen hilfreichen Tipps, Tricks und Werkzeugen in diesem Buch, werden Sie die fiktionale Geschichte von Olivia verfolgen. Eine alleinerziehende Mutter, Anfang 20, mit einer vielseitigen Vergangenheit, angetrieben durch ihren angeborenen Geist für das Unternehmertum. Sie werden aber auch die Geschichte von Leon kennenlernen, einem Familienmenschen, der das eintönige Arbeitsleben für die Unabhängigkeit eines Existenzgründers eintauschen möchte.

Diese erfundenen Charaktere und ihre Erfahrungen wurden geschaffen, um Ihnen vor Augen zu führen, wie getLaunched® – und die Werkzeuge auf der Plattform – jedem Entrepreneur, in jeder Phase eines Startups und mit jedem Level an Erfahrung helfen können.

Lassen Sie uns keine weitere Zeit verlieren. Kommen wir zum Geschäftlichen!

Die Inhalte visuell dargestellt im «getLaunched® Motor»

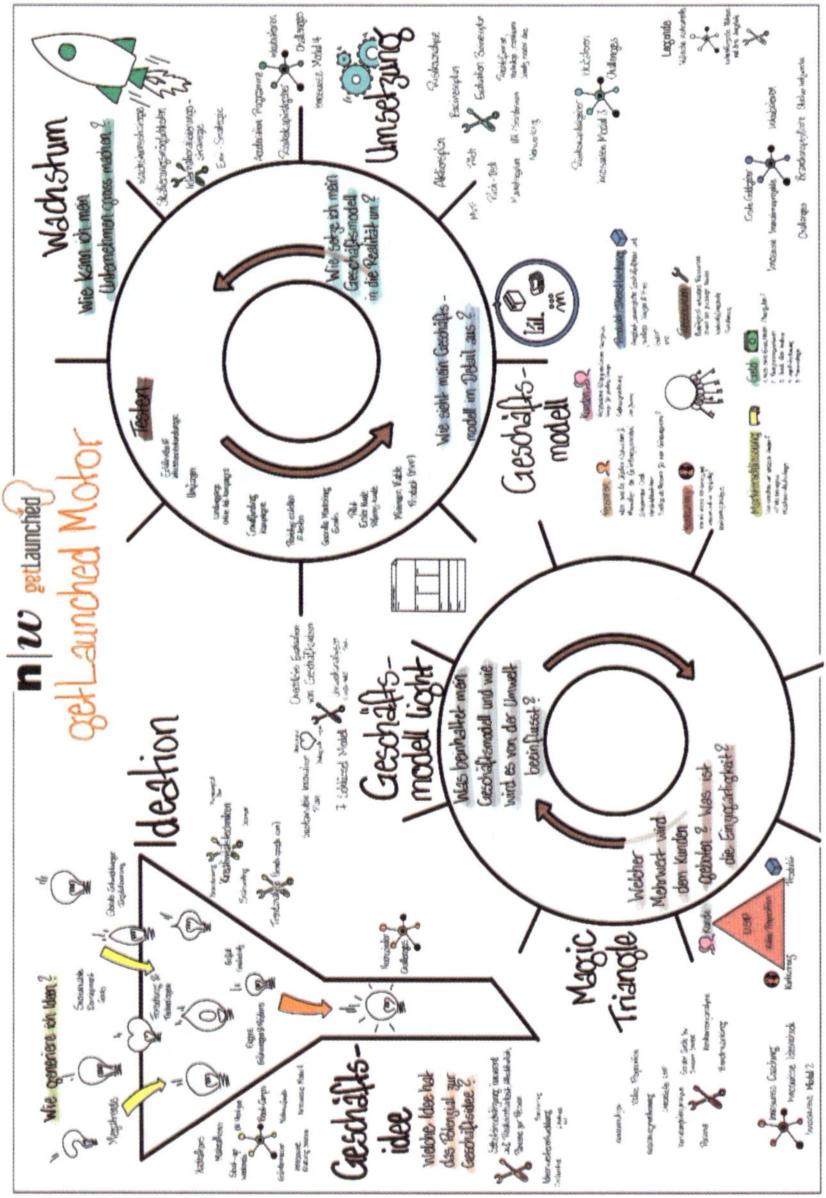

Kapitel 1: Der Weg zum eigenen Startup

In diesem ersten Kapitel werfen wir einen Blick auf die fünf Schritte auf dem Weg zu einem erfolgreichen Startup, von der Idee übers magische Dreieck, dem Geschäftsmodell, dessen Umsetzung bis zum Wachstum der Unternehmung. Dabei liegt das Augenmerk weniger auf den Details als vielmehr auf dem grossen Ganzen. Dieses Kapitel vermittelt einen Überblick, was alles auf uns zukommt, wenn wir ein Start-up aufbauen wollen. Die Details, insbesondere viele nützliche Analyse- und Planungstools, folgen dann in den späteren Kapiteln.

1.1 Sie brauchen eine Idee

Am Anfang steht die Idee. Egal wie gross ein Unternehmen einmal wird, es beginnt immer mit einer Idee. Diese Idee umfasst selten das gesamte Geschäftsmodell (siehe Kapitel 3 zum 7 Schlüssel Modell). Oft umfasst die Idee sogar nur eine der drei magischen Ecken des magischen Dreiecks (siehe Kapitel 2 zum Magic Triangle): Eine Idee für ein neuartiges oder verbessertes Produkt bzw. eine neuartige oder verbesserte Dienstleistung; eine Idee für ein ganz spezifisches Kundensegment mit einem aktuell nur schlecht befriedigten Kundenbedürfnis; oder die Erkenntnis, dass bestehende Angebote schlicht ungenügend, schlecht sind und es doch möglich sein sollet, das selber besser zu machen.
Eine Idee in diesem Sinne zeigt immer eine unternehmerische Chance. Die Idee selber sagt jedoch noch nichts, ob diese Chance es wert ist, ausgenutzt zu werden und ob es tatsächlich der Startpunkt einer erfolgreichen Unternehmensgründung sein wird. Aber es ist ein Beginn, dem noch zahlreiche Analyse-, Planungs- und Umsetzungsschritte folgen müssen, bis ein Startup erfolgreich ist.

Doch woher kommen eigentlich diese unternehmerischen Ideen? Braucht es dazu ein spezifisches Talent – oder kann jeder und jede auf solche Ideen kommen? Um diese Frage beantworten zu können, schauen wir uns an, woher unternehmerische Ideen

überhaupt kommen können.
Der Wunsch vieler Personen, die sich selbständig machen wollen, ist es, dass sie eines Tages einen Geistesblitz haben, also aus dem Nichts heraus eine plötzliche Eingebung kriegen, beispielsweise im Schlaf, beim Joggen oder bei einer anderen angenehmen Tätigkeit. Diese Geistesblitze gibt es tatsächlich, sind aber doch eher selten und lassen sich vor allem kaum planen. Deshalb bleibt dieser Wunsch für die meisten potenziellen Gründerinnen und Gründer in der Regel ein unerfüllter Traum.

Alle weiteren Quellen für Ideen verlangen ein aktiveres Engagement der Gründungspersonen.

Viele unternehmerische Ideen haben ihren Ursprung in den **persönlichen Erfahrungen und Erlebnissen** der Gründungspersonen. Oft sind es schlechte Erfahrungen und Erlebnisse von unbefriedigenden Situationen, welche Gründungspersonen dazu bringen zu überleben, wie man – oder besser gesagt, wie sie selber – das besser machen könnte. Dies können Erfahrungen aus der Berufswelt, beim Austausch mit staatlichen Stellen, aus der Schule, beim Reisen, beim Ausüben von Hobbies oder zu Hause in der Familie sein. Jeden Tag begegnen Sie Situationen, die nicht perfekt ablaufen, die gar Verärgerung oder zumindest Unverständnis auslösen. Und genau das ist der Moment, bei dem Sie sich fragen sollten, wie es denn eigentlich besser gemacht werden sollte.
Sie müssen sich jedoch nicht nur auf negative Erfahrungen und Erlebnisse abstützen. Auch positive Erfahrungen und Erlebnisse können Inspiration für eine Geschäftsidee sein. Hier stellt sich dann nicht die Frage, was anders und besser gemacht werden müsste, sondern warum waren die Erfahrungen so positiv und wie können Sie diese Erkenntnisse in andere Branchen oder andere geographische Gebiete übertragen.
Bei beiden Arten von Erfahrungen und Erlebnissen gilt es also, im Alltag die Augen und Ohren offen zu halten und unternehmerische Chancen als solche zu erkennen!

Ideen können auch systematischer generiert werden. Zuerst einmal kann systematisch Marktforschung betrieben werden: Märkte und deren Attraktivität können analysiert werden, ebenso

Kundensegmente und deren Bedürfnisse oder Konkurrenzsituationen. Es können auch typische **Geschäftsmodelle und neue Technologien** analysiert und überlegt werden, wo – in welchen anderen Branchen und Tätigkeiten – man diese Erkenntnisse auch anwenden könnte.

Neue Erkenntnisse werden natürlich auch durch systematische **Forschung und Entwicklung** gewonnen. Viele mittlere und insbesondere grosse Unternehmen haben eigene Forschungsabteilungen, deren Aufgabe es ist, neue oder verbesserte Produkte, Dienstleistungen oder Produktionsverfahren zu entwickeln. Als potenzielle Gründungsperson hat man in der Regel nicht dieselben Ressourcen zur Verfügung, um umfangreiche eigene Forschungsaktivitäten finanzieren zu können. Jedoch gibt es hier sehr attraktive und kostengünstige Möglichkeiten, mit Hochschulen zusammen Neues zu entwickeln. Am einfachsten haben hier Studierende und Doktorierende Zugang zu Forschungs- Know-how und Infrastruktur. Aber auch Start-ups ohne direkte Hochschulanbindung haben oft die Möglichkeit, im Rahmen von meist staatlich geförderten Programmen auf Forschungskapazitäten von Hochschulen zurückzugreifen.

Weitere Quellen für gute Geschäftsideen bieten die 17 **Nachhaltigkeitsziele** (SDG, Sustainable Development Goals) sowie die **Megatrends**, welche zusammen mit anderen Methoden ausführlich im Kapitel 5 vorgestellt werden.

1.2 The Magic Triangle: Wie Sie Ihren Kunden einen Nutzen ermöglichen

Eine Idee allein ist leider noch lange nicht ausreichend, um erfolgreich ein Startup aufbauen zu können. Die Ideen müssen zu Geschäftsideen und zu einem Geschäftsmodell weiterentwickelt werden. Als Zwischenschritt auf dem Weg zum Erfolg versprechenden Geschäftsmodell empfehlen wir, aus der Idee heraus zuerst das magische Dreieck zu entwickeln, sozusagen das Herzstück eines jeden Geschäftsmodells.

Das magische Dreieck (Magic Triangle) werden wir im folgenden Kapitel 2 mit nützlichen unterstützenden Analyse- und

Planungstools im Detail beschreiben. Hier zuerst die die Übersicht, was das magische Dreieck ausmacht.

Das magische Dreieck besteht aus den drei wichtigsten Elementen eines jeden Geschäftsmodells, nämlich den Kunden, der Konkurrenz sowie unserem Angebot.

- **KUNDEN** - Kein Unternehmen kann ohne sie bestehen. Jedes Unternehmen muss einer Gruppe an Menschen dienen, kluge Gründerpersonen wissen daher genau, wem sie dienen. Die Identifizierung und Definition der exakten Zielgruppe ist der erste Schritt, dicht gefolgt von der Erkenntnis, was diese Zielgruppe braucht. In diesem Prozess lernen Sie sehr viel über Ihre Zielgruppe und deren Bedürfnisse. Sie lernen, wie Sie diese Menschen begeistern können.

- **PRODUKTE / DIENSTLEISTUNGEN** - Um ein Unternehmen zu betreiben, müssen Sie zunächst Wertvolles geben, um Wertvolles erhalten zu können. Um etwas zu verkaufen, müssen Sie also etwas anbieten, das wertvoll genug ist gekauft zu werden. Ganz gleich, welche Produkte beziehungsweise Dienstleistungen ein Unternehmen anbieten möchte, diese müssen genauestens definiert sein. Dies gilt für physische Produkte genauso wie für digitale Angebote oder jede andere Art von Dienstleistungen. Weiterhin müssen diese Produkte und Dienstleistungen die Bedürfnisse Ihrer Zielgruppe befriedigen. Der Wert Ihrer Angebote sollte für Ihre Kundinnen und Kunden zu jeder Zeit klar und deutlich sein.

Das Zusammenspiel zwischen Kunden und ihren Bedürfnissen einerseits sowie unserem Angebot, welche eben genau diese Bedürfnisse abdeckt, nennt man Nutzenversprechen (**Value Proposition)**, welches im Kapitel 2 genauer definiert und beschrieben wird.

Jedes Produkt und jede Dienstleistung müssen natürlich auch konkurrenzfähig sein, sprich gegenüber den Angeboten der

Mitbewerber bestehen können. Deshalb müssen Sie als 3. Element auch die Konkurrenz berücksichtigen:

KONKURRENZ - Wenn Menschen – eine gewisse finanzielle Kaufkraft vorausgesetzt – ein Bedürfnis haben, können Sie sicher sein, dass jemand da draussen längst hart daran arbeitet, dieses Bedürfnis zu befriedigen. Erfolgreiche Entrepreneure müssen sich daher diesem Wettbewerb bewusst sein und genau wissen, wo Ihre Position ist, was die Stärken der eigenen Angebote gegenüber deren der Konkurrenz sind. Analysieren Sie Ihre Konkurrenz, sehen Sie nach wo Ihre Wettbewerber stehen. Warum sollte der Kunde ausgerechnet bei Ihnen kaufen und nicht bei der Konkurrenz? Wenn Sie die Antwort darauf nicht kennen, werden Sie dem Kunden keine geben können.

Genau diese Antwort, warum die Kundinnen und Kunden zu uns kommen und nicht zu einem der Konkurrenten gehen werden, nennt man **USP** (Unique Selling Proposition, auf Deutsch Alleinstellungsmerkmal), der ebenfalls im folgenden Kapitel 2 detailliert vorgestellt wird.

1.3 «7-Schlüssel»: Sie entwickeln ein Erfolg versprechendes Geschäftsmodell

Das Magische Dreieck (Magic Triangle) werden nun um vier weitere Elemente ergänzen und erhalten alle 7 Schlüssel eines Geschäftsmodells.

Unumstritten. Sie müssen viele Faktoren beachten, wenn Sie ein Geschäftsmodell entwickeln wollen. Dabei den Anfang zu finden ist gar nicht so leicht. Glücklicherweise haben Sie mit dem magischen Dreieck bereits das Fundament gelegt. Jetzt gilt es, das Geschäftsmodell zu vervollständigen und die einzelnen Elemente aufeinander abzustimmen. Ein kluger Entrepreneur bewertet und entwickelt diese sieben Komponenten simultan, um die Geschäftsidee zu optimieren.

Die Nutzung des 7-Schlüssel-Modells von getLaunched® verschafft Ihnen einen einfachen und geordneten Überblick, eine Gesamtansicht Ihres Startups. Jeder der sieben Schlüssel steht für ein essentielles Element zum geschäftlichen Erfolg. Wird nur ein

Schlüssel weggelassen, funktioniert der Kreislauf des Erfolgs nicht mehr. Das 7-Schlüssel-Modell von getLaunched® dient als Ring, der die Elemente zusammenhält und dafür sorgt, dass Sie nicht verloren gehen.

Sehen wir uns das etwas genauer an. Behalten Sie dabei im Hinterkopf, dass keines der Elemente an erster Stelle stehen muss – wie bei Schlüsseln an einem Ring. Sie alle ergeben gemeinsam ein Ganzes und müssen als Teil dieses Ganzen behandelt werden.

Der Vollständigkeit wegen haben wir die drei bereits bekannten Elemente aus dem magischen Dreieck hier nochmals aufgeführt.

- **KUNDEN** - Kein Unternehmen kann ohne sie bestehen. Jedes Unternehmen muss einer Gruppe an Menschen dienen, kluge Gründerpersonen wissen daher genau, wem sie dienen. Die Identifizierung und Definition der exakten Zielgruppe ist der erste Schritt, dicht gefolgt von der Erkenntnis, was diese Zielgruppe braucht. In diesem Prozess lernen Sie sehr viel über Ihre Zielgruppe und deren Bedürfnisse. Sie lernen, wie Sie diese Menschen begeistern können.

- **PRODUKTE / DIENSTLEISTUNGEN** - Um ein Unternehmen zu betreiben, müssen Sie zunächst Wertvolles geben, um Wertvolles erhalten zu können. Um etwas zu verkaufen, müssen Sie also etwas anbieten, das wertvoll genug ist gekauft zu werden. Ganz gleich, welche Produkte beziehungsweise Dienstleistungen ein Unternehmen anbieten möchte, diese müssen genauestens definiert sein. Dies gilt für physische Produkte genauso wie für digitale Angebote oder jede andere Art von Dienstleistungen. Weiterhin müssen diese Produkte und Dienstleistungen die Bedürfnisse Ihrer Zielgruppe befriedigen. Der Wert Ihrer Angebote sollte für Ihre Kundinnen und Kunden zu jeder Zeit klar und deutlich sein. Jedes Produkt und jede Dienstleistung müssen natürlich auch konkurrenzfähig sein, sprich gegenüber den Angeboten der Mitbewerber bestehen können.

- **KONKURRENZ** - Wenn Menschen – eine gewisse

finanzielle Kaufkraft vorausgesetzt – ein Bedürfnis haben, können Sie sicher sein, dass jemand da draussen längst hart daran arbeitet, dieses Bedürfnis zu befriedigen. Erfolgreiche Entrepreneure müssen sich daher diesem Wettbewerb bewusst sein und genau wissen, wo Ihre Position ist, was die Stärken der eigenen Angebote gegenüber deren der Konkurrenz sind. Analysieren Sie Ihre Konkurrenz, sehen Sie nach wo Ihre Wettbewerber stehen. Warum sollte der Kunde ausgerechnet bei Ihnen kaufen und nicht bei der Konkurrenz? Wenn Sie die Antwort darauf nicht kennen, werden Sie dem Kunden keine geben können.

- **MARKTEINFÜHRUNG** - Sie kennen Ihre Produkte und Dienstleistungen, kennen Ihre Zielgruppe. Aber bevor Sie diese beiden Elemente nicht zusammengeführt bekommen, sind Sie nicht im Geschäft. Ihre Vertriebskanäle, Ihr Marketing und Ihre Verkaufsaktivitäten müssen entwickelt und definiert werden, so dass Kundinnen und Kunden mit Ihren Angeboten in Berührung kommen.

- **FINANZEN** - Was haben Sie mit Ihren Einnahmen vor, wenn die ersten Umsätze generiert sind? Die Antwort auf diese Frage wissen Sie besser, bevor die Einnahmen da sind. Definieren Sie Ihr finanzielles Geschäftsmodell, insbesondere wer wofür bezahlen soll, und kalkulieren Sie Einnahmen und Ausgaben für die ersten Jahre. Ohne Übersicht und Planung, könnten die ersten Jahre bereits die Letzten sein. Keine Sorge, die getLaunched® Plattform unterstützt Sie dabei enorm!

- **PERSONAL** - Sie! Gründerinnen und Gründer müssen ein ehrliches Selbstbild besitzen, Ihre persönlichen Stärken und Schwächen kennen und anerkennen. Diese Stärken und Schwächen sowie die Gründe und Erwartungen, warum Sie sich selbständig machen wollen, müssen zusammenpassen. Um ein Startup erfolgreich zu führen, sollte das Vorhaben zu Ihrer Person passen.
  Und oft ist es nicht nur eine Gründungsperson, sondern ein

Gründungsteam. Sie und Ihre Mitgründerpersonen sollten sich ergänzen und miteinander funktionieren, oder sich zumindest der Stärken und Schwächen bewusst sein.

- **RESSOURCEN** - Dies ist eine Auflistung aller benötigten Ressourcen, wobei unterschieden wird, welche dieser Ressourcen bereits vorhanden sind und welche noch zu beschaffen sind. Eine Ressource ist dabei alles, was zum Erfolg des Startups beiträgt. Zum Beispiel Kapital, Sachgüter wie IT, Inneneinrichtungen, Maschinen, aber auch nicht greifbare Dinge wie Lizenzen, Patente oder Markenrechte. Und natürlich auch Manpower, die benötigten Mitarbeitenden mit dem entsprechenden Know-how.

Das 7-Schlüssel-Modell von getLaunched® ist ein grossartiges Werkzeug für neue, aber auch bereits existierende Unternehmen. Neue Startups können dieses Modell zur Entwicklung und Bewertung verschiedener Geschäftsmodelle nutzen. Bereits gestartete Unternehmen nutzen das Modell zu Optimierungszwecken, um Schwachstellen zu erkunden und neue Geschäftsfelder zu untersuchen.

Eine andere, wertvolle Möglichkeit, die sich Ihnen durch das 7-Schlüssel-Modell von getLaunched® ergibt: Die Analyse anderer Unternehmen. Das Verständnis darüber, warum andere Geschäfte funktionieren (oder auch nicht funktionieren), hilft Gründerpersonen wichtige Einblicke zu gewinnen, was im jeweiligen Markt Potential hat und was nicht.

Eine praktische Vorlage für das 7-Schlüssel-Modell von getLaunched® ist verfügbar auf der getLaunched®-Webseite https://app.getlaunched.io. Die Plattform führt Sie mit Anleitungen und Beschreibungen durch die Entwicklung der sieben einzelnen Elemente. Sie können mit dem Schlüssel Ihrer Wahl beginnen, müssen also nicht linear vorgehen. Auch können Sie verschiedene Sektionen immer wieder neu aufrufen und verändern bzw. ergänzen. Es liegt ganz an Ihnen, das Modell mit den nötigen Informationen zu füttern.
Kapitel 3 bietet viele nützliche Analyse- und Planungstools zu den 7 Schlüsseln.

7-Schlüssel Modell von getLaunched®

Olivia und das 7-Schlüssel-Modell von getLaunched®

Schon in ihrer Kindheit genoss Olivia nichts mehr, als Geld zu verdienen. Oft schwelgte Sie in Erinnerungen, in denen sie ihren Klassenkameraden Süssigkeiten verkaufte und auf die Nachbarskinder – gegen ein kleines Taschengeld – aufpasste. Ihre enthusiastische und sympathische Natur trug dabei positiv zu ihrem ausgeprägten Geschäftssinn bei. An Motivation für selbstgesteckte Ziele mangelte es Olivia nicht. Meist genügte ihr der Ausblick auf die Umsetzung dieser Ziele.

Doch Olivia besass auch einen ausgeprägten Drang zur Sprunghaftigkeit. Irgendwie schien es, als hätte sie alles schon mindestens einmal versucht. Es dauerte selten lange, bis sie Langeweile verspürte und sich etwas anderem widmete. Sie war stolz auf die Erfolge in ihrer Vergangenheit, aber weniger auf Ihre Sprunghaftigkeit.

Da war dieses eine Jahr, das sie damit verbrachte einen Imbissstand im örtlichen Einkaufszentrum zu führen. Die Monate, in denen sie Hautpflegeprodukte auf heimischen Verkaufsveranstaltungen vertrieb. Und die Wochen, in denen Sie Selbstgebasteltes online verkaufte. Wenn es so weiterginge, würde das nächste Geschäft nur wenige Tage andauern und darauf bereits nach Stunden geschlossen sein.

Olivia ist alleinerziehende Mutter. Connor, ihr zweijähriger Sohn, brauchte Stabilität. Das wusste sie. Es galt also ein Projekt zu finden, bei dem sie bleiben konnte. Es war an der Zeit ihren Verpflichtungen nachzukommen.

Aber wie nur?

Sie realisierte, dass ein langfristiges Projekt nur bestehen kann, wenn Sie ein solides Fundament dafür legen könne. Als sie eines

Tages mit dem 7-Schlüssel-Modell experimentierte, fiel ihr schlagartig auf, was sie all die Jahre nicht beachtet, hatte: Sich selbst. Wenngleich Olivia einen angeborenen Unternehmergeist besass, trug sie auch den Hang zur Selbstignoranz in sich.

Ihre vergangenen Erfolge langweilten sie, weil sie nicht mit ganzem Herzen beim Geschäft war. Sie brauchte eine Geschäftsidee, die zu ihrer Persönlichkeit passen würde.

Olivia versuchte sich daran zu erinnern, welche spezifischen Begebenheiten ihrer früheren Projekte ihr am meisten Freude bereiteten. Am Imbissstand liebte sie die Kundennähe. An den heimischen Verkaufsveranstaltungen genoss sie den engen Umgang mit ihren Käufern. Der physische Einsatz bei der Herstellung von Produkten begeisterte sie. Langsam wurde das zunächst schwammige Bild klarer. Olivia wollte ein Unternehmen gründen, das einen leicht zugänglichen Standort hätte, an dem sie mit ihren Kunden in engen Kontakt kommen würde und sie wollte etwas verkaufen, das mit körperlichem Einsatz zu tun hat. Sie verblieb eine Weile in Ihrer Steve-Jobs Denkerpose mit der Hand unter dem Kopf und den Fingern am Kinn.

Fahrräder. Olivia liebte Fahrräder. Fahrradfahren war noch immer ein grosses Hobby von ihr und sie hatte sehr gute Kontakte zur Fangemeinschaft rund um das Rad. Kontakte, die zu Kunden oder erfahrenen Mitarbeitern werden könnten. Kontakte, die ihr ein tiefes Verständnis für die Szene gaben. Sie besass sogar Verbindungen zu potenziellen Zulieferern, die sie auf Wettbewerben, an denen sie im Laufe der Jahre immer wieder teilnahm, kennenlernte.

Die Entscheidung war gefallen. Dies würde ihr „Baby" werden. Das „Baby", das ihr und ihrem Sohn ein stabiles, strukturiertes Leben garantieren würde. Und diesmal würde sie es langsamer angehen. Langsamer und richtig. Verpflichtend.

1.4 Sie setzen Ihr Geschäftsmodell um

Hurra, Sie haben ein vielversprechendes Geschäftsmodell gefunden – zumindest sind Sie davon überzeugt. Vielleicht haben Sie sogar mehrere alternative Geschäftsmodelle gefunden und sind von allen sehr begeistert. Bevor Sie sich in noch mehr Arbeit stecken und Geld ausgeben, um eine oder mehrere dieser Geschäftsmodelle umzusetzen, lohnt sich einen Moment innezuhalten und zu überlegen, ob erstens diese Vorhaben es wert sind, umgesetzt zu werden und zweitens, wie Sie diese Vorhaben am besten umsetzen können.

Die **Bewertung von Geschäftsmodellen** kann anhand einer Checkliste, die wir im Kapitel 3 vorstellen werden, im Detail eruiert werden. Oft genügt es auch, wenn Sie sich folgende drei Fragen beantworten:

Ist mein Vorhaben machbar?
Diese Frage ist selten mit ja oder nein zu beantworten. Vielmehr geht es darum, wie einfach eine Idee umzusetzen ist. Dabei geht es einerseits um die technische Machbarkeit: Ist die notwendige Technologie bereits vorhanden oder muss sie erst noch entwickelt werden? Wie gross schätzen wir das Risiko ein, dass wir die erwünschte Qualität oder Funktionalität nicht hinkriegen werden? Andererseits geht es bei der Machbarkeit auch um den finanziellen und zeitlichen Einsatz: Wie viel Geld und Zeit müssen wir investieren, um das Vorhaben zu realisieren? Dabei sind Geschäftsideen umso attraktiver, je weniger Zeit und Geld Sie investieren müssen, um herauszufinden, ob das Geschäftsmodell erfolgreich sein wird.
Zudem kann es auch rechtliche Restriktionen geben: Nicht jede Idee muss in jedem Land auch erlaubt sein. Da macht es Sinn, im Zweifelsfall den rechtlichen Sachverhalt lieber vorgängig sorgfältig abzuklären als später zu bemerken, dass man die eingesetzten finanziellen und zeitlichen Ressourcen schlicht in den Sand gesetzt hat.

Ist mein Vorhaben attraktiv?

Die Attraktivität einer Geschäftsidee hängt primär von den Chancen auf dem Markt ab. Konkret umfasst dies die beiden Seiten der Kundinnen und Kunden sowie der Konkurrenz.
Mein Vorhaben ist besonders attraktiv, wenn es sehr starke, im besten Fall heute noch unbefriedigte Bedürfnisse einer zahlungskräftigen, gut erreichbaren und im besten Fall grossen und wachsenden **Kundengruppe** befrieden kann.
Auf der anderen Seite ist die Attraktivität auch von der Anzahl, der Macht und den Strategien unserer relevanten **Konkurrentinnen und Konkurrenten** abhängig. Seien Sie jedoch auch sehr vorsichtig, falls es überhaupt keine Konkurrenz gibt. Denn dann ist die Gefahr gross, dass es auch keine kaufkräftige Nachfrage gibt.

Passt das Vorhaben zu mir?
Ein Unternehmen muss immer auch zu den Gründungspersonen passen. Seien Sie deshalb ehrlich mit sich selber und überlegen sich, ob Sie und Ihr Gründungsteam zum Vorhaben passen. Dabei geht es sowohl um die Einstellungen und Motive wie auch um die vorhandenen Kompetenzen und Erfahrungen.

Haben die Antworten zu diesen drei Fragen zufriedenstellende Antworten geliefert? Dann ist es Zeit, dass Sie sich an die **Umsetzung** Ihres Vorhabens machen.

Die meisten unternehmerischen Vorhaben sind mit grosser Unsicherheit befrachtet: Gelingt es uns, die Produkte oder Dienstleistungen in gewünschter Qualität, innerhalb nützlicher Frist und zu den kalkulierten Kosten herzustellen? Werden die Kundeinnen und Kunden auch wirklich schätzen? Sie sind bereit, dafür den gewünschten Preis zu bezahlen? Diese und noch zahlreiche weitere Fragen, wir nennen sie **Annahmen oder Hypothesen**, liegen jedem neuen Geschäftsmodell zugrunde. Bei der Umsetzung geht es deshalb darum, möglichst rasch und günstig herauszufinden, ob diese Annahmen auch tatsächlich berechtigt sind und unser Startup ein Erfolg werden kann. Und wenn nicht, was wir ändern müssen, damit es erfolgreich werden kann. In der Realität werden nur selten Startups genauso umgesetzt, wie sie ursprünglich angedacht wurden. Sehr oft müssen einzelne Aspekte noch angepasst, verändert, ergänzt oder besser koordiniert werden, bis das Geschäftsmodell funktioniert.

Deshalb ist bei der Umsetzung fast immer eine gewisse Flexibilität notwendig. Sie müssen bei der Umsetzung dafür sorgen, dass Sie möglichst schnell und ohne viel Geld zu investieren genügend Erfahrungen sammeln können, ob und warum das Geschäftsmodell (nicht) funktioniert und wie es ebenfalls rasch und kostengünstig verbessert und angepasst werden muss. Dieses Vorgehen ist auch als agile Entwicklung oder **Lean Startup** bekannt. Ein Zauberwort in diesem Zusammenhang ist das **MVP**, das Minimal Viable Product, welches im Kapitel 4 zusammen mit verschiedenen Analyse- und Planungstools vorgestellt wird, welche Ihnen die Umsetzung Ihres Geschäftsmodells erleichtern.

1.5 Wir wachsen mit unserem Unternehmen

Die Umsetzung unseres Geschäftsmodells ist gelungen – vielleicht nicht im ersten Anlauf, aber dank den gemachten Fehlern und den daraus gewonnen Erkenntnissen im zweiten oder dritten Anlauf. Jetzt gilt es, das junge Start-up zur vollen Blüte zu bringen. Konkret heisst dies, mehr Kundinnen und Kunden zu gewinnen, den Umsatz zu erhöhen.
In Anlehnung an Ansoff gibt es dafür vier grundsätzliche Möglichkeiten:

Marktdurchdringung
Wir wachsen innerhalb des bestehenden Marktes mit dem bestehenden Angeboten. Für junge Start-ups ist dies natürlich das naheliegende, das erprobte Geschäftsmodell bei den bestehenden Kundensegmenten noch bekannter zu machen und den Umsatz kontinuierlich zu erhöhen.

Marktentwicklung
Oft hat man sich beim Markteintritt bewusst auf ein erstes, in der Regel eher einfach zu erschliessendes, Kundensegment konzentriert. Im Verlaufe der ersten Monate oder Jahre können nun – immer noch mit den bestehenden Produkten bzw. Dienstleistungen – gezielt weitere potenzielle Kundensegmente erschlossen werden. Auch werden oft zusätzliche Absatzgebiete erschlossen, wird gezielt nach Kundinnen und Kunden in anderen Regionen, Kantonen, Provinzen oder Ländern gesucht. Geht die Reise über die eigene Landesgrenze hinaus, müssen zusätzlich noch einige Herausforderungen der Internationalisierung wie

administrative (Zölle, Bewilligungen), kulturelle (Sprachbarrieren, kulturelle Verhaltensweisen) ökonomische (Wechselkurse) und politische (politische Instabilitäten, Rechtssicherheit) Herausforderungen gemeistert werden.

Produktentwicklung

Bei der Produktentwicklung werden den bestehenden Kundinnen und Kunden – oder zumindest demselben Kundensegment – zusätzliche Produkte oder Dienstleistungen angeboten. Oft sind die Ideen dazu bereits seit der Entwicklung des Geschäftsmodells vorhanden, wurden jedoch bei der Umsetzung aus guten Gründen auf später zurückgestellt, um sich zu Beginn auf ein einziges oder ein paar wenige Geschäftsfelder konzentrieren zu können. Mit fortschreitender Unternehmenstätigkeit können nun gezielt neue Geschäftsfelder aufgebaut werden.

Diversifikation

Die letzte Option besteht darin, mit neuen Produkten bzw. Dienstleistungen neue Märkte zu erschliessen, sei es in neue Absatzgebiete vorzustossen oder neue Kundengruppen zu erschliessen. Diese vierte Option ist für die meisten Start-ups die letzte Alternative, denn sie ist mit deutlich mehr Risiko und Aufwand verbunden.

	Bestehendes Produkt	**Neues Produkt**
Bestehender Markt	Markt-Durchdringung	Produkt-Entwicklung
Neuer Markt	Marktentwicklung	Diversifikation

Ansoff Matrix

Dieses Buch fokussiert auf die Schritte von der Idee zum Geschäftsmodell und dessen Umsetzung. Dieser letzte Schritt hier, wenn Start-ups wachsen und allenfalls auch den Schritt ins Ausland wagen, wird hier nur in diesem Einführungskapitel aufgezeigt, jedoch später nicht detaillierter ausgeführt.

Kapitel 2:
The Magic Triangle: Wie wir unseren Kunden einen Nutzen ermöglichen

2.1 Übersicht

Kapitel 2 zeigt auf, wie der Kern einer Geschäftsidee entwickelt werden kann. Wir nennen es das "Magische Dreieck", welches aus den Kunden, der Konkurrenz und unserem Angebot besteht.

Die Legitimierung jedes Unternehmens oder Organisation besteht darin, zumindest einer Gruppe von Personen oder Firmen (alternativ auch der Gesellschaft) einen konkreten Nutzen zu stiften. Dieses **Nutzenversprechen** wird auch **Value Proposition** genannt.

Ein starkes Nutzenversprechen ist zwar notwendig, aber noch nicht hinreichend. Denn wir sind ja meist nicht alleine da, sondern im Wettstreit mit anderen Unternehmen. Deshalb ist es wichtig, einen überzeugenden Grund zu finden, warum die anvisierten Kunden zu uns kommen werden und nicht zur Konkurrenz gehen. Diesen Grund nennt man **Alleinstellungsmerkmal** oder auf Englisch **USP**, Unique Selling Proposition.

Beim Erarbeiten dieses USPs helfen uns verschiedene nützliche Tools:

- Die Analyse des **Kundennutzens** umfasst sämtliche drei Elemente des "Magischen Dreiecks" und zeigt auf, ob und wie wir gegenüber der Konkurrenz bestehen können
- Die **Konkurrenzanalyse** analysiert die Mittbewerber und hilft uns, unsere Stärken und Schwächen gegenüber der Konkurrenz herauszufinden
- Die **Kundensegmentierung** hilft uns, mögliche Zielgruppen für unsere Angebote zu unterscheiden und die für uns attraktiven Kundensegmente herauszufiltern
- Ein **Persona** gibt einem anvisierten Kundensegment ein Gesicht, macht es sehr einfach verständlich und kommunizierbar

- Die **PESTEL**-Analyse hilft uns, unternehmerische Chancen zu finden, welche uns hier und jetzt zur Verfügung stehen
- Die **Marktanalyse**, auch **Fünf-Kräfte-Modell** genannt, zeigt uns auf, inwieweit der anvisierte Markt für uns überhaupt attraktiv ist

2.2 Value Proposition – Nutzenversprechen

Die zentrale Voraussetzung, dass ein Geschäftsmodell funktionieren kann, ist, dass Sie Ihren Kundinnen und Kunden einen Nutzen stiften. Es ist deshalb Ihre zentrale Aufgabe, bei der Entwicklung des Geschäftsmodells das Nutzenversprechen (englisch: Value Proposition) klar zu formulieren.

Um das Nutzenversprechen klar definieren zu können, muss man die anvisierten Kundinnen und Kunden und deren Bedürfnisse kennen. Sie müssen genau wissen, welche Probleme Ihre anvisierten Kundinnen und Kunden haben bzw. was ihnen Freude bereitet. Sehr oft wird nur vom Problem der Zielgruppe gesprochen und vernachlässigt, dass sich viele Geschäftsmodelle weniger am Lösen von Problemen orientieren, sondern am Erbringen oder Ermöglichen von Freude, Spass, Unterhaltung.

Unsere eigenen Angebote, bestehend aus unseren Produkten bzw. Dienstleistungen inklusive den damit verbundenen Erlebnissen, Emotionen oder Werten muss nun sehr genau auf die Bedürfnisse der Kundinnen und Kunden passen. Unser Angebot muss ein Problem der Kunden lösen oder zumindest verringern und/oder ihnen eine Freude ermöglichen, Spass bereiten oder schlicht eine gute Unterhaltung bieten. Genau dieses Zusammenspiel von Bedürfnissen der Zielgruppe und unserem Beitrag zu dessen Befriedigung nennt man Nutzenversprechen.
Wenn Sie das Nutzenversprechen Ihres Start-ups nicht sehr präzise formulieren können, dass macht es Sinn, sich nochmals sehr genau damit auseinanderzusetzen. Oft fehlt es daran, dass wir die Bedürfnisse der Kundinnen und Kunden gar nicht richtig kennen und nur vermuten, dass sie wohl ähnliche Bedürfnisse wie

wir selber haben. Das kann sehr gefährlich werden und es lohnt sich, vorgängig genauer hinzuschauen.

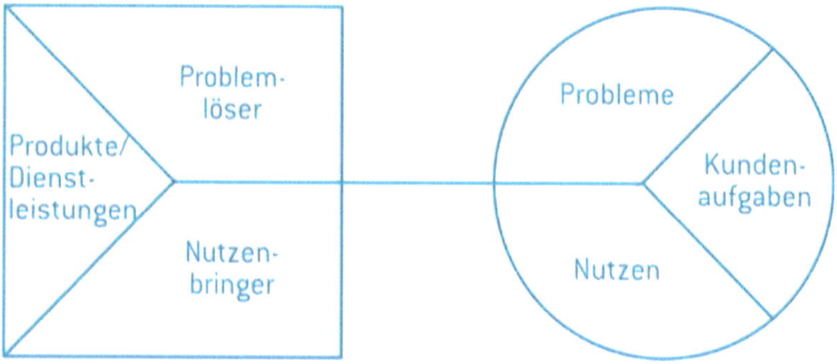

Value Proposition (Quelle: Osterwalder: Value Proposition Design)

Da jede Zielgruppe andere Bedürfnisse hat, macht es Sinn, für jede Zielgruppe eine eigene Value Proposition zu formulieren.

2.3 USP - Alleinstellungsmerkmal

Ein klares Nutzenversprechen ist eine notwendige Voraussetzung, dass Sie mit Ihrem Geschäftsmodell Erfolg haben können. Es ist jedoch noch kein hinreichendes Kriterium für den Erfolg. Denn es kann sein, dass die Mitkonkurrentinnen und Konkurrenten unserer anvisierten Zielgruppe ein noch deutlich besseres Nutzenversprechen geben können. Deshalb muss das Nutzenversprechen um den Aspekt der Konkurrenz erweitert werden. Somit erhalten wir das Alleinstellungsmerkmal (auf Englisch Unique Selling Proposition oder kurz USP genannt).

Das Alleinstellungsmerkmal gibt den Grund wieder, warum die Kundinnen und Kunden zu uns kommen und nicht zur Konkurrenz gehen werden. Erste Voraussetzung ist, dass wir ein gutes Nutzenversprechen (Value Proposition) haben. Da aber auch die Konkurrenz ein Nutzenversprechen hat, sollte unser Nutzenversprechen besser sein als jenes der Konkurrenz. Dazu müssen wir uns von der Konkurrenz unterscheiden. Diese Unterscheidung darf jedoch nicht Selbstzweck sein, sondern muss unseren Zielkundinnen und –Kunden zu einem grösseren Nutzen führen als bei der Konkurrenz. Erst dann können wir von einem USP sprechen.

Um das Alleinstellungsmerkmal herausarbeiten zu können, müssen wir neben den Zielgruppen und ihren Bedürfnissen auch die Konkurrenz sehr gut kennen. Es lohnt sich deshalb, dass Sie sich möglichst früh ein genaues Bild verschaffen, wer die Konkurrenz ist und was deren Stärken und Schwächen sind.

2.4 Kundennutzen

Der grundlegende Zweck von Firmen - wenn wir Einnahmen generieren, aussen vor Lassen – ist das Schaffen von Nutzen für die Kunden. Der Kundennutzen ist ein Messverfahren, das aufzeigt, wie gut ein Unternehmen - vom Standpunkt des Kunden aus - dasteht.

Bietet Ihr Startup, aus Sicht Ihrer Kunden, die passende Qualität zum passenden Preis an? Das ist die Frage, deren Antwort die Messung des Kundennutzens sucht.

Wenn Sie darüber nachdenken, welchen Nutzen Sie Ihren Kunden bieten, müssen Sie dessen Sichtweise einnehmen. Es spielt in diesem Fall keine Rolle, was Sie selber denken. Das Einzige, was zählt, ist, was Ihre Kunden denken.

Lassen Sie uns zunächst über Qualität reden. Nicht nur, dass Qualität stets im Auge des Betrachters liegt, Qualität ist darüber hinaus auch relativ. Vergleichen Sie die Qualität, die Sie Ihren Kunden bieten, mit der Qualität, die Ihre Konkurrenten anbieten. Und versuchen Sie danach diesen Vergleich aus der Sicht der Kunden zu betrachten.

Das gleiche gilt auch für den Preis. Sie müssen die Preisgestaltung aus der Sicht der Kunden betrachten, weil diese Sicht schlussendlich zählt. Kunden denken nicht darüber nach, wie viel es Unternehmen kostet ein bestimmtes Produkt oder eine Dienstleistung bereitzustellen. Kunden denken darüber nach, wie viel sie bezahlen müssen und wie viel sie dafür an Nutzen erhalten. Wie auch Ihre Kunden das tun, müssen auch Sie den Preis, den Ihre Konkurrenz verlangt, in Betracht ziehen.

Kundennutzen wird als „hoch" betrachtet, wenn Sie eine bessere Qualität, einen besseren Preis oder gar beides bieten.
Alle Unternehmen müssen sich bewusst sein, welcher Nutzen den Kunden geboten wird. Dafür ist es notwendig, dass Unternehmen den Kundennutzen regelmässig analysieren, besonders für die jeweiligen Hauptprodukte und Dienstleistungen.

Für ein neues Startup liefert die Messung des Kundennutzens eine grossartige Möglichkeit den Markt zu untersuchen. Und das inklusive aller relevanten Wettbewerber, mit den Bedürfnissen der Kundschaft im Hinterkopf. Das hilft Gründerpersonen ihre Position im Markt zu entwickeln und zu definieren. Zudem ermöglicht dieses Vorgehen die Definition von Qualität und Preis.

Um die Messung des Kundennutzens systematisch durchzuführen, müssen Sie mit der Definition der Kriterien beginnen, die für die Kunden relevant sind beim Entscheid, Ihr Produkt oder jenes der Konkurrenz zu erwerben.

Wenn diese Kriterien und die relevanten Konkurrenten feststehen, wird es Zeit aktuelle, besser auch noch potentielle und ehemalige Kunden mit einzubeziehen. Kunden sollten der entscheidende Faktor sein, die Wichtigkeit und somit die Gewichtung der einzelnen Qualitätskriterien festzulegen. Schliesslich weiss niemand genauer, was Kunden wollen, als die Kunden selbst.

Zusätzlich zur Klassifizierung der Qualität Ihres Startups durch die Kunden, wollen Sie auch eine Bewertung der Preisgestaltung durch den Kunden. Diese Bewertung beinhaltet einen Preisvergleich zwischen Ihnen und Ihren relevanten Konkurrenten. Zuletzt müssen Sie – wiederum von den Kunden – das Verhältnis von Qualität und Preis beim Kaufentscheid in Erfahrung bringen: Ist der Preis oder die Qualität beim Kaufentscheid bedeutender? Am einfachsten ist es, 100 Prozentpunkte auf die beiden Kriterien „Qualität" und „Preis" zu verteilen. Grundsätzlich: Je mehr Sie über Ihre Kunden in Erfahrung bringen können, desto besser sind Sie vorbereitet, wenn es um Verbesserungen Ihrer Angebote geht.

Nachdem Sie die Bewertungen der Kunden gesammelt haben, visualisieren Sie diese durch Charts. Während der Attribute Chart aufzeigt, wie Sie bei den verschiedenen Qualitätskriterien gegenüber der Konkurrenz dastehen, zeigt die Werte Übersicht den gesamten Kundennutzen auf. So sehen Sie schnell, ob Sie höher oder niedriger liegen als Ihre Wettbewerber in Sachen Kundennutzen. Nutzen Sie diese Informationen zur Weiterentwicklung und Optimierung ihres Angebots sowie zur optimalen Preisgestaltung.

2.5 Konkurrenzanalyse

Eine der wichtigsten Analysen für die Gründerperson ist die Konkurrenzanalyse, auch Wettbewerbsanalyse genannt. Ein tiefgehendes und realistisches Verständnis über das Wettbewerbsumfeld im angestrebten Markt ist unerlässlich.

Eine solide Wettbewerbsanalyse trägt zur optimalen Positionierung des Startups gegenüber der Hauptkonkurrenz bei. Die Analyse hilft Gründerpersonen wertvolle Einblicke in den Markt zu gewinnen, aber auch um Lücken aufzudecken, die die Konkurrenz grösstenteils oder gänzlich ungenutzt lässt.

Mitunter die schwerste Aufgabe für die meisten Gründerpersonen ist das Überzeugen von anderen Menschen, dass ein neues Produkt, ein neuer Service oder - ganz allgemein - eine neue Geschäftsidee wirklich funktionieren kann. Es ist daher essentiell aufzuzeigen, dass ein Vorhaben einzigartig ist und der angestrebte Markt existiert, sowie Bedarf am Angebot hat.

Wenn ein existierender Markt betreten wird, müssen Sie beides verstehen: Die Konkurrenz und die Kunden. Das bedeutet, dass Sie die Bedürfnisse Ihrer Kunden kennen müssen. Es wird nur umso schwerer Kunden von sich zu überzeugen, wenn Sie keine Ahnung haben, was diese Kunden wirklich brauchen. Wenn Sie also noch kein tieferes Verständnis für Ihre Zielgruppe entwickelt haben, sollten Sie das schnellstens nachholen.

Wenn Sie in Nischenmärkten operieren wollen, sollte die Wettbewerbsanalyse noch tiefer in die Unterschiede von Ihrem Startup zur Konkurrenz eintauchen. Ihr Startup muss in den

Augen der Kunden herausstechen, als einzigartig wahrgenommen werden. Und natürlich auch als besser.

In einem neuen Markt hingegen, präsentiert die Wettbewerbsanalyse das Angebot der Gründerperson als eine neue Lösung eines spezifischen Problems. Hier kommt es also darauf an, dass es sich um eine Neuheit handelt - und diese Neuheit einen Nutzen für die Kunden hat.

Diese Analyse schreit förmlich nach umfangreichem Wissen über die Konkurrenz, damit die Gründerperson wohlüberlegte, strategische Entscheidungen treffen kann. Dies beinhaltet zwei primäre Aktionen:

1. Gültige Informationen über die Konkurrenz sammeln
2. Die gesammelten Informationen nutzen, um gegenwärtiges Verhalten festzustellen und zukünftiges Verhalten vorauszusagen

Das Ziel der Konkurrenzanalyse ist, an das Verständnis über die eigenen Wettbewerber zu gelangen und dieses Verständnis zum eigenen Vorteil zu nutzen. Beispielsweise kann diese Analyse der Gründerperson helfen zu verstehen:

- welche Wettbewerber die direkte Konkurrenz darstellen,
- die Strategien der Konkurrenz aufzudecken und zukünftige Schritte vorauszusehen,
- wie die Konkurrenz auf neue Wettbewerber reagiert,
- Wege zu ermitteln, das Verhalten der Konkurrenz zum eigenen Vorteil zu beeinflussen.

Die Wettbewerbsanalyse sollte die direkte Konkurrenz umfassen, aber auch indirekte Konkurrenten. Beispielsweise sollten Sie Unternehmen beachten, die Ihren Markt betreten könnten, im Zuge einer Expansion.

Es gibt vier wesentliche Aspekte des Wettbewerbs, die Sie beachten müssen, wenn Sie eine Wettbewerbsanalyse durchführen:

- Definieren Sie, was einen Konkurrenten Ihres Geschäfts ausmacht
- Definieren Sie Kriterien zum Vergleich (z.B. Zusatzleistungen dem Kunden gegenüber)
- Gewinnen Sie Einblick in die Strategie der Konkurrenz
- Gewinnen Sie Einblick in die Stärken und Schwächen der Konkurrenz

Sie müssen identifizieren, welche Motivationen und Annahmen Ihre Konkurrenz antreiben. Zudem wollen Sie an ein sehr gutes Verständnis über deren Strategien und Fähigkeiten gelangen. Was treibt Ihre Konkurrenz aktuell? Welche Fähigkeiten besitzt die Konkurrenz und wie könnten diese in der Zukunft eingesetzt werden?

Je besser Sie Ihre Konkurrenz verstehen, desto mehr können Sie Alleinstellungsmerkmale für Ihr Startup herausarbeiten. Denn es liegt an Ihnen überzeugende Argumente zu liefern, warum die Kundinnen und Kunden künftig zu Ihnen kommen und nicht zur Konkurrenz gehen werden.

Olivia und die Konkurrenzanalyse

Olivia fühlte sich wie eine Spionin auf einer Aufklärungsmission.

Sie besuchte jeden Fahrradshop innerhalb eines 50-Meilen-Radius um den Ort herum, in dem sie einen Laden anmieten wollte. Sie machte sich Notizen über alle möglichen Details. Sie schrieb auf, welche Marken die Shops führten, welche Preise sie verlangten, welche Dienstleistungen diese anboten und welche Events diese fördern.

Auf den ersten Blick war sie sich unsicher, wie sie diese Informationen zu ihrem Vorteil nutzen könnte. Doch plötzlich entdeckte sie ein Muster. Alle lokalen Fahrradläden boten einheimische Marken an. Wenn sie also Import-Marken anbieten würde, könnte sie ihren Kunden etwas anbieten, das nirgends anders zu haben wäre.

Natürlich wäre es Kunden möglich, ausländische Marken über das Internet zu bestellen. Allerdings würden dabei hohe Versandkosten entstehen. Ausserdem hätten die Kunden dabei keine Dienstleistungen, wie zum Beispiel eine Do-It-Yourself-Reparatur-Garage, voll mit allen notwendigen Werkzeugen. Damit würde Olivia etwas anbieten, das keine Webseite jemals anbieten könnte.

Olivia griff zur Tasche und rief Michael an.

“Niemand in deiner Region bietet Import-Marken an?”, fragte Michael verwundert. “Du solltest diese Chance nutzen, ehe jemand anders diese Lücke erkennt.”

Und so tat es Olivia. Sie bestellte die Waren für ihre Eröffnungsangebote, stellte zunächst wenige Angestellte im Stundenlohn ein und richtete den Laden her.
In der Nacht vor der grossen Eröffnung, sass Olivia im Dunkeln ihres leeren Ladens und reflektierte den Prozess, der sie dahin brachte, wo sie jetzt war. Es ist genug Zeit vergangen. Wertvolle Zeit! Sie hat sich zurückgehalten und Geduld bewiesen. Ist die Dinge anders angegangen. Ruhiger, geplanter, erwachsener.

Der Planungsprozess nahm sie mehr ein, als sie jemals erwartete, hätte sie die getLaunched® Plattform und Michael doch nur früher entdeckt! Doch jetzt überwog die Aufregung der Eröffnung. Oder kam die Aufregung von wo anders? Olivia hörte tief in sich hinein. Ja. Diese Aufregung trug Stolz mit sich, Stolz darauf, was sie bisher alles erreicht hatte. Olivia verspürte keinerlei Besorgnis, denn diesmal startete sie nicht blind. Sie spürte zuversichtliche Aufregung und das gefiel ihr.

Sie konnte kaum den nächsten Tag erwarten.

2.6 Marktsegmentierung

Wäre es nicht super, wenn all Ihre Kunden dasselbe wollen würden? Das Leben wäre doch so einfach, nicht wahr? Aber Sie und ich wissen, dass es nicht so läuft. Verschiedene Kunden haben verschiedene Bedürfnisse. All diese Bedürfnisse gleichzeitig zu befriedigen ist eine absolute Seltenheit. Meist aber unmöglich.

Die Marktsegmentierung beinhaltet die Identifikation verschiedener Bereiche des jeweiligen Marktes und das Verständnis dafür, dass diese verschiedenartig sind. Wenn eine Firma zu verstehen lernt, welche Bedürfnisse die verschiedenen Kunden haben, gelangt sie in eine bessere Position, um eben genau diese Bedürfnisse zu befriedigen. Kluge Entrepreneure sehen sich deshalb den potentiellen Markt für ein Produkt genau an und teilen diesen Markt in verschiedene Gruppen (Segmente) von Menschen, die ähnliche Bedürfnisse haben. So können Entrepreneure diese Bedürfnisse fokussierter angehen.

Das Erkennen der Unterschiede bei Ihren Kunden ist der erste Schritt zur Entwicklung einer Palette an zielgerichteten Angeboten. Wenn Sie mehrere Produkte und/oder Dienstleistungen anbieten, können Sie verschiedene Marktsegmente bedienen und deren spezifische Bedürfnisse mit Ihren Angeboten abdecken.

Ordentlich segmentierte Marktbereiche erfüllen die folgenden Kriterien:

Identifizierbar – Die Attribute, welche die Segmente unterscheiden, müssen klar definiert und messbar sein. Das ermöglicht die Identifizierung dieser Attribute im Markt.

- **Zugänglich** – Die verschiedenen Segmente müssen durch Kommunikations- und Vertriebskanäle zugänglich sein.
- **Kaufkräftig** – Jedes Segment, das bedient wird, muss genug Potential besitzen, um die benötigten Investitionen an Ressourcen zu rechtfertigen.
- **Einzigartige Bedürfnisse** – Für ein gezieltes Angebot muss das Segment Reaktionen auf die verschiedenen Strategien und Methoden des Marketings zeigen.
- **Beständig** – Ein Segment sollte relativ stabil sein, so dass Kosten nicht schlagartig explodieren aufgrund dauerhafter Veränderungen.

Eine gut ausgeführte Marktsegmentierung sollte Marktsegmente definieren, die intern gleichartig sind. Das heisst, dass die Kunden innerhalb desselben Segments viele Gemeinsamkeiten aufweisen sollten. Auf der anderen Seite sollten unterschiedliche Segmente – nach aussen hin – verschiedenartig sein. Menschen innerhalb eines Segments sollten also möglichst viele Unterschiede zu Menschen eines anderen Segments aufweisen.

Märkte können in Segmente unterteilt werden durch die vier grundlegenden Merkmale von Kunden: Geografie, Demografie, Psychografie und Verhalten.

Geografische Segmentierung

Die Geografie gibt den Standort des Kunden an. Einige Beispiele der geografischen Variablen wären:

- Region – Der Kontinent, das Land, oder regionale Umfeld
- Population – Die Gesamtgrösse der Population
- Bevölkerungsdichte – Typische Klassifikation wie ländlich, vorstädtisch oder städtisch
- Klima – Grundlegende Wettermuster, die typisch für die Region sind

Demografische Segmentierung

Diese Liste erhebt keinen Anspruch auf Vollständigkeit, aber einige der demografischen Merkmale zur Segmentierung könnten sein:

- Alter
- Geschlecht
- Familienstand
- Familiengrösse
- Generation (Baby Boomers, Generation X, Millennials, etc.)
- Einkommen
- Beruf
- Bildungsstand
- Volkszugehörigkeit
- Nationalität
- Religion
- Soziale Gruppierung

Viele dieser aufgeführten Merkmale besitzen Standardkategorien für ihre vier Werte. Beispiel: Merkmale wie der Familienstand werden häufig in ledig, verheiratet ohne Kinder, verheiratet mit Kinder (Anzahl erfassen!) oder verwitwet unterteilt. Aber sogar diese Unterteilung kann noch verfeinert werden, zum Beispiel in Gruppen gemäss dem Alter der Kinder.

Psychografische Segmentierung

Die psychografische Segmentierung teilt die Kunden in Gruppen ein, basierend auf deren Lebensstil. Dazu helfen Umfragen zu den Aktivitäten, Interessen und Meinungen. Einige typische, psychografische Merkmale wären:

- Aktivitäten
- Interessen
- Meinungen
- Gesinnungen
- Werte

Verhaltensbasierende Segmentierung

Diese Form der Segmentierung beachtet das aktuelle Nutzerverhalten, bezogen auf das Produkt oder die Dienstleistung. Es geht darum, wie und warum die Kunden kaufen. Einige Merkmale hierzu:

- Welchen Nutzen suchen die Kunden
- Häufigkeit der Nutzung
- Markenloyalität
- Kundenstatus (potenzieller Kunde, erstmaliger Kunde, bestehender Kunde, etc.)
- Bereitschaft zum Kauf
- Reaktion auf Anlässe (Ferien, Feiertage und andere Events, die das Kaufverhalten beeinflussen)

Eine der Vorteile bei der Nutzung der verhaltensbezogenen Segmentierung ist die Verbindung zum Produkt selbst. Diese Segmentierung stellt einen guten Startpunkt dar, der zu einigen sehr nützlichen Erkenntnissen führen kann.

Olivia und die Marktsegmentierung

Das eigene Fahrrad auf Eis gelegt, stieg die Langeweile bei Olivia rasch. Sie benötigte neue Anreize. Ein neues Projekt. Eines, dass sie die Jagdlust spüren liess, welche sie so sehr liebte.

Ihr Angebot würde zunächst nicht wachsen. So viel stand fest. Aber vielleicht könnte sie den Kreis an Kunden erweitern. Olivia stellte fest, dass die Mehrzahl ihrer Kunden aus dem sportlichen Umfeld kam. Das machte Sinn, da Olivia ihre Marketingaktionen auf entsprechende Events fokussierte. Dieser Teilbereich des Marktes war für Olivia leicht zugänglich und diese sportlich-versierten Menschen schienen am ehesten Geld für höhere Qualität auszugeben bzw. importierte Marken.

Womöglich war die Einfachheit, diese Kunden zu gewinnen, die Basis für Olivias Langeweile. Wenn sie neue Marktsegmente erkunden würde, könnte sie womöglich die Verkäufe ankurbeln und ihr eigenes Engagement wieder steigern. Sie entschied genau das zu tun.

"Wer wäre die letzte Person, die du in diesem Laden erwarten würdest?" fragte Olivia einen ihrer Mitarbeiter. Der junge Mann blinzelte lediglich. Olivia wurde ärgerlich. "Komm schon, irgendwer wird dir doch wohl einfallen."

"Der Papst?" antwortete der junge Mann unsicher.

Olivia konnte sich ein Lächeln nicht verkneifen. "Okay. Ausser dem Papst?"

"Äh, Oprah Winfrey?"

"Was ist nur los mit dir, Kevin?" fragte Olivia lachend.

“Ich weiss nicht”, sagte er verunsichert. “Vielleicht würde es helfen, wenn du mir erklärst, worum es überhaupt geht!?”

“Ich versuche neue Gruppen von Kunden zu identifizieren.”

“Und der Papst und Oprah Winfrey können keine Kunden sein? Was hast du nur gegen den Papst und Oprah Winfrey?”

Olivia dachte über die dämlichen Antworten von Kevin nach. Vielleicht waren sie gar nicht so dämlich, wie angenommen. Vielleicht sollte sie nicht automatisch irgendwelche Leute abschreiben. Sie hatte natürlich keine Absicht auf die „High Society“ zu fokussieren, aber sie wollte die Antworten von Kevin nutzen, um neue Marktsegmente zu identifizieren.

Zum Beispiel ältere Menschen, die aktiv bleiben wollten durch sportliche Outdoor-Aktivitäten? Oder Menschen, die Gewicht verlieren wollen oder ihre Fitness steigern? Was ist mit den Menschen, die nah genug an ihrem Arbeitsplatz wohnen, um das Fahrrad nutzen zu können, anstelle des Autos? Es gab mehr Gründe das Rad zu benutzen als nur die Fitness oder ein Gewichtsverlust.

“Weisst du was, Kevin?”, sagte Olivia. “Du scheinst klüger zu sein als es scheint.”

“Ich hoffe doch sehr”, antwortete er.

2.7 Persona

Die Persona ist ein inzwischen weit verbreitetes Tool, um seinem idealtypischen Kunden ein Gesicht zu geben. Die Persona ist ein Steckbrief, der sämtliche relevanten Eigenschaften einer exemplarischen Person unserer Zielgruppe enthält.
Wir haben schon zuvor betont, wie wichtig es ist, unsere Kunden und ihre Bedürfnisse sehr genau zu kennen. Mit der Persona zeigen wir nun, dass wir dies können.

Hier eine Auflistung typischer Elemente, die in einer Persona enthalten sein können:

- Portraitbild
- Name
- Demographische Angaben wie Alter, Geschlecht, Familie, Ort, Lebensumstände
- Hintergründe zur Person wie Job, Familie, Werte
- Womit sich diese Person identifiziert. Hierzu gehören Hobbies, Interessen, Erscheinungsbild, Verhalten auf Social Media, bevorzugte Verkaufskanäle, von wem diese Person beeinflusst wird...
- Erwartungen, Einstellungen, Ziele und Emotionen
- Herausforderungen, mit welchen sich diese Person aktuell auseinandersetzt und wie sie versucht, diese zu lösen.
- Wunschvorstellung, wie diese Herausforderungen gelöst werden könnten.

Hier ein Beispiel einer Persona für ein MBA Programm.

Demografie
- 32 Jahre
- verheiratet
- Teamleiter /Aussicht auf GL bei Elektro KMU
- Wohnort: Aarau
- Hochschulabschluss FHNW BSc Elektro – und Informationstechnik
- Einkommen: 90'000 im Jahr

Wie sieht die Persona aus?

Werte und Ziele
- Ehrgeizig
- Karriereorientiert
- Wissensdrang
- Netzwerk vergrössern
- Performance-orientiert

Ziel
- Karrieresprung und Vorbild für Mitarbeiter
- Persönliche Weiterentwicklung

Herausforderung / Problem

Privat:
- Zeitmanagement Work/Life Balance(Job, Privatleben)

Beruflich:
- Projektmanagement/Organisation der Ressourcen
- Kundenbeziehungen- und kommunikation
- Neukundengewinnung
- Fehlendes Wissen in gewissen BWL-Bereichen zur Diskussion auf Augenhöhe mit GL

Informationsquellen der Persona
- Zeitung (Bsp NZZ)
- Fachliteratur (Bsp von Branchenverband)
- Business SM (Linkedin/Xing)
- Google
- Freunde, Familie, Arbeitskollegen

Motivatoren / Demotivatoren

Motivatoren
- Wissensaufbau und Anwendur (Praxisorientierung)
- Unterrichtsatmosphäre

Demotivatoren
- Durchhaltewille (Dauer)
- Schwache Dozierende
- Hohe Anforderungen an ander und sich selbst
- Schlechte Information und Organisation

Kauf- / Entscheidungsprozess
- Geschäftsleitung bei Beruflichen Punkten – unterstützen sinnvolle Weiterbildung
- Unterstützung von Ehefrau
- Persönliche Alumni Erfahrung
- Gute Reputation der Schule

= legt wert auf persönliche Empfehlungen/Inputs

Emotionen / Befinden
- Freude an mehr Wissen
- Interessiert am beruflichen Weiterkommen
- Mögliche Müdigkeit / psychiscl Belastung aufgrund Kombination Führungsaufgabe im Beruf und Ausbildung (viele verschiedene Fronten)

Nützliche Hinweise zur Persona:

- Es können auch 2 oder 3 Persona erstellt werden. Für jedes Marktsegment kann eine eigene Persona erstellt werden.
- Eine Persona kann auch eine Unternehmung, eine Organisation oder ein anderer Kundentyp sein. Es muss sich dabei nicht zwingend um eine natürliche Person handeln.
- Die Persona soll auf jede Aspekte fokussieren, die für unser Business relevant sind.
- Die Persona eignet sich auch sehr gut für eine Präsentation respektive einen Pitch.
- Im Internet gibt es zahlreiche Vorlagen und Persona-Generatoren.

2.8 PESTEL Analyse

Kein Startup existiert in einem Vakuum. Wie jeder Kenner der Aktienmärkte Ihnen sagen könnte: Geschäfte werden durch so ziemlich alles beeinflusst, was auf der Welt passiert. Jemand niest (je nach Wichtigkeit der Person) und der Börsenschreiber bewegt sich um einen Viertelpunkt. Es ist verrückt! Aufgrund dessen wäre es als Gründerperson eine schlechte Idee, die Geschehnisse in der Welt ausser Acht zu lassen.

Deswegen ist die PESTEL Analyse so wichtig. Dieses bekannte Modell ist ein vereinfachtes und oft genutztes Werkzeug, das zur Beurteilung des Umfelds eines Startups dient. PESTEL ist ein Akronym für die folgenden sechs Bereiche:

P – Political – Politische Faktoren
E – Economic – Wirtschaftliche Faktoren
S – Socio-cultural – Sozio-kulturelle Faktoren
T – Technological - Technologische Faktoren
E – Environmental – Ökologische Faktoren
L – Legal – Gesetzliche Faktoren

Die PESTEL Analyse ist nützlich, um eine Vision der Zukunft zu erstellen, weil Sie zu Gedanken über die Chancen und Gefahren in der Welt um das Startup herum anregt. Wenn eine Gründerperson das Geschäftsumfeld kennt, kann sie Wege erarbeiten, um Chancen zu nutzen und Gefahren zu vermeiden. Anders würde sie sich blind durch ein unbekanntes Terrain bewegen.

In der Geschäftswelt gibt es viele Faktoren im unternehmerischen Umfeld, die Einfluss auf die Entscheidungen einer Organisation nehmen werden (oder sollten). Durch die PESTEL Analyse kann eine Gründerperson diese Faktoren untersuchen und so zu einem weitgehenden Verständnis über den Kontext gelangen, in dem diese Faktoren operieren.

Das ist wichtig weil:

- Durch die effektive Nutzung der PESTEL Analyse, gewährleistet eine Gründerperson, dass die eigenen Geschäftsaktivitäten positiv mit den Veränderungskräften in der Welt zusammenarbeiten. Den Vorteil dieser Veränderungen für sich zu nutzen, bedeutet Chancen zu erkennen, um sie dann zu nutzen.

- Die PESTEL Analyse hilft einer gerissenen Geschäftsperson Fehler zu vermeiden, in dem Gefahren frühzeitig identifiziert und eigene Aktivitäten identifiziert werden, die unkontrollierbar zu Fehlern führen würden.

- Die PESTEL Analyse ist sehr wichtig, wenn Sie Ihr Geschäft auf andere Ländern oder Regionen ausweiten wollen. Sie verhilft Ihnen zu verstehen, wie die neue Umgebung tickt, was es zu beachten gilt und verschafft Ihnen so die Möglichkeit, sich optimal anzupassen.

Um die PESTEL Analyse zu nutzen, brauchen Sie diese drei Hauptschritte:

1. Betreiben Sie Brainstormings. Sie müssen die relevanten Veränderungen in den verschiedenen Umweltsphären herausfinden, die einen Einfluss auf Ihre gegenwärtige Geschäftssituation haben. Nutzen Sie die Punkte in der Vorlage weiter unten.

2. Überlegen Sie, welche Chancen und Gefahren sich daraus für Sie ergeben.

3. Ziehen Sie Schlussfolgerungen für Ihre eigene Geschäftsidee und die weiteren Schritte.

Im Übergang von Schritt 2 zu Schritt 3 liegt die wahre Kraft der PESTEL Analyse. Es wäre total sinnlos Faktoren zu identifizieren (und zu beschreiben), die Ihr Geschäft betreffen, ohne Schlussfolgerungen daraus zu ziehen. Das Erkennen und Analysieren dieser Chancen und Gefahren und deren Einfluss auf unsere Geschäftsidee ist entscheidend für den zukünftigen Erfolg.

Aber seien Sie vorsichtig! Denken Sie nicht, dass Ihre Analyse perfekt sei. Nutzen Sie die Erkenntnisse eher als Ausgangspunkt und testen Sie Ihre Schlussfolgerungen in der Realität, die Sie selbst erleben. PESTEL ist ein komplexes und dynamisches System und unterliegt ständiger Veränderung. Seien Sie also vorbereitet stetig Anpassungen und Updates vorzunehmen. Nutzen Sie dazu die Vorlage auf getLaunched®.

Wie angedeutet kommen hier einige Punkte für Sie, die als Ausgangspunkt für Brainstormings dienen. Stellen Sie aber sicher, dass relevante Punkte hinzukommen, die auf Ihre Situation und Ihre Geschäftsidee zutreffen.

Politisch:

- Art der Regierung und deren Stabilität
- Ebenen der Bürokratie, Korruption
- Pressefreiheit
- Trends in der Gesetzgebung
- Gesetzgebung für Soziales und Arbeit
- Steuerrecht
- Handel und Zoll
- Kundenschutz
- Anstehende Gesetzesänderungen
- Mögliche Änderungen im politischen Umfeld

Wirtschaftlich:

- Aktuelle Wirtschaftslage
- Aktuelles und zu erwartendes Wirtschaftswachstum
- Inflation
- Zinssätze
- Arbeitslosenzahlen und Angebot an Arbeitskräften

- Kosten für Arbeiter
- Verfügbares Einkommen und Einkommensverteilung
- Einfluss der Globalisierung
- Mögliche Änderungen im Wirtschaftssystem

Sozio-kulturell:

- Rate des Bevölkerungswachstums
- Altersprofile
- Gesundheit, Bildung und soziale Mobilität der Bevölkerung
- Presse und öffentliche Meinungen
- Soziale Tabus
- Lifestyle
- Sozio-kulturelle Änderungen

Technologisch:

- Einfluss von wachsenden Technologien
- Einfluss des Internets
- Änderungen in den Kosten der Kommunikation
- Telekommunikation und Internet
- Forschungs- und Entwicklungsaktivitäten

Ökologisch:

- Auswirkung der Geschäftsaktivitäten auf die Ökologie
- Ökologische Veränderungen (z.B. globale Erwärmung)
- Ökologische Probleme
- Auswirkungen auf (oder von) lokalen Pflanzen oder Tieren
- Klima- und Wetterbedingungen

Rechtlich:

- Gesetzliche Rahmenbedingungen für Unternehmen
- Gesetzliche Rahmenbedingungen in Bereichen wie: Wettbewerb, Gesundheit, Sicherheit, Arbeitsrecht
- Urheber- und Markenrecht
- Rechtsstaatlichkeit und Rechtssicherheit

Für jene unter Ihnen, die eine strukturiertere Vorlage bevorzugen, haben wir hier eine Tabelle zusammengestellt:

Politisch	Steuerrecht Politische Hilfen Staatliche Fördermittel Handelsgremien Effekte von Kriegen
Wirtschaftlich	Wirtschaftliche Gesamtsituation Kaufkraft der Kunden Verfügbarkeit von Krediten Inflation Arbeitslosigkeit Steuerrecht Wechselkurs
Sozio-kulturell	Demografische Merkmale Änderungen im Lifestyle Haltungen Werte Soziale Mobilität Medien Ethnische und religiöse Auswirkungen
Technologisch	Künftige, technologische Innovationen Finanzierungsmöglichkeiten Zunahme an der Internetnutzung Eigentumsrechte Copyright-Verstösse Globale Kommunikation
Ökologisch	Industrielle Belastung der Umwelt Abfallwirtschaft Haltungen der Politik, der Medien und Kunden Aktuelle/künftige Änderungen
Rechtlich	Regierungszeiten Wettbewerb, Gesundheit, Sicherheit Künftige Änderungen Änderungen im europäischen Recht Handelsabkommen

Leon und die PESTEL Analyse

Mit dem Bankdarlehen im Rücken, waren Leon und Thomas startklar.

Die schlechte Nachricht: Gigan-Tech besass die Rechte an allem, was Leon jemals entwickelte. Sie besassen die Rechte an seiner Software. An seinen Programmen. Kurz gesagt: Sie besassen ihn selbst und sein Gehirn der letzten zehn Jahre. Sein geistiges Eigentum gehörte praktisch ihnen. Auf legalem Weg war es Leon also unmöglich, Kunden das anzubieten, was er für Gigan-Tech entwickelte.

Die gute Nachricht: Leon ist klüger und erfahrener geworden, als er noch vor Jahren war, als er Programme und Anwendungen für seinen früheren Arbeitgeber entwickelte. Das konnte doch nur bedeuten, dass alles, was er künftig entwickeln würde, besser wäre – nicht wahr?

Vielleicht.

Leon kann nun nicht länger auf das Marktforschungsteam zählen, das ihm sagt, was die Kunden wollen. Und die Informationen von Thomas, als dieser noch für Gigan-Tech arbeitete, kamen unter der Hand. Thomas hatte noch immer nicht gekündigt und die aktuellen Produktentwicklungen von Gigan-Tech standen selbstverständlich unter Urheberrecht. Würde Leon sich diese zu Eigen machen, könnte er binnen kürzester Zeit mit einer ganzen Schar hochbezahlter Rechtsanwälte rechnen.

Die beiden Gründungspartner würden die Welt um sie herum fortan selbst erkunden müssen. Sie starteten mit Ideen, ganz gleich wie absurd diese zunächst auch klangen.

“Die Leute essen wie verrückt”, sagte Leon. “Wo ich auch hinsehe, sind die Leute übergewichtig oder krank oder sonst was, weil sie einfach das falsche Zeug essen.”
“Du hast aber auch ein wenig mehr auf den Rippen“, stellte Thomas fest.

“Sei ruhig!” schnappte Leon und warf ein zerknülltes Stück Papier auf seinen Freund. “Ich würde dich gerne mal trainieren sehen, mit zwei gebrochenen Oberschenkelknochen.”

“Wie sieht es mit der zunehmenden Rate an freischaffenden Mitarbeitenden aus?” fragte Thomas. “Immer mehr Menschen arbeiten von zu Hause aus. Beinahe ein Drittel der Arbeitskräfte im Land sind Freelancer und die Tendenz ist steigend.”

“Das ist eine ziemliche Masse“, gab Leon zu. “Was könnten wir damit anfangen?”

“Wir könnten Freelancer als eine Art „Arbeiterpool“ nutzen”, schlug Thomas vor.

“Oder wir bieten ihnen einen Service als Kunden”, sagte Leon. “Das wäre ein riesiger Markt.”

“Oder beides.”

Leon nickte. “Lass uns darüber nachdenken, was zwei IT-Experten wie wir da machen können.“

2.9 Marktanalyse: Fünf-Kräfte-Modell

Ein grossartiger Weg, um den Markt zu analysieren ist das Fünf-Kräfte-Modell, entwickelt von Michael E. Porter (Harvard University).[2] Es ist auch als Branchenstrukturanalyse bekannt. Dieses Modell ist essentiell, um herauszufinden und zu verstehen, wo das meiste Potential im Markt zu finden ist. Wissen ist Macht. Der erste Schritt, um diese Macht zu nutzen ist also, herauszufinden, wer diese Macht noch besitzt und in welche Richtung die Machtverteilung geht.

Das Fünf-Kräfte-Modell fokussiert die fünf wesentlichen Wettbewerbskräfte eines Marktes, die die relative Attraktivität einer Branche bestimmen: Verhandlungsstärke der Lieferanten, Verhandlungsstärke der Abnehmer, Rivalität unter bestehenden Wettbewerbern, Bedrohung durch Ersatzprodukte, Bedrohung durch neue Anbieter.

Das Verständnis über die Verteilung der Macht zwischen diesen fünf Kräften hilft einer Gründerperson, die Wettbewerbsposition seines Startups, im jeweiligen Markt, zu bestimmen. Die Beachtung dieser Position kann ausserordentlich nützlich sein. Zum Beispiel dann, wenn es um das Verständnis der Vor- und Nachteile einer spezifischen Nische geht.

Das Fünf-Kräfte-Modell gibt also Aufschluss über den industriellen Kontext eines Startups und liefert zudem ein klareres Bild, wie attraktiv die angestrebte Branche wirklich ist. Es bietet somit eine Basis, um zu bestimmen, ob es für ein Startup wahrscheinlich ist oder nicht, erfolgreich im Wettbewerb zu bestehen. Zusätzlich kann eine Gründerperson diese Marktanalyse nutzen, um zu entscheiden, ob ein Produkt, Service oder ein Geschäftskonzept Profitpotential besitzt.

Das Modell untersucht das Wettbewerbsumfeld vom Standpunkt der fünf wesentlichen Wettbewerbskräfte:

1. **Verhandlungsstärke der Lieferanten** - Falls Firmen in ihrem Markt auf Materialien oder Produkte von einem Zulieferer angewiesen sind, haben diese Zulieferer eine messbare Macht. Immerhin legen diese Zulieferer den Preis und die Verfügbarkeit von notwendigen Materialien fest. Je weniger Auswahl an Zulieferern besteht, desto schwerer wird es natürlich, den Zulieferer zu wechseln. Desto mehr steigt Ihre Abhängigkeit von diesem Zulieferer. Kurzum: Die Zulieferer werden bei geringerer Anzahl machtvoller. Dieser Umstand macht den Markt unattraktiv für die Gründerperson. Für den Zulieferer wiederum ist diese Situation gut.

2. **Verhandlungsstärke der Abnehmer** - Angebot und Nachfrage ist Ihnen bekannt. Jetzt geht es um die Nachfrage. Die Anzahl der potentiellen Kunden, wie viel Geld diese zur Verfügung haben, wie sehr diese an Ihren Angeboten interessiert sind und einige andere Faktoren spielen bei der Verhandlungsstärke der Abnehmer eine Rolle. Diese Faktoren spielen auch beim Preis für Ihre Produkte oder Dienstleistungen eine Rolle. Wenn Sie auf eine Handvoll zahlungskräftiger Abnehmer angewiesen sind, können diese schnell Druck auf Sie ausüben und womöglich Änderungen fordern bzw. sogar durchsetzen. Fast, als hätten Sie erneut einen Chef...

3. **Rivalität unter bestehenden Wettbewerbern** - Dieser Teil dreht sich um den bracheninternen Wettbewerb. Falls Sie Zeitmaschinen herstellen, besteht keine Rivalität unter bestehenden Wettbewerbern (Falls ich damit falsch liege, bitte ich um weitere Informationen und verspreche, diesen Abschnitt abzuändern). In nahezu allen anderen

Fällen, haben Sie Konkurrenten, die so viele potentielle Kunden wie möglich aktivieren wollen. Unter anderem auch Ihre potentiellen Kunden oder solche, die es werden könnten. Je mehr Wettbewerber Sie haben – und je höher deren Qualität – desto härter werden Sie es haben, Kunden zu gewinnen und zu binden. Andersrum: Wenn Sie der einzige Anbieter sind (Zeitmaschinen!), kann Ihnen niemand die Kunden streitig machen. Best Case Szenario!

4. **Bedrohungsstärke durch Ersatzprodukte -** Hier geht es um das Vorkommen an Produkten oder Dienstleistungen, die als Ersatz für Ihre eigenen Angebote genutzt werden könnten. Erinnern Sie sich an die Zeit der Telegrafen, Waschbretter oder Ochsenkarren? Richtig. Wir auch nicht. Wir haben schon Schwierigkeiten uns an Windows 3.1 oder 56k-Modems zu erinnern. Aber hier geht es nicht nur um den Fortschritt der Technologien. Ein Beispiel: Wenn Sie eine Software anbieten, die bestimmte Vorgänge automatisiert, könnte das schlecht sein. Denn wenn die Kunden auf einfache und günstigere Art und Weise eine Alternative finden können, werden sie das tun. Das schwächt Ihre Position und das Geschäft.

5. **Bedrohung durch neue Anbieter -** Je attraktiver ein Markt, desto erfolgreicher die Firmen, die ihn bearbeiten. Doch auch neue Wettbewerber können Geld förmlich riechen und wenn sie erst mal die Fährte aufgenommen haben, gibt es kein Halten mehr. Sie könnten ebenfalls versuchen in diesen Markt einzudringen. Je mehr Menschen sich einen Kuchen teilen, desto weniger bleibt für den Einzelnen. Wie leicht ist für neue Anbieter die Markteinführung in Ihrer Branche? Wie leicht könnten diese die Preise drücken oder Ihre Kunden abwerben? Darum geht es bei der Bedrohung durch neue Anbieter.

Hier sind einige beispielhafte Punkte, die es bei der Beurteilung der fünf Kräfte zu beachten gilt:

Zulieferer

- Anzahl der Zulieferer

- Grösse der Zulieferer
- Einzigartigkeit der Leistungen
- Austauschbarkeit
- Kosten für den Wechsel von einem Zulieferer zum Nächsten

Abnehmer

- Anzahl der potenziellen Kunden
- Kaufkraft
- Unterschiede zwischen den Wettbewerbern
- Preisempfindlichkeit

Wettbewerb

- Anzahl der Wettbewerber
- Unterschiede in der Qualität der Wettbewerber
- Andere Unterschiede
- Kundenloyalität
- Kosten, um den Markt zu verlassen

Ersatzprodukte

- Verfügbarkeit von Ersatzprodukten
- Leistungsfähigkeit für den Kunden
- Kosten der Ersatzprodukte

Neue Anbieter

- Zeit und Kosten, um neu in den Markt einzutreten
- Voraussetzungen an Expertenwissen oder speziellen Fähigkeiten
- Grössenvorteile
- Kostenvorteile
- Technologischer Schutz (Patente) oder Hürden
- Barrieren in der Markteinführung

Die Marktanalyse ist unglaublich wichtig. Die Messung der Attraktivität einer angestrebten Branche essenziell.

Wenn Sie die gesamte Auswirkung der einzelnen fünf Kräfte auf Ihr Geschäft ermitteln, können Sie schnell Vor- und Nachteile des jeweiligen Marktes erkennen. Dies führt zur Nutzung von Chancen und Vermeidung von Gefahren.

Olivia und die fünf Kräfte

Olivia erschauderte. Noch vor einem Monat, als sie das erste Mal plante zur Fahrradmesse zu gehen, erwartete Sie sich gute Kontakte, Einblicke ins Fahrradgeschäft und eine Menge Spass. Auch wenn alle diese Punkte zutrafen, war Sie nun überwältigt von der wahren Grösse des internationalen Fahrradgeschäfts.

Ihre Augen waren jetzt dafür offen, wie gross diese Industrie wirklich war. Sie fühlte sich wie ein kleiner Fisch in einem riesigen Teich. Das Wissen, das sie mitnehmen konnte von den Vorträgen und Präsentationen verschiedener Experten und von den Neuvorstellungen, machte sie sprachlos. Aus den Jahren ihrer Leidenschaft zum Fahrrad dachte Olivia, dass sie so was wie eine Expertin sei. Jetzt musste sie realisieren, dass sie nicht mal halb so viel wusste, wie sie dachte.

Aber genau das machte alles umso aufregender.

Als Olivia einen Raum betrat, in welchem ein Vortrag über Sicherheit gehalten wurde, erspähte sie einen freien Sitzplatz neben einem älteren Herrn. Was ihr als erstes auffiel: Er schien die einzige Person im Raum zu sein, die keine Taschen voller Werbegeschenke oder kostenloser Testprodukte mit sich herumschleppte. Sein Lächeln schien beständig und freundlich, zudem entging ihm kein Neuankömmling.

“Kommst du öfter hierher?”, witzelte Olivia und nahm neben ihm Platz.

“Um ehrlich zu sein schon”, antwortete er und bot ihr einen Handschlag an. “Michael Rose, Vorsitzender von Rose Pedals, Incorporated.”

“Olivia Williams“, sagte sie. Sie schüttelte seine Hand förmlich. “Vorsitzende von irgendwas, irgendwann.”

“Das glaube ich dir”, gab er mit einem Grinsen im Gesicht zurück.

Nach dem Vortrag lud Olivia Michael zu sich an den Tisch zum Essen ein. Sie war dankbar, dass er einige sehr erfolgreiche Freunde von sich mitbrachte. Es machte den Anschein, als hätte Olivia in Michael einen guten Verbündeten gefunden. Er besass weitreichendes Wissen und fackelte nicht lange dieses mit ihr zu teilen. Als er mit dem Essen fertig war, gab er Olivia seine Visitenkarte.

“Ich hatte einen wunderbaren Mentor, als ich damals in die Selbständigkeit startete”, erzählte Michael. “Ich wäre nicht dort, wo ich heute bin ohne ihn. Ich will nicht versprechen, dass ich genauso hilfreich sein werde, wie er es war, aber wenn du jemals die Gedanken eines älteren Herrn zu irgendwas brauchst, ruf mich an.”

“Sei vorsichtig”, witzelte einer von Michaels Freunden. “Wenn du ihn anrufst, wird er nie wieder aufhören zu reden.”

“Das klingt doch toll” entgegnete Olivia.

Am Abend befand sich Olivia im Hotelzimmer. Sie hatte einen Stapel Papier auf den Beinen und schrieb Fragen auf, die sie Michael stellen könnte. Welche Zulieferer sind zu empfehlen? Welche Hürden musste er bewältigen, als er damals sein Geschäft startete? Wie schwer würde es sein, Kunden von Wettbewerbern zu gewinnen? Würde Michael die Fahrradindustrie nochmal wählen, stünde er am Anfang?

Olivia verspürte bereits während des Schreibens Ungeduld. Ungeduld auf die Antworten Michaels.

Kapitel 3: 7 Schlüssel: Wie wir ein Erfolg versprechendes Geschäftsmodell entwickeln

3.1 Übersicht

Ein Geschäftsmodell besteht aus 7 Schlüsseln. Neben dem Magischen Dreieck, welches die Kunden, unser Angebot sowie die Konkurrenz umfasst, sind dies der Markteintritt, Geld, Ressourcen und Personen. In diesem Kapitel finden sich nützliche Tools, um das Geschäftsmodell im Detail auszuarbeiten und auf dessen Erfolgspotenzial hin zu evaluieren.

Der *Markteintritt* ist mitentscheidend über Erfolg und Misserfolg, denn ohne Kunden kein Erfolg. Zur Auswahl stehen verschiedene **Distributionskanäle**, **Verkaufssysteme** und **verkaufsfördernde Instrumente**.
Als unterstützende Tools stellen wir vor:

- Der **Marketingplan**, auch Marketingmix oder 4P genannt, gibt eine Übersicht über die vier Aspekte, bei denen wir unseren Markteintritt gestalten können
- Wir bauen sehr einfache, aber wirkungsstarke **Verkaufstrichter** für unsere Strategischen Geschäftsfelder
- Wenn immer wir mit unseren Kunden kommunizieren, hilft das **AIDA** Prinzip
- Wenn es ums persönliche Verkaufen geht, stellen wir mit der **Prospektion** sowie dem...
- ... **Adaptiven Verkaufen** zwei nützliche Techniken vor

Der Schlüssel "Geld" beinhaltet alle Überlegungen zu den geplanten Geldströmen wie Einnahmen, Ausgaben, Investitionen und Finanzierungsmöglichkeiten. Die Finanzplanung ist hier die zentrale Planungsaufgabe.
Bei der Preisgestaltung muss entschieden werden, wofür genau wir Geld erhalten und wie hoch wir die Preise ansetzen sollen.

Zur Beschaffung des benötigten Startkapitals stehen verschiedene **Finanzierungsoptionen** zur Verfügung.

Als unterstützende Instrumente, die helfen, alles rund ums Geld zu planen, stellen wir vor:

- Mit der **Break-even-Analyse** können wir sehr schnell berechnen, wie viele Einheiten wir verkaufen müssen oder wie viele zahlende User wir haben müssen, um die Gewinnschwelle zu erreichen
- Mit der **Liquiditätsplanung** wird aufgezeigt, ob unsere Liquidität zu jedem Zeitpunkt genügend gross ist

Die *Ressourcen* sind unser sechster Schlüssel. Dazu gehören sowohl das benötige Know-how, materielle Ressourcen wie Computer und Maschinen als auch immaterielle Ressourcen wie Software oder Lizenzen. Von Nutzen beim Erarbeiten dieses Schlüssels können sein:

- Dank dem Aufbau und der Pflege von **Netzwerken** kann es viel einfacher sein, die benötigen Ressourcen (oder auf Kunden) zu finden
- Mit Hilfe von **kooperativen Beziehungen** können langfristige Partnerschaften aufgebaut werden, die beiden Seiten grossen Nutzen bringen
- Auch die Lösung der rechtlichen und organisatorischen Aspekte gehören zum Schlüssel "Ressourcen". Hier gilt es zuerst, die passende **Rechtsform** auszuwählen
- Je nach Ausrichtung der Geschäftstätigkeit macht es Sinn, eines oder mehrere Schutzrechte für **geistiges Eigentum** anzumelden (Marken, Patente, Designschutz)

Der siebte und letzte Schlüssel umfasst die involvierten *Personen*, bei Startups natürlich die Gründerinnen und Gründer. Wir beantworten die Frage, was eine Erfolg versprechende **Unternehmerpersönlichkeit** ausmacht. Zudem geben wir Tipps für die ideale Zusammensetzung von **Gründerteams**.

Wenn wir ein Geschäftsmodell – oder auch mehrere – mehr oder weniger vollständig ausgearbeitet haben, macht es Sinn, mit der **Evaluation von Geschäftsideen** dessen Stärken und Schwächen herausfinden. Dazu benutzen wir eine Checkliste, die sich nach den 7 Schlüsseln orientiert.

3.2 Marketingplan – Der Marketingmix und die 4Ps

Jedes Unternehmen braucht einen soliden Marketingplan, um auf lange Sicht Erfolg zu haben. Der Marketingplan gibt an, welche Aktionen und Massnahmen erfolgen sollen, um mit der Zielgruppe zu kommunizieren, Kunden zu gewinnen und zu binden. Zugegeben. Das ist stark vereinfacht.

Die Ziele des Marketingplans sind:

- Den eigenen Markt zu definieren
- Die Zielgruppe zu bestimmen
- Wettbewerber zu identifizieren
- Eine Strategie zu entwickeln, um Kunden zu gewinnen und zu binden
- Identifizierung und Vorhersehung von Veränderungen

Die Hauptzutat des Marketingplans ist das tiefe Verständnis über die jeweilige Zielgruppe. Sie müssen wissen, was Ihre potentiellen Kunden mögen und was sie nicht mögen. Sie müssen deren Erwartungen, Wünsche und Bedürfnisse kennen und verstehen. Je mehr Sie über Ihre Zielgruppe in Erfahrung bringen, desto leichter wird es Ihnen fallen, diese Menschen zu erreichen. Und zwar am richtigen Ort, zur richtigen Zeit, mit der richtigen Kommunikation und im richtigen Format.

Aber auch tiefgehende Kenntnisse über Ihre Konkurrenz sind ein Muss. Diese Konkurrenz umfasst nicht nur andere Firmen, sondern auch Produkte und Dienstleistungen, die Ihren eigenen

Angeboten ähnlich sind und deshalb die womöglich selben Bedürfnisse bei der Zielgruppe ansprechen.

Mit dem Verständnis über diese beiden Punkte legen Sie eine starke Grundlage für einen guten Marketingplan.

Der Marketingplan ist auch ein guter Startpunkt, wenn Sie beginnen, sich gezielte Gedanken zu machen über ein Produkt oder einen Service. Eines der bekanntesten Modelle hierfür sind die 4 Ps. Diese Technik hilft dabei, Marketingoptionen zu definieren in Bezug auf Produkt, Platz, Preis und Promotion.

Das Konzept der 4 Ps (vorgestellt durch den Marketingprofessor E.J. McCarthy[3]) sieht vor, dass Marketingentscheidungen generell in die folgenden vier Kategorien einzuteilen sind. Jede davon befindet sich innerhalb der Kontrolle der Gründerperson selbst:

- **Produkt** – Was sind die Eigenschaften unseres Produktes? Welche Vorteile, welchen Nutzen werden unsere Kunden davon haben? Welche anderen Produkte oder Dienstleistungen bieten wir an? Greifen diese ineinander, ergänzen sie sich gegenseitig?

- **Preis** – Welchen Preis verlangen wir für unser Angebot? Welches Modell zur Preisgestaltung nutzen wir? Welche Zahlungsmöglichkeiten bieten wir unseren Kunden? Welche Rabattaktionen oder Specials bieten wir an?

- **Platz** – Welche Vertriebskanäle nutzen wir? Wo ist unser Produkt verfügbar? Wie kommen Kunden mit unserem Produkt in Berührung?

- **Promotion** – Wie bewerben wir unser Produkt? Welche Marketingmassnahmen nutzen wir? Werbung, PR, Guerilla Marketing, Virales Marketing? Welche Promo-Aktionen nutzen wir sonst noch? Wann wollen wir diese Aktionen implementieren?

Nachfolgend eine Auflistung möglicher Promotionsmöglichkeiten:

Offline

TV-Werbespot	Die wohl immer noch bekannteste Werbeform ist der Werbespot im TV. Diese sind jedoch sowohl in der Produktion als auch der Ausstrahlung sehr teuer und kommen für die meisten Start-ups nicht in Frage. Der Vorteil von TV-Spots ist, dass man eine sehr grosse Reichweite erzielen kann
Kinowerbung	Werbespots in Kinos sind deutlich günstiger. Zudem ist das Zielpublikum – je nach Film – auch eher homogen und allenfalls gut passend fürs eigene Business.
Radiowerbung	Werbespots im (regionalen) Radio erzielen eine hohe Reichweite bei vergleichsweise überschaubaren Kosten. Insbesondere für Events sehr oft genutzt.
Plakat in Bussen	Viele Verkehrsbetriebe bieten die Möglichkeit von Plakaten – teilweise auch mit zusätzlichen Fächern für kleine Flyer zum Mitnehmen – in ihren Bussen und Trans.
Plakate	Plakate im öffentlichen Raum sind immer noch sehr beliebt, jedoch auch recht teuer.
Flyer/Prospekte	Klassische Flyer oder Prospekte lassen sich heute sehr kostengünstig und schnell designen und produzieren. Die Frage ist jedoch, wie die Flyer verteilt werden können. Eine Möglichkeit besteht darin, die Flyer in alle Briefkästen zu legen bzw. diese Aufgabe der Post zu geben (Postwurfsendung)
Persönlicher Verkauf	Geht es um erklärungsbedürftige Angebote, oft im höheren Preissegment, drängt sich der persönliche Verkauf auf. Dies ist zeitintensiv.
Werbebriefe	Flyer, Prospekte und klassische Werbebriefe können per Post versandt werden.

PR	PR steht für Public Relation. Ziel davon ist, dass Medien wie Zeitungen, Zeitschriften, Radio oder auch das TV über unsere Angebote berichten. Dazu müssen interessante Geschichten präsentiert werden können. Teilweise muss man für solche Berichte auch bezahlen (Publi-Reportage)

Online

Homepage	Heute hat fast jede Unternehmung eine Homepage. Je nach Business enthält diese auch einen Online-Shop.
Newsletter	In regelmässigen Abständen kann man seine (potenziellen) Kundschaft mit einem Newsletter über Neuerungen auf dem Laufenden halten
Email	Anstelle des klassischen Werbebriefs kann auch per Email mit (potenziellen) Kunden kommuniziert werden.
SEO	SEO steht für Search Engine Optimisation. Es geht darum, dass Suchmaschinen unsere Homepage bei entsprechenden Suchen möglichst weit oben aufführen. Dazu muss die eigene Homepage entsprechend optimiert werden.
Google Adwords	Bei Google können Erwähnungen zu Beginn der Suchergebnisse auch gekauft werden. Dazu muss man entsprechende Suchbegriffe definieren, bei denen unser Angebot erscheinen soll.
Banner in Social Media	In fast allen Social Media Apps können Bannerwerbungen geschaltet werden. Diese können recht genau an die eigene Zielgruppe gerichtet werden.
Eigene Social Media Auftritte	Sie können einen eigenen Account auf den verschiedenen Social Media Plattformen eröffnen und mit eigenen Inhalten bespielen.
Influencer	Sie können mit Influencern zusammenarbeiten. Gegen einen

	entsprechenden Betrag promoten diese dann ihre Produkte in ihrer Community.

- Sie sehen: es gibt ganz viele Möglichkeiten, wie Ihre Verkaufsanstrengungen unterstützt werden können. Es gilt nun, die für Sie passenden Instrumente zusammen zu stellen und professionell umzusetzen. Erstellen Sie immer auch gleich ein Budget für diese Massnahmen. Nicht immer ist das Wünschbare auch bezahlbar!

Diese vier Kategorien bilden zusammengenommen eine solide Basis für Marketingentscheidungen.

Der Marketingmix fügt sich in die Marketingstrategie des Unternehmens ein. Diese Marketingstrategie wird wiederum Teil der Unternehmensstrategie. Das macht das Modell sehr effektiv für Startups. Das Modell dient aber auch gut zur Beurteilung eines existierenden Angebots und dessen Auswirkung auf den Zielmarkt.

Natürlich können innerhalb der vier Kategorien Anpassungen vorgenommen werden. Diese Flexibilität hilft dabei, auf die immer wechselnden Bedürfnisse der Kunden im jeweiligen Markt (oder Marktsegment) zu reagieren.

Ob Sie aktuell über ein neues oder bestehendes Angebot nachdenken, spielt keine Rolle. Sie können Ihren Marketingmix definieren und optimieren, indem Sie die nachfolgenden Schritte befolgen:

1. Benennen Sie das Produkt oder die Dienstleistung, welche Sie analysieren wollen.

2. Nutzen Sie die obigen Definitionen und beantworten Sie die Fragen der 4 Ps.

3. Stellen Sie sich selbst zusätzliche Fragen wie "Warum…?" und "Was, wenn…?", um Ihr Angebot auf die Probe zu stellen. Als Beispiel: Fragen Sie sich selbst, warum Ihre Zielgruppe eine bestimmte Eigenschaft braucht. Fragen Sie sich, was passieren würde, wenn Sie Ihren Preis um 5

Prozent senken würden. Was, wenn Sie mehr Farben zur Auswahl anbieten würden? Warum sollten Sie Zwischenhändler nutzen, anstatt direkt an die Endkunden zu verkaufen?

Tipp: Überprüfen Sie Ihre Antworten! Stellen Sie sicher, dass diese auf Fakten beruhen und vernünftig klingen. Wenn Sie Zweifel an Ihren Annahmen haben, identifizieren und sammeln Sie Fakten und Zahlen, tätigen Sie Marktrecherchen, um zu einem klareren Bild zu gelangen.

1. Wenn Sie einen soliden Marketingmix entwickelt haben, testen Sie Ihr Angebot aus der Sicht des Kunden. Stellen Sie sich kundenorientierte Fragen:

    - Befriedigt das Angebot die Bedürfnisse der Kunden? (Produkt)
    - Wird das Angebot dort verfügbar sein, wo die Kunden einkaufen? (Platz)
    - Werden die Kunden den Preis als annehmbar empfinden? (Preis)
    - Werden die gewählten Marketingaktionen die Kunden erreichen? (Promotion)

2. Stellen Sie sich weitere Fragen und verfeinern Sie Ihren Marketingmix so lange, bis Sie selbst damit zufrieden und sicher sind, dass die verwendeten Informationen auf den Fakten und Zahlen beruhen, die Sie zur Verfügung haben.

3. Überprüfen Sie Ihren Marketingmix regelmässig. Manche Elemente müssen von Zeit zu Zeit geändert werden. Zum Beispiel dann, wenn der Markt wächst, Änderungen im Wettbewerb eintreten oder Optimierungen vorgenommen werden müssen, um die Zielgruppe besser zu erreichen.

Olivia und der Marketingmix

Die Menschen in der Peace Lake Seniorensiedlung achteten nicht darauf, wie windschnittig ein Fahrrad ist. Sie beeindruckte es nicht, wie gut man damit einen Berg hinauffahren konnte. Und sie interessierten sich auch nicht für neonfarbenen Elastananzüge.

Deshalb fokussierte sich Olivia auf keines dieser Elemente.

Der Gebäudemanager in Peace Lake genehmigte Olivia das Aufstellen eines Standes mit Fahrrädern direkt vor dem Clubhaus, in der Mitte der Siedlung. Das Wochenende, das er für sie auswählte, hätte schöner nicht sein können. Es war sonnig und mild, die Senioren waren schon früh auf den Füssen und gingen mit ihren kleinen Hunden spazieren oder plauderten mit den Nachbarn.

Als Olivia ihren Marketingmix für diesen Event plante, stellte sie sich vor, sie würde ihre Fahrräder ihren eigenen Grosseltern präsentieren. Sie dachte über alle 4 Ps nach, bezogen auf dieses spezielle Kundensegment. Sie nahm noch immer an, dass der Papst nicht erscheinen würde, aber sie war bereit auf ihre ältere Kundschaft.

Sie startete mit dem Punkt „Produkt". Die Senioren waren keine Zielgruppe, die ihr Geld für das neuste Rennrad ausgeben würde. Stattdessen brachte Olivia Erwachsenendreiräder mit, für diejenigen, mit schwankender Balance. Die Tandem-Räder sollten die verbliebenen Liebespaare unter den Senioren ansprechen, die vielleicht ihre Romantik neu aufleben lassen wollten. Sie liess die Sportausrüstung im Laden und brachte stattdessen Freizeitzubehör mit: Körbe, breitere Sattel und Anhänger, die perfekt für kleine Enkelkinder oder kleinere Tiere waren. Natürlich vergass Olivia nicht die Sicherheitsausrüstung, die für jeden Fahrradfahrer ein absolutes Muss war.

Sie wusste um die Sparsamkeit alter Menschen, also entschied sich Olivia für einen 15-prozentigen Seniorenrabatt. Wenn das Wochenende gut laufen würde und das Feedback positiv wird, hatte Olivia schon darüber nachgedacht, diesen Rabatt dauerhaft im Laden einzuführen.

Die Location war wirklich ideal. Das Clubhaus war der zentrale Treffpunkt und eine beliebte Stelle für ein schnelles Päuschen, ehe es nach Hause ging. Nicht nur die ausgezeichnete Sichtbarkeit begeisterte Olivia, sondern vielmehr die Sichtbarkeit für die richtigen Leute, zur richtigen Zeit, am richtigen Ort. Zudem sind Fahrräder doch für jedes Alter geeignet, bieten Gruppenaktivitäten und sind leicht zu bedienen, nicht wahr?

Um diese Punkte zu bewerben, hängte Olivia ein Banner auf, das die Gründung einer Peace Lake Fahrradgruppe verkündete. Senioren konnten sich eintragen für einen wöchentlichen Trip mit den Nachbarn durch die Siedlung. Olivia selbst oder einer ihrer Mitarbeitenden würde einmal im Monat vorbeikommen und Sattelhöhen anpassen, Reifen aufpumpen, gebrochene Ketten reparieren und andere Dienstleistungen für die Kunden anbieten, um deren Fahrräder in einem Top-Zustand zu halten. Das sollte es auch für neue Anwohner attraktiv machen der Gruppe beizutreten und Kunden zu werden. Dieser Service würde kostenlos sein, aber Olivia würde sicherstellen, dass genug Merchandise-Artikel zur Verfügung stünden, um die Mitglieder der Gruppe zu Zusatzkäufen zu animieren.

Olivia hatte eine Menge Spass bei diesem Event. Sie lernte eine Vielzahl an Senioren kennen, konnte viele Verkäufe abschliessen und erhielt eine gute Dosis an Erfolg, den sie dringend brauchte, um ihre Geschäftsbatterie wieder aufzuladen. Der Szenenwechsel tat ihr gut.

Aber auch dem Geschäft. Nach einigen Monaten, als Olivia merkte, wie gut das Programm in der Seniorensiedlung lief, öffnete sie das Telefonbuch und rief weitere Gebäudemanager von Seniorensiedlungen an. Sie konnte es kaum abwarten, das Peace Lake Event zu wiederholen.

3.3 Verkaufstrichter

Es gibt immer verschiedene Wege, wie ein Unternehmen zu ihren Kundinnen und Kunden gelangen kann. Es ist jedoch wichtig zu überlegen, wie ein solcher Weg konkret aussehen soll. Diesen Weg nennt man auch Verkaufstrichter.
Dieser wird nun anhand zweier Beispiele aufgezeigt.

Als erstes schauen wir uns einen klassischen Verkauf an. Hier wollen wir beispielsweise eine Beratungsleistung oder eine Maschine an Firmenkunden verkaufen.

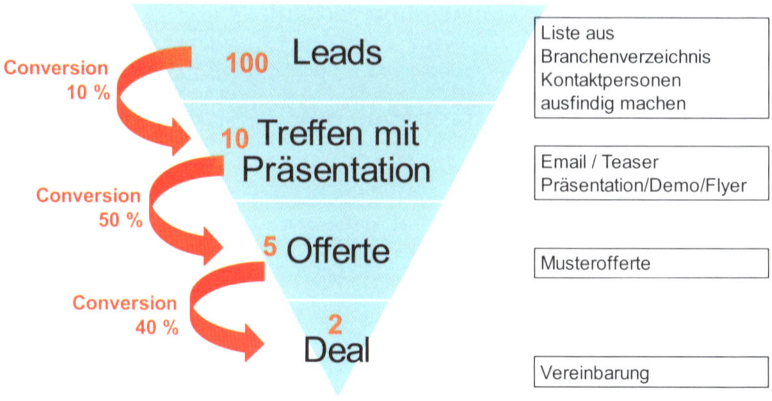

Zuerst verschaffen wir uns die Kontaktdaten von 100 potenziellen Kunden. Wir nennen diese Leads. Diese Liste generieren wir z.B. aus Branchenverzeichnissen oder dank Besuchen in Fachtagungen oder Messen.

Diese Leads kontaktieren wir zuerst per Mail mit einem attraktiven Flyer bzw. Teaser. Zudem können wir diesen Leads auch persönlich anrufen. Ziel davon ist es, dass wir ein Treffen vereinbaren können, bei welchem wir unser Produkt persönlich vorstellen können. In diesem Beispiel ist das Ziel, dass wir aus diesen 100 Leads 10 Treffen vereinbaren können.

Nach dem persönlichen Treffen werden wir für alle interessierten Kundinnen und Kunden eine persönliche, massgeschneiderte

Offerte erstellen. Wir rechnen hier mit 5 Offerten aus den 10 Präsentationen.

Schlussendlich sollen daraus 2 unterzeichnete Verträge resultieren.

Dieser Trichter erfordert das Ausfindigmachen und kontaktieren von 100 potenziellen Kunden, um 2 Abschlüsse erzielen zu können.

Als zweites Beispiel schauen wir uns ein Start-up an, dass seine Produkte im eigenen Online-Shop verkauft.

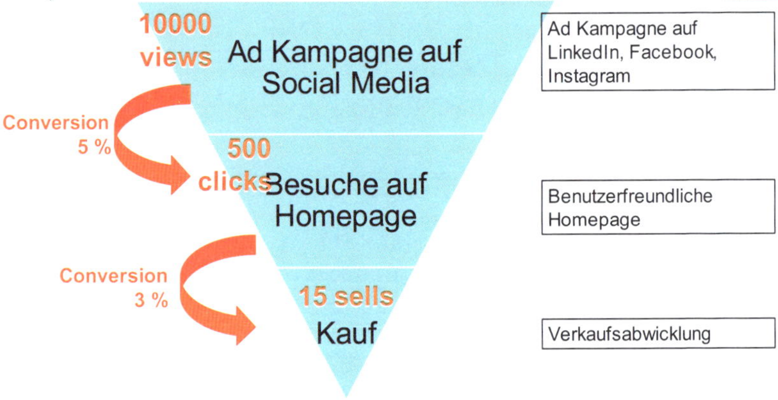

Dieser Verkaufstrichter startet mit einer Ad Kampagne auf Social Media, z.B. auf Instagram oder LinkedIn. Wir rechnen damit, dass wir unser Werbebanner an 10'000 Personen zeigen können. Dementsprechend werden wir auch die Kosten für diese 10'000 Impressions bezahlen müssen.

Weiter rechnen wir damit, dass 500 Personen davon auf diesen Banner klicken und bei uns auf Online-Shop landen. Dies wäre eine Conversion Rate von 5 %.

Von diesen 500 Besuchen auf unserer Homepage erwarten wir 15 Verkäufe, was einer weiteren Conversion Rate von 3 % entspricht.

Beide Beispiele zeigen auf, dass es sehr wichtig ist, die einzelnen Schritte im Verkaufsprozess zu planen und umzusetzen. Bei jedem Schritt gehen gewisse potenzielle Kunden «verloren».
Mit Hilfe des Verkaufstrichters können die Marketing und Verkaufs-Aktivitäten nicht nur geplant und umgesetzt, sondern insbesondere auch kontrolliert werden. Es ist nun sehr einfach ersichtlich, ob unsere geplanten Conversions Raten eingehalten werden können oder nicht. Es kann nun auch daran getüftelt werden, einzelnen Aktivitäten zu verbessern, anzupassen und wieder zu schauen, ob bessere Ergebnisse erzielt werden können.

3.4 AIDA: Attention-Interest-Desire-Action

Der Wettbewerb in der Welt der Werbung wird immer grösser und die Werbung selbst immer komplexer. Das bedeutet aber auch, dass die Aufmerksamkeit der Menschen immer schwerer zu bekommen ist. Trotz allem ist das Grundprinzip der Werbung immer dasselbe (und wird dasselbe bleiben) – Ihre Werbung muss die Aufmerksamkeit der Zielgruppe erregen und diese zu einer gewünschten Aktion bewegen.

Der Grund, warum dieses Prinzip immer gleichbleibt, ist einfach: Weil die menschliche Natur sich nicht ändert. Ganz gleich wie anspruchsvoll die Leute auch werden, der Fakt bleibt, dass Ihre Zielgruppe nur dann Ihre gewünschte Aktion ausführen wird, wenn Sie deren Aufmerksamkeit gewonnen haben. Sie müssen immer – zunächst – das Interesse dafür wecken, wie Ihr Produkt oder Ihre Dienstleistung der Zielgruppe hilft. Sie müssen immer das Verlangen im Kunden wecken. Und Sie müssen Ihre Zielgruppe auch immer wieder überzeugen, einen gewünschten Schritt zu gehen. Zum Beispiel Ihre Webseite zu besuchen oder einen Kauf zu tätigen.

AIDA ist ein nützliches Tool, um sicherzustellen, dass Ihre Marketingkommunikation sowohl Aufmerksamkeit erzeugt als auch das Kundenverhalten zu Ihren Gunsten beeinflusst. Das Akronym AIDA steht für:

- **A – Attention – Aufmerksamkeit**
- **I – Interest – Interesse**
- **D – Desire – Verlangen**
- **A – Action – Handlung**

Dies sind die vier Hauptbereiche, die Ihre Zielgruppe durchlaufen muss. Tut sie dies nicht, ist Ihre Werbung nicht effektiv genug. Richtig angewandt wird AIDA Ihre Zielgruppe zur gewünschten Aktion führen: Ihre Webseite zu besuchen, sich in den Newsletter einzutragen, einen Kauf zu tätigen oder jede andere Aktion, die Ihnen dabei hilft, die jeweiligen Ziele zu erreichen. Wann immer Sie einen Text verfassen mit dem Ziel andere zu einer Handlung zu bringen, benutzen Sie AIDA. Bessere Resultate sind dadurch nahezu garantiert.

Die Elemente des Akronyms stellen sich wie folgt dar:

Attention/Aufmerksamkeit

Unsere Welt ist übersättigt mit Medien. Um die Aufmerksamkeit von Menschen zu ergattern in einer solchen chaotischen und überstimulierten Welt, müssen Sie schnell und direkt sein. Nutzen Sie effektive Worte und ausdrucksstarke Bilder, die den Blick des Betrachters einfangen. Sie müssen so interessant und relevant wie nur möglich sein (und das so schnell wie nur möglich), wenn Sie Menschen dazu bewegen wollen, ihr Tun für Sie zu unterbrechen.

Die meisten Büromitarbeiter gehen in einem Berg von E-Mails unter. Es ist daher nichts Ungewöhnliches, dass manche E-Mails in den Papierkorb wandern, ohne jemals geöffnet worden zu sein. Um sicherzustellen, dass Ihnen nicht das gleiche Schicksal bevorsteht, muss bereits die Betreffzeile Ihrer E-Mail Aufmerksamkeit erzeugen. Die Betreffzeile muss die Empfänger dazu verleiten, die E-Mail zu öffnen und den Inhalt zu lesen.

Ein Beispiel: Es könnte Ihr Ziel sein, Leute für ein Coaching zu gewinnen, z.B. über Feedbacks. Statt einer trockenen und rein auf Fakten beschränkten Betreffzeile, wie z.B. "Seminar zum Thema Feedbacks", sollten Sie etwas Frischeres, Kreativeres versuchen. Etwas, das Aufmerksamkeit erzeugt. "Wie effektiv ist Ihr Feedback?", könnte erfolgreicher sein. Personalisierte Betreffzeilen wirken nochmals besser. Es gibt nach kurzem Suchen im Internet unzählige Studien, wie Sie Aufmerksamkeit wecken können. Denken Sie dabei stets an die immer schlaueren Spam-Filter.

Interest/Interesse

Wenn Sie die Aufmerksamkeit des Publikums bekommen, müssen Sie diese Aufmerksamkeit auch aufrechterhalten. Das passiert über Interesse. Als Texter ist das eine der schwersten Aufgaben. Das Publikum mag zwar zu Ihnen blicken, aber das bedeutet noch lange nicht, dass dieses Publikum auch durchgehend aufmerksam bleibt.

Um das Interesse von Leserinnen und Lesern zu gewinnen, müssen Sie abermals schnell sein. Zwar haben Sie jetzt ein klein wenig mehr Zeit, aber immer noch nicht viel. Sie müssen sich auf die Bedürfnisse der Zielgruppe konzentrieren. Das heisst, dass Sie dem Publikum helfen müssen, schnell einen Teil des Gesamtinhalts zu finden, der Relevanz besitzt. Aufzählungszeichen und Unterüberschriften strukturieren Ihren Text in schnell zu scannende Teile und helfen, die wirklich relevanten Punkte hervorzuheben.

Desire/Verlangen

Es besteht ein starker Zusammenhang zwischen Interesse und Verlangen beim AIDA-Modell. Wenn Sie Interesse aufbauen, sollten sie auch gleichzeitig Verlangen erzeugen. Machen Sie klar deutlich, welchen Nutzen Ihr Angebot bringt. Aber machen Sie es klug! Greifen Sie hauptsächlich Punkte auf, von denen Sie wissen, dass das Publikum diese braucht und will. Statt nur anzugeben "Unser Seminar wird Ihnen zeigen, wie Feedbacks effektiv verwendet werden", erzählen Sie Ihrem Publikum, dass es sich lohnt auf Feedbacks zu achten. Beispielsweise so: "Sparen Sie Zeit, vermeiden Sie Frustration und bekommen Sie, was Sie brauchen – alles durch das Wissen um gute Feedbacks."
Wenn Sie während der Produktentwicklung alles richtig gemacht haben, sollten die Features dieses Produktes die Bedürfnisse der Zielgruppe abdecken. Nutzen Sie das! Stellen Sie den Nutzen in den Vordergrund und erzeugen Sie so Verlangen beim Publikum. Gemäss dem alten Verkaufsprinzip: „Verkaufe das Wie, nicht das Was oder Warum."

Überzeugung

Okay, dieser Punkt ist nicht in AIDA selbst enthalten. Aber Überzeugung ist ein Punkt, der immer wichtiger wurde in den letzten Jahren. Kunden werden immer skeptischer, besonders bei Werbebotschaften. „Dieses Buch ist ein Bestseller" reicht heutzutage als Aussage nicht mehr aus. Besonderheiten machen die Unterschiede aus. Wann immer Sie Beweise haben, um Ihre Aussagen zu unterstreichen, nutzen Sie diese! Zum Beispiel: „Dieses Buch war 10 Wochen in der Bestsellerliste der New York Times". Selbstverständlich sollten alle Details, die Sie verwenden, wahrheitsgetreu sein.

Wenn Sie keine Beweise haben, denken Sie darüber nach, solche Beweise zu generieren. Das heisst nicht, dass Sie Beweise erfinden, sondern z.B. eine Umfrage starten oder Testimonials einholen.

Action/Handlung

Gehen Sie niemals davon aus, dass Ihr Publikum automatisch weiss, was Sie wollen. Sagen Sie es Ihrem Publikum – klar, deutlich, verständlich. Machen Sie deutlich, welchen Schritt die Zielgruppe als Nächstes unternehmen soll. Ganz gleich was es ist! Wichtig ist, dass Sie es klar mitteilen. Ihre sogenannten Call-to-Actions sollten richtungsweisend sein. Ansonsten war die Arbeit bis zu diesem Punkt umsonst.

Leons AIDA

Ein Stapel zusammengeknüllter Papiere dekorierte den Boden neben Leons Schreibtisch. Er hatte nicht erwartet, dass es so schwer wäre, ein gutes Verkaufsschreiben zu verfassen. Alles, was er wollte, war die Aufmerksamkeit der Seminarteilnehmer, um sich mit ihnen an einen Tisch zu setzen und die Angebote zu diskutieren. Das konnte wohl nicht so schwer sein, oder?

Aber während der letzten zwei Stunden wirkte alles, was er zu Papier brachte, irgendwie nur noch fad und langweilig. Das Wort "Betreffzeile" schien sich bereits über ihn lustig zu machen.

"Ich hasse das", bellte Leon wütend und warf seinen Kugelschreiber auf den Schreibtisch.

Catherine stellte eine Tasse Tee neben ihn und massierte sanft seine Schultern. Er stoppte ihre Hände und zog sie auf seinen Schoss. Als er sie küssen wollte, drehte sie jedoch ihren Kopf zur Seite.

"Vergiss es", sagte sie mit einem sanften Lächeln. "Du willst mich nur als einen Ausweg benutzen, um dieses Verkaufsschreiben nicht verfassen zu müssen."

"Ach wirklich?"

"Ich will nicht dafür verantwortlich sein, dass du Thomas erzählen musst, du konntest die einzige Aufgabe für heute nicht erledigen." Catherine gab Leon daraufhin einen kurzen Kuss und verschwand aus dem Raum.

Leon blinzelte. Das beinahe leere Blatt Papier vor ihm schien ihn anzustarren und zu verspotten.
"Ich hasse dich", sagte er dem Papier.

Er lehnte sich mit seinem Tee in der Hand zurück und zupfte sich mit der leeren Hand an der Augenbraue. In solchen Momenten vermisste er beinahe seinen alten Job bei Gigan-Tech. Dieser Riesenkonzern, der ihn in ein kleines Büro stopfte, wo er das zu tun hatte, was er am besten konnte. Jetzt, mit dem eigenen Startup, musste er so viele andere Dinge beachten. Manche davon – wie dieses Verkaufsschreiben – stellten sich als echte Bewährungsproben für seine Nerven heraus.

"Aber du wolltest ja unbedingt dein eigener Chef sein, nicht wahr?" fragte er sich selbst. Und in diesem Moment schien etwas in seinem Kopf „klick" zu machen. Er stellte seine Tasse Tee ab, nahm den Kugelschreiber in die Hand und schrieb seinen Frust nieder.

Betreffzeile: Hören Sie auf gegen das zu kämpfen, was Sie hassen

Er füllte die Seite mit viel Verständnis für die Geschäftsführer der Kleinunternehmen. Er redete darüber, wie hart es war, jeden Tag alles tun zu müssen. Darüber, dass niemand allein alle Fähigkeiten besitzen kann, die benötigt werden, um ein Geschäft zum Erfolg zu führen. Zumindest hat niemand die Fähigkeiten um jeden Job ausreichend auszuführen. Wäre es deshalb nicht toll jemanden zu haben, der sich um die IT kümmert? Jemanden, der die Effizienz und Effektivität so weit steigern kann, dass der ROI (Return on Investments) höher wäre als die Kosten für die Dienstleistung? Mehr Geld bei weniger Frustration! Wer will das nicht?

Leon streckte seine Finger, als er seine erste Rohfassung las.

"Ich liebe es", sagte er zu sich selbst.

3.5 Prospektion

Sie können Ihr Verkaufsgespräch noch so oft vor dem Spiegel üben, aber wenn nicht gerade Ihr Spiegelbild den Geldbeutel zückt und Ihnen Geld gibt (was absolut erschreckend wäre, ganz gleich wie viel Geld), werden Sie auf diesem Weg wohl nie einen Verkauf generieren. Der erste Schritt zu effektivem und erfolgreichem Verkauf ist jemanden zu haben, dem Sie etwas verkaufen können.

Prospektion ist eine Methode zur Beschaffung grundlegender demografischer und psychografischer Informationen über mögliche Kunden für ein Produkt oder eine Dienstleistung.

Weil potentielle Kunden so essentiell sind, bildet die Prospektion die Grundlage des Verkaufsprozesses. Es hilft zu ermitteln, wer Interesse für Ihre Produkte oder Dienstleistungen hat. Während der Prospektion, erstellen Sie als Gründerperson eine Liste von Kunden, die Bedarf an Ihren Angeboten haben.

Wenn Sie das erste Mal über einen möglichen Kunden nachdenken ("Hey, mein Onkel Patrick könnte das doch mögen..."), wird diese Person oder dieses Geschäft zum sogenannten Lead. Manchmal wird der Lead auch als Verdächtiger bezeichnet, weil die Person verdächtigt wird, zum potentiellen Kunden zu werden. Weitaus geläufiger ist jedoch die englische Bezeichnung „Lead".

Wenn Sie mit Ihrer Liste an potentiellen Kunden weiterkommen wollen, muss dieser potentielle Kunde aber nicht nur Interesse haben, sondern auch eine entsprechende Kaufkraft. Es macht einfach keinen Sinn, Ihre Angebote jemandem anzubieten, der das Geld dafür nicht besitzt. ("Moment mal, Onkel Patrick schuldet mir

sowieso noch Geld...") Wenn ein Lead als kaufkräftig identifiziert wird, wird dieser Lead zum potentiellen Kunden.
Die Prospektion ist eine wichtige Aktivität, wann immer es einen Bedarf an neuen Kunden gibt. Gründerpersonen könnten nach neuen Kunden suchen, weil sie ihre Verkäufe steigern wollen. Eine Firma kann nun mal nur dann existieren, wenn (neue) Kunden gewonnen werden.

Prospektion sollte darüber hinaus eine regelmässige Aktivität werden, ganz gleich, ob ein Unternehmen dringend Wachstum braucht oder nicht. Warum? Weil Sie Kunden ersetzen müssen, die das Interesse verlieren oder abgeworben werden. Studien zeigen, dass Firmen im Durchschnitt jährlich 20 Prozent ihrer Kunden verlieren. Kontinuierlich! Ungefähr so, wie die spröden Haare, die wir jeden Tag verlieren. Das sind natürliche Verluste. Das bedeutet aber noch lange nicht, dass wir diese Haare nicht ersetzen möchten. Wenn diese Haare nicht nachwachsen, haben wir bald eine Glatze.

Was verursacht eigentlich diesen Verlust an Kunden?

- Wettbewerb
- Bedürfniswandel
- Anbieterwechsel
- Tod
- Ruhestand
- Übernahmen
- Geschäftsauflösungen
- Unzufriedenheit

Wie Sie sehen, befinden sich einige dieser Gründe ausserhalb Ihrer Kontrolle. Sie können hart daran arbeiten, dass Ihre Kunden zufrieden bleiben und nicht zur Konkurrenz wechseln, aber gegen den Tod eines Kunden können Sie nichts unternehmen. Wenn Sie nicht gerade Särge verkaufen, haben Sie einen Kunden weniger. Ob Sie wollen oder nicht.

Deshalb müssen Sie stetig nach neuen Kunden suchen. Ganz gleich, ob Sie ein neues Startup gründen oder ein bestehendes Unternehmen führen. Prospektion ist unerlässlich, um die Verkäufe zu steigern und verlorene Kunden zu ersetzen.

Die Prospektion beinhaltet das Suchen nach Leads, das Qualifizieren dieser Leads und danach das Gewinnen der potentiellen Kunden.

Das Qualifizieren eines Leads bedeutet herauszufinden, ob dieser Lead tatsächlich ein potentieller Kunde werden kann. Wie schon an früherer Stelle angesprochen, muss eine Gründerperson überprüfen, ob ein Lead den Kauf überhaupt tätigen kann. Das erspart Zeit und ermöglicht es, sich auf vielversprechende Leads zu konzentrieren.

Die Methoden zur Prospektion variieren von Branche zu Branche und auch von Entrepreneur zu Entrepreneur. Jeder sollte die Technik nutzen, die ihm am besten liegt.

Wo können neue Kunden gefunden werden? Hier sind einige Ideen, die selbst der unerfahrensten Geschäftsperson weiterhelfen werden:

Familie

- Direkte Familienmitglieder
- Enge Freunde
- Verwandte
- Entfernte Verwandte

Soziale Kreise

- Freunde und Bekannte
- Vereinsmitglieder, Stammtischteilnehmer, etc.
- Leute mit Einfluss

Arbeitswelt

- Ehemalige Kollegen
- Handelskammer
- Handels- und Industrieregister
- Professionelle Netzwerke (Xing-Suche, LinkedIn Sales Navigator)
- Kontaktetausch mit nicht konkurrierenden Verkaufspersonen

Eigenes Business

- Zufriedene Kunden, die wieder kaufen wollen
- Weiterempfehlungen
- Frühere, potentielle Kunden
- Verlorene Kunden

Geschäftsleute, bei denen Sie Kunde sind

- Eigentümer von Garagen, Mechaniker, Elektriker, Installateure
- Fleischer, Bäcker, Lieferanten
- Floristen, Wäschereien
- Versicherungsagenten

Ausbildungskontakte

- Lehrer, Direktoren, Professoren
- Eltern der Freunde aus der Kindheit und Jugend, Mitglieder der früheren Elternbeiräte
- Frühere Klassenkameraden oder Mitbewohner

Öffentliche Bekanntmachungen

- Frisch verheiratete Paare
- Beförderte Geschäftsleute
- Neu gegründete und registrierte Unternehmen

Es gibt zehn logische Schritte, die Ihre Chancen auf einen erfolgreichen Verkauf erhöhen. Diese sehen wie folgt aus:

1. **Prospektion – Lokalisieren und qualifizieren Sie potentielle Kunden und beginnen Sie eine positive Kundenbeziehung.**
   Dieser Schritt meint Kundensuche aus Quellen, wie z.B. oben beschrieben. Um Leads zu qualifizieren, müssen Schlüsselfragen beantwortet sein, die Aufschluss darüber geben, ob überhaupt Kaufinteresse besteht und ob die Möglichkeit zum Kauf besteht.

2. **Vor dem Kontakt – Beschaffen Sie sich einen Gesprächstermin und legen Sie Verkaufsziele fest.**
   Bereiten Sie sich auf den initialen Kontakt mit dem Kunden vor. Es gilt von Anfang an eine positive Kundenbeziehung

aufzubauen. Um dabei erfolgreich zu sein, müssen Sie effektive Kommunikation nutzen. Halten Sie den Kontakt mit Anschreiben, Telefonaten oder persönlichen Besuchen aufrecht. Das hinterlässt oftmals einen guten Eindruck und kann die Chancen einer Verkaufspräsentation erhöhen.

3. **Kontakt – Treffen Sie den potentiellen Kunden und sammeln Sie Informationen für eine gezielte Verkaufspräsentation.**
Bevor Sie sich in ein Verkaufsgespräch stürzen und erklären, wie Ihr Produkt oder Ihr Service die Bedürfnisse des Kunden befriedigen, müssen Sie herausfinden, welche Bedürfnisse Ihr Kunde eigentlich hat. Stellen Sie dazu Fragen, die diese Bedürfnisse aufdecken. Behalten Sie dabei stets Ihr Angebot im Hinterkopf.

4. **Präsentation – Präsentieren Sie Ihr Angebot.**
Jetzt müssen Sie überzeugend sein. Stellen Sie den Nutzen für den Kunden in den Vordergrund und erklären Sie klar und deutlich, welchen Weg der Kunde gehen muss, um den Kauf zu tätigen. In dieser Phase brauchen Sie die absolute Aufmerksamkeit des potentiellen Kunden, weil Sie nur so einen Kaufimpuls auslösen können.
5. **Auf dem Weg zum Kaufimpuls – Bringen Sie die Meinung des potentiellen Kunden während und nach der Präsentation in Erfahrung.**
Sie wollen, dass der Kunde von Ihnen kauft, also müssen Sie wissen, was der Kunde denkt. Wenn es Gründe gibt, die gegen Sie sprechen, müssen Sie diese in Erfahrung bringen, um den Kunden doch zu überzeugen. Sie können über keine Hürde springen, von der Sie nichts wissen.

6. **Einwände und Bedenken – Decken Sie die Einwände und Bedenken auf.**
Diese Phase braucht Feingefühl und Fokus. Es gilt die Fragen des Kunden zu beantworten und deren Einwänden und Bedenken in einer positiven und motivierenden Art zu begegnen. Sie sollten sich diese Einwände und Bedenken zudem merken, da diese zum Verständnis Ihrer Kunden beitragen und eventuell zu Produktverbesserungen führen können. Die Einwände und Bedenken geben Ihnen zudem

einen Einblick, wie nah oder fern der potentielle Kunde von einer Kaufentscheidung entfernt ist.

7. **Einwände und Bedenken besänftigen – Seien Sie zufriedenstellend und beruhigend.**
   Idealerweise kennen Sie die Einwände und Bedenken nun und können sich auf die passenden Antworten vorbereiten. Sie als Entrepreneur müssen positiv und vertrauenswürdig auftreten, um den Kunden zu gewinnen. Unsichere Kunden mögen keine Überraschungen, das bedeutet, dass Sie selbstsicher auftreten sollten. Achten Sie genau auf die Einwände und Bedenken Ihrer Kunden, damit Sie diese an der Ursache behandeln können. Man sollte sich auch die Frage stellen, ob es sich um Einwände oder um Vorwände handelt.

8. **Kaufimpuls – Fragen Sie erneut nach der Meinung des Kunden.**
   Holen Sie umfassendes Feedback über Ihre Produkte und Dienstleistungen ein. Das ist ein grossartiger Weg, um abermals zu überprüfen, wie nah oder fern der Kunde vom Kauf entfernt ist.

9. **Kaufentscheidung – Schliessen Sie den Verkauf ab.**
   Jetzt geht es ums Ganze. Es ist Zeit den Kunden zum Kauf zu bewegen. Achten sie auf die Hinweise zur Kaufentscheidung. Diese Impulse zeigen Ihnen deutlich, ob der Kunde kaufen will oder den Nutzen in Frage stellt.

10. **Kundenbindung – Erhalten Sie die Kundenbeziehung aufrecht.**
    Den Verkauf zu sichern, bedeutet nicht zeitgleich, dass der Verkaufsprozess damit endet. Um ehrlich zu sein, sollte der Verkaufsprozess niemals enden. Sie sollten weiterhin mit Ihren gewonnenen Kunden in Kontakt bleiben, sich austauschen. Holen Sie Feedback ein, um Verbesserungen vorzunehmen und eine langfristige Bindung zu erzeugen. Das kann auch zu Weiterempfehlungen führen, was die Kundengewinnung massiv erleichtert.

Wenn Sie wirklich keine Idee haben, wo Sie nach Kunden suchen sollen, bedienen Sie sich der obigen Liste. Hier sind noch ein paar Ideen:

Netzwerken – Kontaktieren Sie Leute aus Ihren Kreisen oder Ihrer Branche, welche Leads generieren könnten oder Weiterempfehlungen tätigen.

Webseiten – Durchsuchen Sie das Internet nach potentiellen Kunden. Sammeln Sie so viele Informationen wie nur möglich, ehe Sie diese potentiellen Kunden kontaktieren.

Weiterempfehlungen – Bitten Sie existierende und zufriedene Kunden um Weiterempfehlungen. Das ist der beste und effektivste Weg, um neue Kunden zu finden.

Gelbe Seiten (nein, nicht das physische Telefonbuch) – Telefonnummern- und Adressverzeichnisse machen es Ihnen möglich auf eine spezifische Region zu fokussieren.

Listenmakler – Das sind Firmen, die sich auf die Bereitstellung von Kontaktlisten spezialisiert haben. Diese Listen sind unterteilt in demografische, geografische und verhaltensbasierende Merkmale.

Personelle Änderungen – Fachzeitschriften und Magazine veröffentlichen oftmals die Namen von Personen, die kürzlich angestellt oder befördert wurden.

Veranstaltungen – Hochrangige Personen oder Top-Manager sind meist nicht in Person greifbar und oftmals nur sehr schwer per Telefon erreichbar. Aber auf verschiedenen, fachbezogenen Veranstaltungen haben sich schon so einige Möglichkeiten ergeben.

Annoncen – Das kann ein exzellenter Weg sein, um neue Kunden zu finden. Viele Zeitungen beinhalten Suchanzeigen. Das kann Ihre Chance sein, neue Kunden zu finden, die bereits Interesse zum Kauf (und aller Wahrscheinlichkeit nach auch die entsprechende Kaufkraft) besitzen.

Kaltakquise – Die Kaltakquise kann sowohl telefonisch als auch persönlich erfolgen. Sie gehen also von Haus zu Haus, Wohnung zu Wohnung, Firma zu Firma, ohne einen vorher abgesprochenen Termin und bitten um ein Gespräch mit dem Verantwortlichen.

Wenn dieser nicht verfügbar ist, können Sie zumindest die Kontaktinformationen einholen.
Werbeprogramme – Eine Werbekampagne kann – ordentlich geplant, umgesetzt und ausgeführt – hochqualitative Leads produzieren.

Direkte Mails – Eine direkte E-Mail kann ein guter Weg sein, um gezielt potentielle Kunden anzusprechen.

E-Mail-Listen – Eine grossartige und sehr häufig genutzte Methode, ist das Sammeln der E-Mail-Adressen von Webseitenbesuchern. Diese werden regelmässig mit personalisierten Newslettern versorgt, massgeschneidert auf die jeweiligen Bedürfnisse (hier kommt die Marktsegmentierung wieder ins Spiel). Durch das sog. E-Mail-Marketing können sowohl Neukunden geworben als auch Kaufimpulse ausgelöst werden. Belästigen Sie aber unter keinen Umständen Leute, die Ihnen keine ausdrückliche Genehmigung für die Zustellung von E-Mail-Newslettern erteilt haben. Das sogenannte Spammen treibt potentielle Kunden viel mehr von Ihnen weg als zu Ihnen hin und schädigt darüber hinaus Ihre Reputation nachhaltig!

Coachings oder Seminare – Viele Geschäftsleute bieten Coachings und Seminare an. Diese bieten eine exzellente Möglichkeit, potenzielle Kunden zu treffen und sich selbst als Experten zu positionieren.

Handelskammer – Mitglied der Handelskammer zu werden und an deren Events teilzunehmen bietet eine ausgezeichnete Möglichkeit Geschäftskontakte zu knüpfen – und Leads zu generieren.

Gegenseitiger Austausch – Der gegenseitige Austausch der Leads mit einem anderen Geschäft. Diese Geschäfte sollten denselben Markt bedienen, allerdings andersartige, nicht konkurrierende Produkte verkaufen. Ein Klempner könnte beispielsweise seine Leads mit einem Teppichhändler austauschen.

Artikel publizieren – Artikel in Magazinen, Zeitschriften oder auch Blogs zu veröffentlichen eröffnet erhebliche Sichtbarkeit und Reichweite. Wie bei Coachings und Seminaren positionieren Sie sich auch hier als Experte.

Telemarketing – Auch wenn es Einschränkungen für das Telemarketing bei Privatpersonen gibt, diese gelten nicht für Geschäftsleute während den normalen Arbeitsstunden. Kaltakquise im B2B? Na klar!

Leon und die Prospektion

Abgesehen vom Erbrechen vor der Präsentation, lief das Seminar für Leon reibungslos. Die Teilnehmenden waren heiter bei der Sache und, zu Leons überraschen, gestaltete sich der Event als recht lustig.

Leon war zudem froh, dass er das Geld für Getränke und Snacks investierte. Denn nach dem Seminar selbst verwandelte sich die Veranstaltung in einen Netzwerk-Event. Er und Thomas trafen dutzende lokaler Entrepreneure und sie tauschten kräftig Visitenkarten aus.

Am Abend im Home-Office sortierte Leon die gesammelten Visitenkarten. Er fühlte Hoffnung. Jede dieser Karte repräsentierte einen potentiellen Kunden. Darüber hinaus war bereits eine Beziehung zu diesen Menschen begonnen worden. Das Eis war also gebrochen. Jetzt galt es „nur" noch, diese Leads zu zahlenden Kunden zu verwandeln.

Das Qualifizieren der Leads brauchte einige Zeit länger, als Leon anfangs annahm.

Für jede einzelne Visitenkarte nahm sich Leon die Zeit, um die jeweilige Unternehmenswebseite auf Verbesserungspotential hin zu untersuchen. Eine Handvoll der Kontakte hatte gar keine Webseite. Die Mehrzahl der Leads zeigte Schwachstellen, die der Service von Leon und Thomas abdecken würde. Die Tatsache, dass diese Leute auf dem Seminar waren, verriet Leon zudem, dass ein generelles Interesse an technologischen Verbesserungen besteht.

Als Leon die verschiedenen Webseiten untersuchte, machte er sich Notizen darüber, welche Angebote die Kunden am meisten interessieren könnten. Manche brauchten eine bessere Funktionalität. Andere Modernisierung. Und die Unternehmen, die gar keine Webseite besassen, brauchten Hilfe, um im 21. Jahrhundert anzukommen.

Da Leon die Geschäftsleute nach dem Seminar bereits kurz kennenlernte, waren Termine für Verkaufsgespräche leicht zu vereinbaren. Das Wissen über deren technologische Situation würde es zudem leichter machen, die jeweiligen Vorteile der Leistungen und Produkte hervorzuheben. Auch den Nutzen würde Leon leichter herausarbeiten können.

Schlussendlich schloss Leon einige Aufträge ab.

Trotz der Entscheidung mehr auf kleinere Klienten zu setzen, konnten die neugewonnenen Kunden den Verlust des Grosskunden nicht aufwiegen. Aber die Einnahmen würden erst mal reichen, um die beiden Partner über Wasser zu halten.

Als Leon einige Zeit später jedoch weitere Aufträge abschliessen konnte, kam er seinem Ziel näher. Er rief Thomas an und erzählte ihm die gute Neuigkeit.

“Das ist grossartig!” sagte Thomas. “Was sind unsere nächsten Schritte?”

“Wir könnten uns zurücklehnen und unsere Einnahmen geniessen”, antwortete Leon. “Aber wir haben am eigenen Leib erfahren, wie schnell Kunden verloren gehen können. Deshalb muss ich weitere Kunden gewinnen. Aber jetzt muss ich erst mal zum Abendessen mit meiner Familie. Wenn ich also nicht bald auflege und am Esstisch erscheine, wird Catherine mich bei lebendigem Leibe häuten.”

“Haut ist wichtig”, witzelte Thomas. “Tu was getan werden muss, um deine Haut zu retten.”

3.6 Adaptives Verkaufen

Gründerpersonen müssen Vertrauen bei ihren Kunden aufbauen. Die heutige Zeit verlangt nach anhaltenden, langfristigen Beziehungen. Warum? Nun, neben dem blossen Nutzen der Freude an Menschen, die sich mögen, erhöht eine solide Beziehung die Wahrscheinlichkeit, dass Käufer zur Gründerperson Kontakt aufnehmen während des Verkaufsprozesses. So kann die Gründerperson die gegenwärtige Situation nutzen, um maximalen Mehrwert zu bieten.

Wenn eine Verkaufsperson das Verständnis über die aktuellen Bedürfnisse von Kunden bekommt, kann daraus der maximale Nutzen für die Verkaufspräsentation gezogen werden. Diese Modifizierung im Moment ist bekannt als ... (Trommelwirbel) ...

Adaptives Verkaufen!

Im Grunde bedeutet adaptives Verkaufen nichts anderes, als dass Sie auf die Bedürfnisse Ihrer Kunden achten. Sie passen dabei Ihr Verkaufsverhalten an die aktuell gegebene Verkaufssituation an. Das ist vielmehr Kunst als Wissenschaft. Das verlangt nach Fähigkeiten und Intelligenz, gepaart mit einer guten Dosis an Verkaufstalent. Aber auch wenn Sie kein geborener Verkaufsstratege sind: Es gibt einige Möglichkeiten für Sie.

Wenn Sie Ihren Job richtig gemacht haben, sollten sie schon eine gewisse Auswahl an Angeboten haben, noch ehe der Kunde überhaupt erscheint. Sie haben die verschiedenen Segmente im Markt herausgearbeitet, haben den Wert und den Nutzen Ihrer Angebote studiert und wissen, was Sie von der Konkurrenz abhebt. Wenn Sie dem Kunden gegenübertreten, werden Sie das ganze Potential dieses Wissens ausspielen können.

Dies gibt Ihnen eine vorteilhafte Position, um die verschiedenen Bedürfnisse der Kunden zu befriedigen. Wenn Sie die individuellen Bedürfnisse der Kunden abdecken und deren Vorlieben mit Ihren Angeboten ansprechen, erhöhen Sie ganz automatisch Vertrauen und Hingabe auf Seiten der Käufer. Ihre Kunden glauben, dass Sie diese beachten, respektieren und sich um sie kümmern. Sie zeigen Ihren Kunden, dass sie beide ein gutes Paar abgeben. Und Leute mögen gute Paare.

Adaptives Verkaufen ist wichtig, wenn Sie mit einer sehr unterschiedlichen Kundschaft zu tun haben. Wie Sie es auch drehen und wenden, jede Kundschaft ist unterschiedlich. Ganz einfach, weil jeder Kunde ein Individuum ist, mit eigenen Wünschen, Vorlieben, Bedürfnissen und Standpunkten. Wenn Sie also Ihre Chancen auf einen Verkauf erhöhen wollen, müssen Sie fortlaufend an Ihren Präsentationen arbeiten, um diese unterschiedlichen Persönlichkeiten anzusprechen.

Die folgenden Tipps sollten Ihnen dabei helfen, mit den unterschiedlichen Kundentypen umzugehen:

- Erinnern Sie sich immer daran, dass unterschiedliche Kunden auf unterschiedliche Verkaufsmethoden reagieren.
- Bauen Sie Selbstsicherheit in diesen verschiedenen Methoden auf.
- Gewöhnen Sie sich daran, die Verkaufsmethode situationsbedingt und auch während eines Verkaufsgesprächs zu wechseln.
- Seien Sie Experte Ihrer eigenen Angebote. Wenn Sie genau wissen, was Sie verkaufen, können Sie sich schneller anpassen.
- Tun Sie es einfach. Üben Sie sich in der Praxis am adaptiven Verkauf. Je mehr Sie üben, desto besser werden Sie und die Resultate.

Leon und das Adaptive Verkaufen

“Patrick erzählte mir, dass Sie versucht hätten, ihn seiner Schneidezähne zu entledigen”, sagte der hochgewachsene Mann und schüttelte Leons Hand.

“Hat er Ihnen auch erzählt, dass er gerne sein ganzes Gesicht einsetzt als Torhüter?” fragte Leon und erwiderte den festen Händedruck.

Der Riese kicherte und wies auf einen Stuhl vor seinem Schreibtisch.

Benjamin, ein Geschäftsinhaber, dem Leon durch seinen neuen Fussballkollegen empfohlen wurde, war ein beeindruckender Mann. Sein Mahagoni-Schreibtisch nahm mindestens ein Viertel des grossen Büros ein und die Wand hinter ihm war förmlich tapeziert mit Diplomen, Zertifikaten und Bildern mit prominenten Personen. Benjamin schien dabei mindestens einen halben Kopf grösser als alle anderen.

Leon hatte seine Hausaufgaben gemacht, was diesen potentiellen Kunden anging. Benjamin liebte es Squash zu spielen. Er war der älteste von sechs Geschwistern. Hatte eine wunderbare Frau und drei Kinder. Und er war die letzten sechs Monate Kunde bei Leons ehemaligem Arbeitgeber gewesen. Und anders als Leon fand Benjamin Gefallen an Provokationen. Leon erwartete ein anstrengendes Verkaufsgespräch. Eine echte Herausforderung.

“Also, was können Sie für mich tun, was Gigan-Tech nicht auch kann?” fragte Benjamin, während er sich selbstzufrieden zurücklehnte.

“Das kommt ganz darauf an. Wer ist Ihr Ansprechpartner bei Gigan-Tech?”, wollte Leon wissen.
Benjamin runzelte die Stirn. “Was meinen Sie damit?”

“Ihren Ansprechpartner bei Gigan-Tech”, wiederholte Leon. “Wie heisst er oder sie? Wer kümmert sich um Sie und Ihre Bedürfnisse?”

“Ich rieche den Braten”, sagte Benjamin mit einem Wink seiner massiven Hand. “Aber sowas brauche ich nicht. Ich nehme mein Telefon und schon springt jemand, egal ob Tag oder Nacht. Ich habe ein ganzes Team an Leuten, die für mich arbeiten.”

“Ich arbeitete bei Gigan-Tech für ein Jahrzehnt”, sagte Leon, “und ich kann Ihnen versichern, dass Sie keinerlei Team dort haben, das für Sie arbeitet. Sie haben lediglich den Zugang zu einem Team. Aber die gehören nicht Ihnen. Die arbeiten nicht für Sie. Diese Leute kennen Ihren Namen genau so wenig, wie Sie deren kennen.”

Benjamins Augen verengten sich. Leon konnte förmlich spüren, wie sich der Riese auf schlagkräftige Gegenargumente vorbereitete.

“Wenn es lediglich einen Mann gäbe, der meine Webseite wartet, könnte ich kaum einen 24h - Service anbieten”, gab Benjamin zurück. “Ich müsste akzeptieren, dass mein „Techgenie“ um zwei Uhr morgens im Bett liegt und schläft.”

“Müssen Sie viele Serviceanfragen um 2 Uhr morgens bearbeiten?” fragte Leon.

Benjamin lächelte. “Nein, aber ich mag das Wissen, dass ich könnte, wenn es so wäre.”

“Das ist interessant”, sagte Leon.

“Was meinen Sie?”

“Ich meine, dass es faszinierend ist. Faszinierend, dass Sie lieber einen namenlosen Mitarbeiter mitten in der Nacht anrufen würden, anstelle einen Anruf von mir zu bekommen, der die letzten Stunden damit verbracht hat über Wege nachzudenken,

Ihre Webseite zu verbessern, so dass Sie das nicht selbst tun müssen”
Benjamin grinste.
“Sie scheinen kein ‘kleiner Fisch in einem grossen Teich’ zu sein”, führte Leon weiter aus. “Ihr Unternehmen wächst und Sie verdienen einen IT-Service-Anbieter, der mit Ihnen wachsen will.”

Neunzig Minuten später und einen unterschriebenen Vertrag in der Hand, rief Leon seinen Fussballkollegen an. “Ich habe gerade mit Benjamin gesprochen”, erzählte Leon ihm. “Wir sind jetzt Quitt für den Ball in deinem Gesicht, du Teufel.”

“Immer wieder gerne”, lachte Patrick.

3.7 Finanzielle Planung

Früher oder später kommt man an den Punkt, an dem man das ganze Geschäftsmodell in Zahlen abbilden sollte. Davor fürchten sich nicht wenige Gründerinnen und Gründer. Dazu gibt es aber keinen Grund, denn es gibt nützliche Tools, die einem dabei helfen.

Was gilt es zu planen?

1. Zuerst werden die geplanten Einnahmen geplant. Dazu braucht man sowohl ein Mengengerüst als auch jeweils einen Preis.

2. Als nächstes werden alle notwendigen Ausgaben aufgelistet, die notwendig sind, um diese Leistungen zu erstellen und zu verkaufen.

3. Oft sind auch Investitionen notwendig. Dabei handelt es sich um Ausgaben für die IT-Infrastruktur, für Möbel, Gebäude etc., die man danach mehrere Jahre nutzen kann.

4. Mit diesen Angaben zusammen kann man dann berechnen, wie viel Startkapital notwendig ist.

Klingt ganz einfach? Ist es leider nicht. Denn all diese Angaben basieren auf – hoffentlich realistischen und recherchierten – Schätzungen. Deshalb ist es notwendig, dass alle relevanten Annahmen transparent dargestellt werden. Zudem empfiehlt es sich, verschiedene Optionen durchzurechnen und mit den Zahlen ein wenig „zu spielen“. Dazu eigenen sich interaktive Tools sehr gut, bei denen man einzelne Zahlen anpassen kann und sofort sieht, welchen Einfluss dies auf beispielsweise den Gewinn hat.

Wir empfehlen natürlich unsere getlaunched.io Plattform.

3.8. Preisgestaltung

Die Frage nach dem richtigen Preis ist für viele Start-ups eine sehr schwierige! Genau genommen, sind es zwei voneinander unabhängige Fragen.

1. Wofür soll der Kunde bezahlen? Hier geht es um die verschiedenen Preismodelle. Hier eine kleine Übersicht:

Produktpreis	Das klassische Preismodell ist ein fixer Preis für ein bestimmtes Produkt. Die meisten Preise sind heute immer noch nach diesem Modell.
Zeitpreis	Anstelle des Produkts bekommt hier die Zeit, z.B. die Stunde oder der Tag, ein Preisschild. Dies wird vor allem in der Beratung, bei Rechtsanwälten oder für IT-Spezialisten angewandt.
Flat Rate	Flatrate ist nach dem "all you can eat" Prinzip. Es gibt einen Fixpreis für eine umfassenden Leistungsangbot. Danach kann nach Belieben davon Gebrauch gemacht werden. Hierzu gehörten auch Abos für Fitnesscentren oder für Verkehrsbetriebe.
Dynamische Preise	Hier werden die Preise je nach (erwarteter) Nachfrage und verfügbarer Kapazität laufend angepasst. Dieses Modell ist bekannt von Hotels, Fluggesellschaften oder Skiresorts.
Abo	Das Abo-Modell versucht, nicht einzelne Produkte zu verkaufen, sondern ein Abo. So können beispielsweise Socken, Unterwäsche, Putzmittel, Lebensmittel und viele andere Güter des täglichen Bedarfs im Abo gekauft werden. Der grosse Vorteil davon ist, dass man mit einem Verkaufsabschluss wiederkehrende Einnahmen generieren kann.

Add-ons	Bei diesem Preismodell wird die Leistung in eine (kostengünstige) Basisleistung sowie vielen zusätzlichen Add-ons unterteilt. Vorreiter in diesem Bereich waren die Billig-Fluggesellschaften mit sehr günstigen Flugpreisen und Zusatzkosten für Gepäck, Sitzplatz, Essen, Versicherung etc.
Gratis	«Gratis» hat eine spezielle Anziehungskraft. Dadurch ist es viel einfacher, schnell viele Kunden zu gewinnen. Die Einnahmen stammen hier oft durch Werbung.
Freemium	Bei Apps gibt es oft neben einer kostenlosen Basisversion auch noch eine kostenpflichtige Premiumversion.
Pay as you use	In diesem Modell bezahlt man nur die effektiv bezogene Leistung. So kauft man in der Regel nicht einen Kopierer, sondern bezahlt «nur» für jede einzelne Kopie. Das Gerät inkl. Unterhalt wird zur Verfügung gestellt.
Pay what you want	Zu guter Letzt noch ein eher risikoreiches Preismodell: Die Kunden bezahlen einen Preis nach ihrem eigenen Gutdünken. Dieses System kann missbraucht werden.

2. Wie hoch soll der Preis sein.

Soll der Preis möglichst tief sein, damit man schnell viele Kunden erreichen kann? Oder soll der Preis hoch sein, damit man möglichst rasch profitabel wird? Die zweite Form nennt man auch «skimming» Strategie, zu Deutsch «Abschöpfungsstrategie». Hier soll mit hohen Preisen jene Zielgruppe zuerst erreicht werden, welche von unserem Produkt begeistert ist und auch bereit ist, dafür mehr zu bezahlen.

In der Theorie würden höhere Preise schneller die Ausgaben decken und Profit erzeugen. In der Realität behindern hohe Preise jedoch oftmals die Absatzzahlen. Verständlich, denn normalerweise wollen die Leute keine hohen Preise bezahlen. Aber die Festlegung des Preises ist zeitgleich auch ein Signal, das angibt, wie wertvoll Ihre Produkte oder Dienstleistungen sind. Wenn etwas zu wenig kostet, stellen die Kunden oftmals die Qualität in Frage. Wie Sie sich bereits denken können, muss die Strategie bei der Preisgestaltung mit Ihrer Geschäftsstrategie zusammenpassen. Aber auch mit Ihrem Zielmarkt und Ihrer Zielgruppe.

Ein weiterer wichtiger Punkt ist die Preisgestaltung der Konkurrenz. Deswegen sollte, bevor Sie Ihre eigenen Preise festlegen, eine sorgfältige Analyse der Preisgestaltung der Konkurrenz erfolgen.

Der Prozess der Preisgestaltung ist besonders im frühen Produktentwicklungsstadium wichtig. Dort legen Sie bereits den Nettowert des Produktes oder Dienstleistungen fest. Es gibt drei verschiedene Herangehensweisen bzw. Modelle, um Entscheidungen bei der Preisgestaltung zu treffen. Kein Modell kann alle Anforderungen der Preisgestaltung berücksichtigen, also wählen Sie sorgfältig aus. Das eine basiert auf Kosten, das andere auf dem Markt. Das Dritte stellt den Nutzen für den Kunden in den Vordergrund.

Kostenbasierendes Modell

Diese Strategie sagt, dass Sie Ihre Preise abhängig von Ihren Produktionskosten festlegen sollen. Wenn Sie mit Handelswaren arbeiten, werden die Margen bei dieser Art der Preisgestaltung dünner ausfallen. Beginnen Sie mit der Auflistung aller direkten Kosten, die in die Produktion einfliessen. Als nächstes fügen Sie eine vorhersehbare Prozentzahl Ihrer Fixkosten hinzu. Abschliessend kommt Ihre gewünschte Gewinnmarge dazu.

Wenn Sie diese drei Schritte erledigt haben, sollten Sie bei einem Preis für Ihr Produkt angekommen sein. Um den Preis zu reduzieren, müssen Sie entweder die direkten Kosten oder die Fixkosten reduzieren. Entweder durch die Optimierung Ihres Produktionsprozesses, durch die Senkung einzelner Kostenarten, oder durch die optimalere Ausnutzung der Produktionskapazitäten.

Marktbasiertes Modell

Diese Strategie macht bei starkem Wettbewerb im Markt am meisten Sinn. Unternehmen in einer solchen Situation müssen ihre Preise an den aktuellen Marktpreisen anpassen. Das bringt diese Unternehmen dazu, mit den Kräften von Angebot und Nachfrage zu wetteifern. Ist der Preis zu hoch, wird niemand kaufen. Kunden werden eine ähnliche Ware woanders günstiger vorfinden.

Vielleicht haben Sie schon bemerkt, dass viele Onlinehändler ähnliche Preise haben. Warum? Weil jeder Onlineshop in jedem anderen Onlineshop klarsehen kann, was für einzelne Produkte verlangt wird. Das beinhaltet auch Versandkosten und die Mehrwertsteuer.

Wenn Sie das marktbasierte Modell benutzen, müssen Sie an Ihrer Reputation arbeiten, um mehr als den Marktdurchschnitt verlangen zu können. Wenn Sie Preise nicht als „Premium" rechtfertigen können, wird der Verkauf auf sich warten lassen (oder gar nicht einsetzen). Wenn nichts einen höheren Preis rechtfertigt, bleibt nur noch die Positionierung als Niedrigkostenvariante. Ansonsten verlieren Sie gegen die Konkurrenz, was das Ende für Ihr Geschäft bedeuten kann.

Anmerkung: Wenn Sie sich für dieses Preismodell entscheiden, sollten sie den Preis im Markt anhand der Wettbewerbsanalyse ermitteln (Kapitel 7).

Kundennutzen

Das Modell des Kundennutzens stellt den Kunden und seinen Nutzen, den Ihr Produkt oder Ihre Dienstleistung für ihn erzeugen, in den Mittelpunkt. Mit diesem Modell müssen Sie Ihren Kunden beweisen, dass Ihr Angebot den Preis rechtfertigt. Dafür sollten Sie ein tiefes Verständnis über Ihre Zielgruppe und deren Bedürfnisse erlangen. Nur so ist eine passende Preisgestaltung möglich. Die Preise müssen sich nämlich proportional zum Nutzwert für Ihre Kunden bewegen.

Diese Art der Preisgestaltung ist wichtig und hat das Potential sehr lukrativ zu sein. Denn manche Kunden sind bereit, sehr hohe

Preise für ein Produkt auszugeben, allein wegen dem erwarteten Nutzen. Dieser Nutzen kann finanzieller, materieller oder auch immaterieller Natur sein. Der gestiftete Nutzen kann aber auch von Kunde zu Kunde unterschiedlich bewertet werden, wie es häufig bei Kunst der Fall ist.

Wegen der Natur der Wahrnehmung des Kunden, ist der Schlüssel zur Preisgestaltung das Versprechen an den Kunden, dass Sie einen Nutzen bieten, der höher liegt als die Alternativen.

Leons Preisgestaltung

Als Leon einen Gang heruntergeschaltet hatte und mehr Zeit für die Familie aufbrachte, liefen die Dinge gleich viel besser. Er hatte nicht realisiert, wie viel Zeit er tatsächlich in das Startup steckte, bis er zusehen musste, wie viele Dinge unerledigt bleiben, jetzt wo er aufhörte, jede freie Minute für das Unternehmen zu opfern.

Aber es durfte nichts unerledigt bleiben für Leon und Thomas. Also entschieden die beiden Partner einer Ihrer Teilzeitmitarbeiterinnen einen Vollzeitposten anzubieten. So sollten Leons fehlende Stunden aufgewogen werden. Sie war eine grosse Hilfe, aber Ihre Beförderung ging natürlich mit einer Lohnerhöhung einher.

Jetzt, da die beiden Partner mehr Geld bezahlen mussten, um die gleiche Menge an Arbeit zu erledigen, sanken natürlich die Profitmargen.

"Wir verlangen nicht genug Geld", erzählte Thomas an Leon gewandt. "Wir müssen unsere Preise erhöhen."

Leon schüttelte den Kopf. "Ich will unter keinen Umständen Kunden verlieren."

"Aber unsere Leistungen kosten jetzt mehr", argumentierte Thomas. "Wir müssen mehr ausgeben, nur um den Status Quo zu halten. Ausserdem sind wir jetzt schon gut positioniert und unsere Reputation wächst. Die Leute sind bereit mehr zu bezahlen für unsere Angebote, da bin ich mir sicher."

"Was, wenn du falsch liegst?" fragte Leon.

Thomas zuckte die Achseln.
Das war nicht die Reaktion von Leon, die er erwartete. Unglücklicherweise wusste Leon aber selbst nicht, was sie sonst tun sollten. Irgendetwas musste passieren und eines stand für Leon fest: Seine Familie war wichtiger als die Kunden. Also willigte er schliesslich in eine Preiserhöhung ein und bangte den Ergebnissen entgegen.

Leons Ängste stellten sich als nicht ganz unbegründet heraus. Als die Preiserhöhung stattfand, verloren die beiden Partner ihren grössten Kunden an die Konkurrenz. Viele andere Kunden waren zwar zufrieden genug mit den Leistungen, um auch den höheren Preis zu zahlen, aber der Verlust des grössten Kunden hinterliess einen bitteren Nachgeschmack. Es galt neue Kunden zu gewinnen, um den Verlust des Grosskunden auszugleichen. Und das möglichst schnell.

"Ich wusste gleich, dass wir Kunden verlieren werden", sagte Leon zu Thomas.

"Einen Kunden. Singular."

"Wie auch immer. Jetzt stecken wir in Schwierigkeiten."

"Entspann dich", sagte Thomas. "Wir schaffen das. Ich habe die Dinge unter Kontrolle bezüglich der neuen App und du in Sachen Webseitengestaltung und -instandhaltung. Lass uns ein paar neue Kunden für Webseiten finden und schon geht´s wieder bergauf."

"Ich habe hart gearbeitet für die Kunden, die wir hatten", entgegnete Leon. "Wenn du denkst, dass wir Kunden so leicht ersetzen können, dann schlag auch vor wie!"

"Ich weiss es nicht. Aber egal wie wir an die Sache herangehen, wir müssen sicherstellen, dass die neuen Kunden bereit sind zu zahlen, was wir brauchen. Die Kunden müssen sehen, wie viel wir wert sind."

"Und wie viel sind wir wert?"

Thomas kritzelte ein paar Zahlen auf ein Blatt Papier. "Schau dir diese neue Ebene an Effizienz an. Seit wir diese Änderungen implementiert hatten, bekommen die Kunden was sie wollen. Und zwar schnell! Denk mal über die Qualität nach, die wir bieten. Wir sind schneller als diejenigen, die besser sind und besser als diejenigen, die schneller sind."

"Wenn du das so sagst, klingt das grossartig", gestand Leon.

"Wir sind grossartig", sagte Thomas und klopfte Leon auf die Schulter. "Alles wir jetzt tun müssen ist, Kunden zu finden, die das genauso sehen und die für Grossartiges zahlen wollen."

"Und das tun wir, wie?", wollte Leon wissen.

"Lass uns eine dieser Kreativitäts-Techniken versuchen und sehen, was dabei rauskommt."

Olivias Preisgestaltung

Auch nach einem halben Dutzend Telefonaten mit Zulieferern hatte Olivia niemanden gefunden, der ihr einen annehmbaren Preis nennen konnte zur Herstellung ihres eigenen Fahrrads. Das war die am meisten frustrierende Situation, seit ihre Schwester den Business Plan beurteilte.

Olivia informierte sich vorab über die Preisgestaltung, als sie ihren Business Plan erstellte und sie kannte den Preis, den sie für das Fahrrad verlangen wollte. Für ein Fahrrad von einer unbekannten Person fehlte natürlich die Reputation einer grossen Marke, um den Preis hoch ansetzen zu können.

Olivia hatte mit limitierten Ressourcen zu kämpfen. Aufgrund der limitierten Anzahl an Fahrrädern, die sie verkaufen konnte, blieb auch nur eine limitierte Summe, um das Angebot wieder aufzustocken. Wenn sie für diese Summe keine neuen Fahrräder einkaufen könnte, würde sie keine Fahrräder mehr zum Verkaufen haben. Es wäre ganz einfach nicht Kosteneffizient.

Sie nahm das Telefon in die Hand, um einen weiteren Zulieferer anzurufen. Nach einer halben Stunde in der Warteschleife, bekam sie endlich einen menschlichen Gesprächspartner. Aber ihre Geduld zahlte sich aus. Der Zulieferer stimmte einem annehmbaren Preis zu. So wäre der Verkauf des neuen Fahrrads machbar und profitabel. Der Verkaufsmitarbeiter brauchte nur noch die Zustimmung seines Vorgesetzten.

Sie legte auf und jubelte. Diesmal würde es klappen.

Olivias heitere Stimmung sollte jedoch nicht allzu lange anhalten. Am nächsten Tag bereits informierte sie der Verkäufer, dass sein Angebot vom Vortag nicht genehmigt wurde. Es würde mehr Geld benötigt werden, um die Produktion zu finanzieren. Der neue

Preisvorschlag war zu teuer für Olivia, der Profit würde zu gering ausfallen.

Ihr gingen die Optionen aus. Kein Zulieferer war bereit ihr zu bieten, was sie brauchte, für einen Preis, den sie zahlen konnte.

Aber Olivia gab nicht auf. Wann immer sie entschied, was sie wollte, machte sie es auch möglich. Und sie würde auch das möglich machen. Irgendwie.

3.9 Wahl der geeigneten Finanzierung

Die meisten Projekte brauchen eine Art Vorabfinanzierung, bevor die Einnahmen zu fliessen beginnen können. Aber nicht nur die Frühphasen eines Startups kosten Geld. Die folgenden Situationen bringen meist Kosten mit sich:

- ✓ Firmengründung
- ✓ Expansion
- ✓ Erschliessen neuer Märkte
- ✓ Entwicklung und Einführung neuer Produkte bzw. Dienstleistungen

Glücklicherweise gibt es viele Möglichkeiten der Finanzierung, die eine Gründerperson in Betracht ziehen kann.

Sie sollten sich ernsthafte Gedanken machen, wie Sie an Ihr benötigtes Kapital kommen wollen. Auch hier gilt: Ihre eigenen, individuellen Bedürfnisse und die Ihres Startups müssen beachtet werden. Manche Finanzierungsformen verlangen eine Rückzahlung, nicht selten mit Zinsen. Manche aber nicht. Manche Finanzierungsformen sind leicht zu bekommen. Andere nicht. Manche kommen mit moralischer Unterstützung oder einem Mentor daher, während andere die Gefahr mit sich bringen, persönliche Beziehungen nachhaltig zu schädigen.

Wie Sie sehen können, dreht es sich also um mehr als nur die Frage: „Komme ich an das notwendige Geld?" Die folgende Tabelle wird Ihnen helfen, die Vor- und Nachteile der verschiedenen Möglichkeiten der Kapitalbeschaffung zu erörtern.

Quelle	Vorteile	Nachteile
Eigene Ersparnisse	• Unabhängigkeit • Keine Rückzahlung benötigt • Schnelle Entscheidung möglich	• Finanzielle Kraft oftmals beschränkt • Keine zusätzlichen, nicht finanziellen Vorteile
Familie	• Unabhängigkeit • Oftmals keine Rückzahlung erforderlich • Nomlalerweise Bekanntheit und Vertrauen vorhanden • Schnelle Entscheidung möglich	• Finanzielle Kraft oftmals beschränkt • Potential für familiäre Konflikte
Freunde	• Nomlaler.veise Bekanntheit und Vertrauen vorhanden • Schnelle Entscheidung möglich	• Finanzielle Kraft oftmals beschränkt • Potential für Konflikte
Fools (Spinner)	• Nomlalerweise Bekanntheit und Vertrauen vorhanden • Schnelle Entscheidung möglich	• Finanzielle Kraft oftmals beschränkt • Wo sollen diese Spinner zu finden sein?
Vorauszahlungen von Kunden	Die beste Form der Finanzierung.	Oft fehlt das Vertrauen der Kunden in ein Start- up, um eine Vorauszahlung zu leisten
Erlöse von Kun-den	Die beste Form der Finanzierung. Nicht zurückzubezahlen	Braucht oft Zeit Langsames Wachstum

Business Angels/ Privatinvestoren	Oftmals genug Geld vorhanden Auch nicht finanzielle Hilfen möglich Trägt oftmals zu weiteren Finanzierungsrunden bei	Viel Zeitaufwand Der Erfolg bei Finanzierungsanfragen kann im Voraus nicht genau abgesehen werden Manchmal limitierte Ressourcen Meist einhergehend mit übertragenen Geschäftsanteilen
Venture Capital	Genug Geld vorhanden Auch nicht finanzielle Hilfen möglich Trägt oftmals zu weiteren Finanzierungsrunden bei	Viel Zeitaufwand Der Erfolg bei Finanzierungsanfragen kann im Voraus nicht genau abgesehen werden Meist einhergehend mit übertragenen Geschäftsanteilen
Wettbewerbe	Freies Kapital ohne Bedingungen	Der Erfolg bei Finanzierungsanfragen kann im Voraus nicht genau abgesehen werden Teilweise willkürlich erscheinende Entscheidungen
Stiftungen	Nicht zurückzahlbar	Zeitaufwändig z.T. Wenig transparent
Banken	Schnelle Entscheidungen	Meist geringe Chancen auf Finanzierung
Mikrokredite	Schnelle Entscheidungen	Nur limitierte Ressourcen
Crowdfunding	Aufstrebende Finanzierungsart. Sowohl Donation-Based, Crowdinvest (Eigenkapital) als auch Crowdlending (Kredit) möglich	Zeitaufwändig

Leon und die Wahl der Finanzierung

Leon besass genug Rücklagen, um seine Familie und sich selbst für mindestens sechs Monate über Wasser zu halten. Thomas war Junggeselle und besass lediglich Rücklagen für zwei Monate. Eins war also klar: Selbstfinanzierung des Startups fiel als Option raus.

Wie der Zufall es so wollte, arbeitete der Schwager von Thomas in einer Bank. Dieser Schwager tätigte ein paar Anrufe und schon hatten die beiden Partner einen Termin beim Zuständigen für Kredite für Kleinunternehmen.

Unglücklicherweise nutzte das Telefonat des Schwagers beim zuständigen Mitarbeiter der Bank sonst nichts. Es schien nicht so, als würde er den beiden Geschäftspartnern irgendwelche Vorzüge einräumen. So sassen sich die beiden Parteien also gegenüber: Leon und Thomas interessierte, wie sie ihr Startup finanziert bekommen. Den Banker interessierte, ob die beiden den Kredit zurückzahlen konnten.

“Also, meine Herren. Was können Sie mir vorweisen?”, wollte der Banker wissen. Leon überreichte ihm den Business Plan. Als der Banker die Mappe schloss, schaute er die beiden Partner ausdruckslos an. “Schön und gut“, sagte er. “Was haben Sie sonst noch vorzuweisen?”

“Was genau wollen Sie denn haben?”, fragte Thomas.

“Beispiele Ihrer Arbeit”, antwortete der Banker und gab Leon den Business Plan zurück.

“Die Beispiele sind direkt hier drin”, entgegnete Leon und hielt die Mappe hoch.

Der Banker schüttelte den Kopf. "Alles, was ich darin gesehen habe, sind Arbeiten, die Sie noch während Ihrer Zeit bei Gigan-Tech leisteten. Ich will aber sehen, was Sie ohne diesen Konzern im Rücken schaffen können. Zeigen Sie mir etwas, das Ihnen gehört."

"So weit sind wir noch nicht...", sagte Thomas, ehe Leon ihm das Wort abschnitt.

"Geben Sie uns einen Termin für nächsten Freitag", bat Leon. "Bis dahin werden wir unsere voll funktionstüchtige, selbsterstellte Webseite fertig haben."

Als die beiden die Bank verlassen hatten, wandte sich Thomas an Leon.

"Wie sollen wir bitte bis Freitag eine annehmbare Webseite erstellen? Nur für den Fall, dass du es vergessen hast: Ich habe noch immer einen Job zu erledigen."

"Soll dieses Startup unser neuer Vollzeitjob werden oder nicht?", konterte Leon. "Wenn wir wie Profis behandelt werden wollen, müssen wir das stemmen können. Ich habe vor das zu tun. Wenn das Laufen soll, müssen wir es zum Laufen bringen."

Thomas kaute nachdenkend an seiner Lippe.

"Na gut", sagte er. "Ich melde mich krank."

Olivia und die Wahl der Finanzierung

Eine gute Sache hatten all die vorherigen Geschäfte: Olivia war ziemlich erfahren mit den verschiedenen Möglichkeiten an Kapital zu kommen. Jetzt, da Olivia dem Startup entgegenblickte, das die krönende Errungenschaft ihrer Laufbahn als Geschäftsfrau werden sollte, wollte sie Vollgas geben. Auch wenn sie den Fahrradladen zum grössten Teil selbst finanzieren würde, ein wenig Kapital aus anderen Quellen würde ihr guttun.

Sie bekam ein wenig Geld zusammen durch Familie und Freunde, aber das ging schnell in den Ausgaben unter. Ihre Investoren würden das Geld jedoch auf andere Art und Weise wiederbekommen. Nachlässe beim Einkauf von Fahrrädern, Helmen, Transportkörben oder sonstigem Zubehör.

Die Unterhaltszahlungen für sie und die Alimente für Connor sollten nur zur Überbrückung helfen, Olivia möchte darauf nicht angewiesen sein.

Das meiste Startkapital jedenfalls würde von Olivias privatem Bankkonto kommen. Seit Jahren schon sparte Olivia immer wieder verschiedene Beträge mit der Intention zurück an die Universität zu gehen, um ihren Masterabschluss nachzuholen. Auch wenn der Gedanke schön war, wusste Olivia, dass es ihr unmöglich war, die Rolle einer alleinerziehenden Mutter, einer Studentin und einer Geschäftsführerin gleichzeitig einzunehmen. Der Tag hatte auch für sie nur 24 Stunden und Energie war keine unendliche Ressource. So spielt das Leben eben manchmal.

Mit dieser Entscheidung hob Olivia das Geld für ihr Studium ab und platzierte es auf einem Konto, das unter dem Namen ihres Startups lief.

Sie würde die nächste Stufe ihrer Ausbildung durch Praxiserfahrung erreichen.

3.10 Break-even Analyse

Wie hoch müssen die Einnahmen Ihres Unternehmens sein? Ich spreche nicht davon, wie viel Geld Sie gerne *hätten*, sondern wie viel Sie einnehmen *müssen*. Dazwischen existiert nämlich ein erheblicher Unterschied. Die Break-even Analyse ist ein Werkzeug, mit dessen Hilfe Sie ermitteln können, wie hoch Ihre Einnahmen sein müssen, um im Geschäft zu bleiben.

Der Break-even Punkt ist der Status der absoluten Balance, wo die Einnahmen exakt die Ausgaben decken. An diesem Punkt existiert noch kein Profit. Aber auch kein Verlust mehr.

Diesen Punkt zu erreichen, sichert Unternehmen das Überleben. Aber auch nicht mehr. Wenn die Dinge für Sie gut laufen, mag dieser Punkt für Sie nicht gut aussehen. Aber wenn Sie erst mal rote Zahlen schreiben, scheint Ihnen dieser Punkt schnell wie das Heilige Land. Ganz objektiv betrachtet allerdings, ist der Break-even Punkt neutral.

Neutralität bedeutet hierbei aber keinesfalls Bedeutungslosigkeit. Die Break-even Analyse macht Sie aufmerksam auf wichtige Probleme, wie z.B. Verkaufspreise, Fixkosten und Verkaufsvolumen. Sie ist ein praktisches Werkzeug, das Ihnen eine neutrale Linie bietet, an der Sie die Leistung Ihres Startups messen können. Sie kann aber auch als ein System zur Analyse dienen, um herauszufinden welche Profite auf einem gewissen Level an Aktivität (und Kunden) zu erwarten sind.

(Anmerkung: In diesem Kontext werden wir den Euro als Währung nehmen. Die Break-even Analyse ist allerdings nicht abhängig von der jeweiligen Währung. Am Ende bleiben Zahlen immer nur Zahlen.)

Der Break-even Punkt kann durch Umsatzstückzahlen oder das Verkaufsvolumen bestimmt werden. "Break-even Stückzahlen" geben die Anzahl an Verkäufen an, die notwendig sind, um alle Kosten des Geschäfts zu decken. Zum Beispiel die Anzahl an Getränken, die der Inhaber eines Getränkeautomaten verkaufen muss, um seine Ausgaben zu decken. "Break-even Verkäufe" geben an, wie viel Bruttoumsatz von Nöten ist, um den Break-even Punkt zu erreichen. Jeder weitere Verkauf bedeutet dann Profit.

Der essentielle Zweck der Break-even Analyse ist die exakte Bestimmung der Kombination aus Verkaufsvolumen, Verkaufspreis und Produktionskosten, so dass +/- Null erreicht wird. Die Informationen, welche durch die Break-even Analyse gewonnen werden, dienen zeitgleich als Startpunkt für weitere, komplexere Budget- und Profitplanungen. Das macht diese Analyse zu einem wichtigen Bestandteil der Finanzplanung und der Budgetkontrolle.

Das Modell kann zu verschiedenen, praktischen Zwecken genutzt werden. Zum Beispiel, um die finanzielle Machbarkeit eines neuen Startups, Produktes oder Dienstleistungen zu evaluieren. Während der Startphase kann die Gründerperson einfach herausfinden, was realistisch zu erwarten ist. Dabei ist immer daran zu denken, dass die angepeilte Menge auch am Markt erschlossen werden muss!

Die Analyse liefert auch wertvolle und fundamentale Informationen, wann immer Sie eine strategische Entscheidung zu treffen haben.

Um die Break-even Analyse durchzuführen, sollten Sie damit beginnen, alle relevanten Informationen zu sammeln, die für die folgenden Punkte erforderlich sind:

- **Fixkosten** – Alle Kosten, deren Höhe sich nicht verändert, egal ob sie etwas mehr produzieren und verkaufen oder etwas weniger. Ganz gleich, ob diese Kosten wöchentlich, monatlich oder in anderen Abständen anfallen. Dies beinhaltet u.a. Miete, verschiedene Betriebsmittel, Versicherungen, Lohnzahlungen, etc.

- **Variable Kosten** – Wechselnde oder proportionale Kosten. Zum Beispiel benötigte Materialien für die Produktion, Steuern, Zusatzlöhne (z.B. bei Provisionszahlungen), etc. Diese Kosten erhöhen sich proportional zur Menge der produzierten Produkte bzw. der erbrachten Dienstleistungen.

- **Aktueller oder angestrebter Preis** der Produkte oder Dienstleistungen

Jetzt legen wir einige Schlüsselparameter fest:

- **Break-even Punkt –** Der Punkt, an dem die Einnahmen die Ausgaben decken.

- **Break-even Stückzahl** – Die Anzahl an Produkten oder Dienstleistungen, die ein Unternehmen verkaufen muss, um den Break-even Punkt zu erreichen.

- **Angestrebter Profit** – Die Höhe an Profit, die ein Unternehmen durch ein Produkt erreichen möchte.

- **Deckungsbeitrag** – Die Summe, die eine verkaufte Einheit zur Deckung der Kosten beitragen soll.

- **Verkaufsstückzahlen** – Aktuelle oder angestrebte Verkaufsmenge.

- **Gewinnmarge** – Der prozentuale Anteil der Einnahmen, welcher nach Abzug aller Kosten als Gewinn übrigbleibt.

Sehen wir uns ein fiktives Beispiel eines Kleinunternehmens an, mit seinen fiktiven Fixkosten, variablen Kosten, dem imaginären

Preis für das imaginäre Produkt. Wir werden diese Daten nutzen, um den Break-even Punkt zu bestimmen. Also los!

- Monatliche Fixkosten (F) = 16,000 €
- Monatliche variable Kosten (V) = 500 € pro Einheit
- Produkt-/Servicepreis (P) = 900 € pro Einheit

Die Break-even Stückzahl wird wie folgt kalkuliert:

- Break-even Stückzahl (BEQ) = F / (P – V)
- BEQ = $16,000 / ($900 – $500)
- Da die Klammern immer zuerst gerechnet werden, sieht die Rechnung wie folgt aus:
- BEQ = $16,000 / $400
- Letzter Schritt
- BEQ = 40

Die Break-even Stückzahl ist also 40. Das bedeutet, dass das Unternehmen 40 Einheiten pro Monat verkaufen muss, um auf +/-Null zu kommen. Weniger als 40 Einheiten ergibt ein Verlust. Ab 41 verkauften Einheiten beginnt der Gewinn.

Aber was, wenn Sie die Break-even Stückzahl für verschiedene Preise bestimmen wollen? Eine einfache Sache. Sie nutzen die obige Kalkulation einfach für jeden einzelnen Preis. Voila!

Sie können aber auch anfangen mit den Zahlen zu spielen. Die Formel für die Break-even Stückzahl ermöglicht Ihnen das erkunden verschiedener Kombinationen von Preisen und Kosten, indem Sie die Zahlen einfach verändern. Nehmen wir zum Beispiel an, dass Sie wissen wollen, wie günstig Sie eine Einheit anbieten könnten, wenn Sie 50 Einheiten pro Monat verkaufen würden. Wenn Sie jetzt also die Fixkosten (16,000 €) durch die Break-even Stückzahl von 50 teilen, bekommen Sie einen neuen Bruttogewinn von 320 €. Das würde bedeuten, dass Sie 320 € mehr verlangen müssten als die variablen Kosten hoch sind. Diese betragen nach wie vor 500 € pro Einheit. Der neutrale Break-even Punkt wäre also bei 50 Einheiten im Monat erreicht, bei einem Preis von 820 € pro Einheit (320 € plus 500 €).

Olivias Break-even Analyse

Olivia sah sich in ihrem neuen Laden um. Die Reduzierung ihres Angebots, teils durch das Feuer und teils durch ihre eigene Entscheidung bedingt, hinterliess viel leeren Raum.

Unglücklich sah Sie sich ihre Einnahmen an. Jetzt, da Sie ihren Fokus wieder mehr auf die Sportbegeisterten gelegt hatte, verkaufte Sie weniger Fahrräder und weniger Zubehör.

Mit Charlie als Hautzulieferer, konnte Olivia ihre variablen Kosten in etwa auf demselben Level halten, wie vor dem Brand. Er verlangte von ihr nicht denselben Preis, wie für seine anderen Kunden (noch nicht) und er stellte ihr Waren auf Kredit zur Verfügung, so dass sie ihre Einnahmen besser nutzen konnte. Die Investition in Charlie mag der Grund gewesen sein, weshalb sie keine Brandschutzversicherung mehr besass, aber sie war auch der Grund, dass sie sich überhaupt von dem Desaster erholen konnte.

Das grösste Problem für Olivia waren die Fixkosten. Denn diese waren nach dem Brand noch immer genauso hoch wie zuvor. Der einzige Grund, weshalb sie ihre laufenden Kosten wie Miete, Nebenkosten und andere reguläre Zahlungen decken konnte, war der Umstand, dass sie Charlie nicht bezahlte. Und das war nur ein temporäres Arrangement. Irgendwann würde sie das Limit des Kredits erreichen. Dann müsste sie entweder in der Lage sein zu zahlen oder dem Geschäft „Auf Wiedersehen" sagen.

Olivia musste die finanzielle Situation ändern. Das Ziel: Geringere Fixkosten.

Als Erstes sprach sie mit ihrem Vermieter. Der Übergangsladen, den er ihr zur Verfügung stellte, war einfach zu gross für beides: Ihre Angebote und Ihren Geldbeutel. Unglücklicherweise hatte er aber keine kleineren Läden und es sah nicht so aus, als würde in nächster Zeit etwas frei werden. Das liess Olivia nur zwei Möglichkeiten. Entweder Sie würde einen neuen Vertrag abschliessen oder etwas anderes suchen müssen. Die aktuelle Miete war nicht weiter tragbar.

Die nächste Unterhaltung fiel ihr wesentlich schwerer. Olivia rief Kevin in ihr Büro und sagte ihm, dass sie ihm kündigen müsse. Kein leichtes Unterfangen.

"Aber das ist doch nur ein temporäres Problem", sagte Kevin. "Du hast das Geschäft einmal hochgezogen, also kannst du das wiederholen."

"Ich danke dir", sagte Olivia, als sie den Kloss im Hals geschluckt hatte. "Ich freue mich, dass du so darüber denkst."

"Dann kündige mich bitte nicht", bat Kevin. "Ich liebe die Arbeit hier und ich brauche den Job. Bitte. Es muss doch eine andere Lösung geben."

"In dem Moment, wo wieder genug Profit da ist, bist du der Erste, den ich anrufe", versicherte sie ihm. "Es tut mir leid. Im Moment kann ich dich einfach nicht bezahlen."

Als Kevin das Büro verliess, brach sein Gesichtsausdruck Olivias Herz. Seine Niedergeschlagenheit verfolgte sie den ganzen restlichen Tag und folgte ihr sogar in den Schlaf. Sie wünschte, dass es einen anderen Weg gegeben hätte. Falls es überhaupt einen gibt, sah sie ihn nicht.

3.11 Liquiditätsplanung

Geld kommt. Geld geht. Kluge Gründerpersonen kennen den Fluss des Geldes. Ein Unternehmen muss stets einen gewissen Betrag parat haben, um zu funktionieren. Ein gesunder und kontrollierter Cashflow ist dabei gerade für Kleinunternehmen wichtig.

Wenn ein Kunde Sie in Hühnchen bezahlt, ist das grossartig. Besonders, wenn Sie Hühnchen mögen. Aber wird Ihr Vermieter Hühnchen akzeptieren, wenn es an die Mietzahlung geht? Ich denke nicht. Das gleiche Problem tritt auf, wenn Sie Aktien, Produktionsmaterial oder andere Vermögenswerte anstelle von Geld annehmen. So lustig und auch nützlich der Tauschhandel sein kann, er kann das gute, alte Geld nicht (mehr) ersetzen.

Cashflow ist der Schlüssel, um sicherzustellen, dass ein Unternehmen immer genug Geld zur Verfügung hat, um laufende Kosten zu zahlen und vorwärtszukommen. Das beinhaltet zwei Hauptkomponenten: Die Kenntnis über die Quellen und die Beträge des eingehenden Geldes und das Wissen darüber, wie viel Geld wohin gezahlt werden muss. Bestimmen Sie diese voraussichtlichen Geldflüsse im Kontext einer gegebenen Zeitspanne und schon haben Sie die Liquiditätsplanung.
Eine Cashflow Vorhersage, so kann die Liquiditätsplanung auch genannt werden, kann die Bewegungen des Geldes innerhalb eines Unternehmens oder individuellen Projektes definieren. Eine

Vorhersage ist auch dann sinnvoll, wenn Sie Ihre persönlichen Finanzen planen (was Sie ohnehin tun sollten). Die Vorhersage gibt Aufschluss über die zu erwartende, finanzielle Machbarkeit eines Vorhabens.

Sie sollten niemals eine ernste finanzielle Entscheidung treffen, ohne eine Liquiditätsplanung durchgeführt zu haben. Niemals. Ob Sie eine Investition in etwas Neues planen oder Projekte planen, Sie müssen den Fluss des Geldes kennen. Die Liquiditätsplanung gibt Ihnen realistische Einblicke.

Tabellen eignen sich für eine Liquiditätsplanung am besten. So können Sie mit den Zahlen spielen und sehen, was bei unterschiedlichen Szenarios passiert. Zudem können Sie leicht Änderungen oder Anpassungen vornehmen. Wenn Sie die Tabelle entsprechend einrichten, kalkuliert und gibt diese Ihnen Ergebnisse schneller aus, als Sie blinzeln können.

Eine typische Liquiditätsplanung wird also anhand von Tabellen erstellt. Die Spalten sind dabei Zeitabschnitte innerhalb der Vorhersage, normalerweise Monate oder Quartale. Individuelle Geldbewegungen werden in Reihen eingeordnet. Zum Beispiel Produktverkäufe, Verkaufskosten und andere Kosten.

Die Erstellung einer Cashflow Vorhersage kann in drei Schritte unterteilt werden. Am Ende der Schritte finden Sie ein anschauliches Beispiel.

Schritt 1: Erstellen Sie die Spaltenüberschriften.

Entscheiden Sie sich, wie Sie die Zeitspannen Ihrer Vorhersagen gestalten möchten und wie viel Zeit die Vorhersage insgesamt umfassen soll. Eine typische Vorhersage für Startups umfasst zwei bis drei Jahre, mit einzelnen Zeitspannen von Monaten oder Quartalen. Aber das hier ist Ihre Vorhersage, also können Sie entscheiden. Nehmen Sie 10 Jahre unterteilt in Wochen, wenn Sie mögen.

Benennen Sie die erste Spalte mit "Zahlungsströme", so dass Sie darunter die Zeilen betiteln können. Danach benennen Sie die nachfolgenden Spalten mit den Namen der Zeitabschnitte. Die Namen der Monate sind sinnvoll, falls Sie Monate als

Zeitabschnitte wählen. Wenn Sie mehr wie ein Jahr vorhersagen wollen, nutzen Sie die Monatsnamen mit der jeweiligen Jahreszahl.

Schritt 2: Die Titel der Zeilen.

Die Zeilen unterteilen sich in drei Sektionen: Einnahmen, Ausgaben und gesamt. Erstellen Sie eine Zeile für jede dieser Sektionen und lassen Sie danach eine Zeile frei, um eine visuelle Trennung zu schaffen.

- **Einnahmen**

Die Zeilen in dieser Sektion beinhalten die erwarteten Einnahmen der jeweiligen Zeitspanne. Erstellen Sie eine eigene Reihe für jede erwartete Form von Einnahmen. Einige Beispiele:

- Verkäufe des Produktes X
- Verkäufe der Dienstleistungen Y
- Einnahmen durch Investitionen
- Einnahmen durch die Aufnahme von Krediten oder Darlehen

Am Ende dieser Sektion fügen Sie eine weitere Reihe ein: Gesamteinnahmen.

- **Ausgaben**

Die Reihen dieser Sektion zeigen alle Kosten an. Das können unter anderem folgenden Dinge sein:

- Löhne
- Steuern
- Mieten
- Telefonkosten
- Ausgaben fürs Zurückzahlen von Krediten und Darlehen
- Und weitere

Am Ende folgt eine weitere Reihe: Gesamtausgaben.

- **Gesamt**

Die nächste Zeile zeigt die Differenz zwischen den ersten beiden Sektionen an. Für einzelne Monate subtrahieren Sie ganz einfach die Ausgaben von den Einnahmen. Das Ergebnis ist Ihr Geldzufluss oder ihr Geldabfluss.

Durch diese Sektion können Sie Veränderungen im Ergebnis von Zahlungseingängen und -ausgängen für jede einzelne Zeitspanne erkennen. Das ist wichtig, da viele Unternehmen im Laufe eines Jahres Schwankungen durchleben. Der Hersteller von Schneeschaufeln wird natürlich mehr Verkäufe im Dezember haben als im Juli. Grössere Ausgaben erfolgen meist pro Quartal anstatt pro Monat. „Gesamt“ gibt Ihnen den Blick frei auf das grosse Ganze.

Schritt 3: Bestimmen Sie die Werte.

Jetzt, da Sie eine wunderschöne Tabelle mit betitelten Spalten und Zeilen haben, müssen Sie die Tabelle mit Daten füttern. Übrigens, jetzt wäre ein guter Zeitpunkt dies zu tun!

Eine Anmerkung zu Vorhersagen: Wenn Sie mit erwarteten Verkäufen für ein neues Unternehmen arbeiten, rechnen Sie bitte mit ein, dass Kunden heutzutage ein wenig Zeit brauchen, um aufmerksam und aktiv zu werden. Kunden müssen in der Regel erst dutzende Male von Ihnen hören, um Sicherheit zu gewinnen, Beziehungen aufzubauen, etc. Verkäufe können also häufig ein wenig auf sich warten lassen. Marketing kann diese Wartezeit verkürzen. Und meist ist es so, dass sie zuerst die Leistung erbringen und der Kunde erst gegen Rechnung nach 30, 60 oder gar erst 90 Tagen bezahlt...

Es gibt durchaus Zeit für Optimismus. Aber nicht bei der Liquiditätsplanung. Behalten Sie stets im Hinterkopf, dass der Zweck der Cashflow Vorhersage die Vermeidung von zu wenigen Geldmitteln ist. Wenn Sie die Zahlen beschönigen, wird das nicht auch Ihre Zukunft schöner gestalten. Seien Sie also realistisch – gnadenlos realistisch.

Gratulation! Sie haben erfolgreich Ihre Liquiditätsplanung erstellt. Alles, was jetzt noch zu tun ist, erledigt Ihre Tabellenkalkulation. Wenn Sie alles richtig eingestellt haben, sollte das Programm automatisch die Berechnungen übernehmen. Auch bei späteren Änderungen.

Geldbewegung	**Januar**	**Februar**	**März**	**April**
Einkommen				
Produktverkäufe	10,000	11,000	11,500	9,500
Serviceverkäufe	12,000	12,000	12,300	14,000
Aufnahme Darlehen	5,000	0	0	5,000
Gesamt	27,000	23,000	23,800	29,500
Ausgaben				
Miete	900	900	900	900
Löhne	15,000	15,000	15,500	16,000
Investitionen ins Anlagevermögen				4,000
Gesamt	24,000	24,000	24,500	29,000
Gesamt				
Monatlich	3,000	-1,000	-700	500
Laufend	3,000	2,000	1,300	1,800

3.12 Netzwerken

Haben Sie schon mal gehört: "Es zählt nicht, was sie kennen, sondern wen Sie kennen"? In der heutigen Zeit sind Käufer beziehungsorientiert. Das bedeutet, dass die Menschen eher Käufe bei Organisationen tätigen, die sie kennen, mögen und denen sie vertrauen. Das sind grossartige Neuigkeiten, sofern die Leute Sie kennen, mögen und Ihnen vertrauen. Falls nicht, stecken Sie in Schwierigkeiten.

Netzwerken bedeutet in erster Linie Verbindungen zu anderen Menschen aufzubauen, um später den maximalen Nutzen aus dem aufgebauten Netzwerk zu ziehen. Neben den guten Auswirkungen auf Ihre Psyche kann Netzwerken zu Leads führen, die Tür zu nützlichen Informationen öffnen, Verkäufe generieren, usw.

Das Aufbauen und Pflegen von nützlichen Beziehungen wird mit der Zeit dazu beitragen, dass sich Ihr Wirkungsbereich und Einfluss vergrössert. Jede Person, mit der Sie in Kontakt treten, besitzt einen eigenen Wirkungsbereich. Wenn Sie in diesen Bereich gelangen, haben Sie also womöglich auch Zugriff auf alle anderen Menschen, die sich ebenfalls in diesem Bereich befinden.

Ein weiterer Bonus des Netzwerkens: Wenn Sie mit einer Person, die Sie kennt, mag und Ihnen vertraut ein Geschäft abschliessen, werden Sie höchstwahrscheinlich weiterempfohlen. Weiterempfehlungen sind kostenloses Marketing! Besseres Marketing als alles, was Sie käuflich erwerben oder aktivieren können. Natürlich werden auch andere Kunden, mit denen Sie keinen persönlichen Kontakt hatten, Weiterempfehlungen aussprechen. Aber diese Weiterempfehlungen zeigen oftmals einen anderen Level an Intensität auf als bei Personen, mit denen persönlicher Kontakt gepflegt wurde.

Aber was tun, wenn Sie kein nützliches Netzwerk besitzen?

Bauen Sie eines auf.

Beginnen Sie mit Ihrem persönlichen Einflussbereich. In welchen Zustand Ihr gegenwärtiger Einfluss sich auch befinden mag, er ist abhängig von den Personen um Sie herum. Dies führt als Erstes zu all jenen Menschen, die sich in Ihrem Leben befinden, direkt oder indirekt. Wenn Sie nicht gerade an Gedächtnisverlust leiden und sich mitten im Nirgendwo befinden, gibt es eine Vielzahl an Menschen in Ihrem Leben. Sie haben Familienmitglieder, andere Verwandte, Freunde und Bekannte. Sie hatten Klassenkameraden, Arbeitskollegen, oder (falls Sie im Gefängnis waren) Zellengenossen. Es gibt den Briefträger, den Pizzalieferanten, den Nachbarn. Sie sind umgeben von Menschen, ob Sie wollen oder nicht.

Selbstverständlich sind nicht alle diese Menschen auch zeitgleich potenzielle Kunden. Aber ebenso wie Sie selbst besitzt jeder dieser Menschen einen eigenen Einflussbereich. Das macht alle diese Menschen zu einem Pool an weiteren Kontakten und zu potenziellen Empfehlungsressourcen. Vielleicht haben diese Leute keine Kinder, aber wenn einer ihrer Freunde einen Babysitter sucht, werden Sie empfohlen. Vielleicht sind diese Leute allergisch auf Katzenhaare, aber wenn der Schwager erzählt, dass er sich eine neue Katze anschafft, erzählen diese Leute ihm von Ihrem Haustiergeschäft. Wie auch immer: Sie wissen was gemeint ist.
Mit der Zeit wird das Netzwerken zu exponentiellem Wachstum Ihres Einflussbereichs führen. Sie können mit der Zeit eine grosse und vielfältige Gruppe an Menschen um sich scharen, die Sie empfehlen. Vielleicht werden diese Leute auch zu Kunden, vielleicht lässt sich aber auch durch Tauschgeschäfte gegenseitiger Nutzen generieren. In jedem Fall ist Netzwerken eine sehr kosteneffiziente Strategie, die für lange Zeit profitable Früchte tragen kann.

Die wahre Kraft hinter dem Netzwerken liegt im Wissen darüber, dass jeder Mensch Verbindungen zu wieder anderen Menschen hat. Andere kennen Leute, die Sie nicht kennen. Mit nur einem Kontakt könnten Sie indirekt mit dutzenden, hunderten, gar tausenden weiteren Kontakten verknüpft sein. Netzwerken kann schnell einen Kundenkreis vergrössern oder wertvolle Geschäftskontakte ergeben.

Jeder neue Kontakt kann Sie zu zukünftigen Geschäften führen, in der einen oder anderen Form.

Qualitatives Netzwerken ist ein andauernder Prozess. Es erfordert das Aufbauen und Pflegen von soliden Beziehungen. Mit dem Einsatz, der notwendig ist, um positive Verbindungen zu knüpfen, mit der Investition Ihrer Zeit in ein eigenes Netzwerk, helfen Sie sich und Ihrem Unternehmen. Damit das funktioniert, müssen hilfreiche Aktionen geschehen. Sie können nicht erwarten, dass Menschen mit Ihnen in näheren Kontakt treten und Ihnen einen Gefallen tun, wenn Sie nicht die gleiche Bereitschaft zeigen. Kümmern Sie sich um Ihre Kontakte und Ihre Kontakte werden sich um Sie kümmern.

Es gibt vier simple Schritte, die Sie beachten sollten, wenn Sie ein Netzwerk aufbauen. Diese Schritte sind die Basis, das Fundament, das Skelett des Netzwerkens. Es liegt an Ihnen daraus Beziehungen entstehen zu lassen:

Schritt 1: Rufen Sie bestehende Kunden persönlich an.
Bleiben Sie im Kontakt mit Ihren Kunden. Fragen Sie nach möglichen Wünschen oder Verbesserungsvorschlägen für Ihre Produkte oder Dienstleistungen. Bieten Sie Ihre Hilfe an, falls diese benötigt wird. Jetzt ist es noch nicht an der Zeit um Weiterempfehlungen zu bitten. Jetzt ist es erst mal an der Zeit sich auf die Beziehung mit dem jeweiligen Kunden zu konzentrieren. Entwickeln Sie eine lockere und kommunikative Beziehung. Geduld ist eine Tugend, wie Sie wissen.

Schritt 2: Rufen Sie jeden an, der Ihnen geholfen oder Sie weiterempfohlen hat.
Wenn Sie hilfsbereite Menschen an Ihrer Seite haben, wollen Sie diese nicht mehr missen. Pflegen Sie diese Kontakte regelmässig.

Fragen Sie nach aktuellen Ereignissen, nach dem Befinden, ob Hilfe gebraucht wird. Versuchen Sie aktiv diese Kontakte zu empfehlen. So ermutigen Sie diese Kontakte zum gleichen Verhalten.

Schritt 3: Erstellen Sie eine Liste mit 50 Personen, mit denen Sie im kommenden Jahr in Kontakt bleiben wollen.
Zeit vergeht rasch, wenn Sie Spass haben. Noch schneller scheint Zeit im Business zu vergehen. Schneller als ein Wimpernschlag vergeht ein Monat, ein Quartal, ein Jahr. Das kann schnell dazu führen, dass Sie plötzlich bemerken, dass Sie noch immer nicht diesen einen Typen von der Konferenz vom letzten Jahr kontaktiert haben. Wenn Sie ihn jetzt kontaktieren, könnte das peinlich für Sie werden, oder? Was ist, wenn er sich gar nicht mehr an Sie erinnert? Um solche Situationen zu vermeiden, eignen sich Kontaktlisten. Auf solchen Listen können alle stehen. Versuchen Sie aber besonders Menschen in Betracht zu ziehen, die mit Ihnen Geschäfte abgeschlossen haben, die Sie weiterempfohlen haben und all diejenigen, die Sie vor kurzem kennengelernt haben. Senden Sie Grüsse und Glückwünsche zu Feiertagen und Geburtstagen. Zeigen Sie, dass Ihnen etwas an den Kontakten liegt. Sie können auch ein schlankes CRM (Software zur Aufrechterhaltung der Kundenbeziehung) nutzen.

Schritt 4: Treten Sie in direkten Kontakt.
Nehmen Sie den direkten Weg. Machen Sie Treffen aus für einen gemeinsamen Kaffee. Daraus haben sich schon so einige Verkäufe ergeben. Oder vielleicht werden Sie weiterempfohlen. Wie auch immer: Ein Telefonat und einen Kaffee sollte Ihnen das allemal wert sein.

Ein anderer Aspekt des Netzwerkens kann die Influencer-Methode sein. Dabei baut ein Entrepreneur eine Beziehung zu einem namhaften Meinungsmacher in seiner Branche auf. Die Hoffnung: Weiterempfehlungen durch diesen „Influencer“ zu bekommen. Diese Methode funktioniert am besten, wenn die einflussreiche Person bereits ein zufriedener Kunde von Ihnen ist.

Leon und das Netzwerken

“Ihr Blutdruck gefällt mir nicht”, sagte der Arzt und nahm Leon die Manschette vom Arm. “Wir müssen das unter Kontrolle bekommen. Ansonsten brauchen Sie bald dauerhafte Medikation.”

“Ich mache bereits eine gesunde Diät”, entgegnete Leon.

“Haben Sie in letzter Zeit viel Stress?”, fragte der Arzt. Leons Schweigen beantwortete diese Frage. Sein Arzt nickte: “Reduzieren Sie diesen Stress”.

“Ich führe mein eigenes Unternehmen”, sagte Leon. “Das beinhaltet nun mal auch Stress.”

“Das tut es”, pflichtete der Arzt bei. “Aber auch wenn Sie den Stress der Arbeit nicht vermeiden können, gibt es danach Möglichkeiten. Welcher Arten von Sport betreiben Sie?”

Erneutes Schweigen.

“Das dachte ich mir!”, der Arzt nahm ein Rezept zur Hand und schrieb etwas auf, danach händigte er das Rezept an Leon aus.

“Fitness”, las Leon laut vor.

“Ihre Beine sind wieder gesund”, nickte der Arzt ihm zu. “Nutzen Sie diese!”

Zwei Wochen später band sich Leon die Schnürsenkel seiner Schuhe auf einer Parkbank nahe dem Fussballfeld.

Der lokalen Amateurliga beizutreten war Catherines Idee gewesen. Leon musste zugeben, dass er die Vorstellung mochte. Es war eine willkommene Abwechslung aus dem Büro herauszukommen und an der frischen Luft aktiv zu sein. Auch wenn er bislang keinen aus dem Team kannte, würde es bestimmt eine gute Zeit werden.

Leons Kondition war schlechter als er dachte. Er hatte grosse Mühe mit den anderen Spielern Schritt zu halten. Als er schliesslich freie Schussbahn auf das Tor hatte, liess er seinen Stress am Ball aus. Leon zielte nicht mal. Er trat lediglich mit voller Härte nach dem Ball, als ob er jemanden umbringen wollte.

Und das tat er fast. Der Ball traf den gegnerischen Torhüter mitten ins Gesicht und liess ihn nach hinten torkeln. Tor! Leons Team applaudierte.

Nach dem Spiel kam der gegnerische Torhüter auf Leon zu.

“Das war ein höllisch harter Schuss”, sagte er und bot seine Hand an. “Habe ich etwas getan, um deine böse Seite hervorzuholen?”.

“Tut mir leid!”

“Für was denn? Ich hätte genau dasselbe getan.”

Leon lächelte. “Vielleicht hast du dazu eines Tages die Chance. Lust auf einen Drink?”

“Wenn du ausgibst, mein Freund.”

Eine Stunde später unterhielten sich die beiden Männer wie alte Freunde. Leon zeigte die App, die er und Thomas entwickelt hatten. Leons neuer Kontakt verkaufte Fahrzeugversicherungen. Die App brachte ihm also nicht viel. Dafür kennt er aber jemanden, der sich für eine Umgestaltung der Webseite interessieren könnte. Leon händigte seine Visitenkarte aus.

3.13 Kooperative Beziehungen

Kooperative Beziehungen gehen sehr viel weiter als blosses Netzwerken. Kooperationen sind eine langfristige Zusammenarbeit von Kunden und Lieferanten, die definierten Nutzen für beide Parteien mit sich bringt.

Beziehungen zwischen Kunden und Unternehmen, die beiden dienen, sind einzigartig, weil jeder Kunde (und jedes Unternehmen) unterschiedlich sind. Deshalb ist es wichtig, die verschiedenen Arten von kooperativen Partnerschaften zu verstehen. Und deren Einfluss auf das Geschäft.

Eine gesunde Kooperation bildet eine feste Loyalität zwischen Käufer und Verkäufer. Alle Beteiligten sollten also ein Interesse am Wohl des jeweils anderen haben. Diese professionelle Fürsorge führt zu einer sogenannten „Win-Win"-Situation.

Kooperative Partnerschaften können in zwei Kategorien unterteilt werden: beziehungsorientiert oder strategisch.

Beziehungsorientierte Partnerschaften basieren auf gegenseitigem Vertrauen und Respekt. Diese Form der Partnerschaft ist sehr persönlich und hat – bis zu einem gewissen Punkt – mehr mit den involvierten Personen zu tun als mit Profit.

Strategische Partnerschaften, auf der anderen Seite, brauchen keinen derart persönlichen Bezug zueinander. Sie basieren auf gegenseitigem Profit. Die Partner konzentrieren sich auf langfristige Ziele, investieren oftmals in die jeweils andere Seite, um den Profit für beide Seiten zu erhöhen. Da diese Kooperationen mehr auf dem Geschäftlichen basieren als auf persönlicher Ebene, müssen Vertrauen und Verlässlichkeit aufeinander erst mit der Zeit wachsen.

Da Partnerschaften eine langfristige Angelegenheit sind, normalerweise fünf oder mehr Jahre, braucht es eine langfristige Perspektive. Das kann bedeuten, dass es zunächst heisst zu verzichten. Deshalb ist nicht jede Situation auch immer förderlich für eine Partnerschaft.

Partnerschaften eignen sich am besten, wenn:

- Es Zeit für geschäftliche Veränderungen wird, besonders in Zeiten von Innovationen oder unsicherer Zukunft.

- Das Unternehmen neue Wege der Zulieferung implementieren muss, wie das Verfügbarmachen von Dienstleistungen online.

- Es einen Bedarf an Flexibilität in der Teambildung gibt, die spezielle Fähigkeiten oder seltene Ressourcen erfordert.

- Das Unternehmen verstärkt Prozesse oder Dienstleistungen auslagern möchte, vielleicht mit dem Ziel, die Angestellten stärker auf die Kundenbedürfnisse zu fokussieren.

Die Wahl der passenden kooperativen Partnerschaft hängt stark davon ab, was die Kunden wollen. Eine strategische Partnerschaft erfordert Investitionen von beiden Seiten. Wenn also der Kunde nicht bereit ist, diese Investition zu tätigen, wäre eine beziehungsorientierte Partnerschaft die bessere Wahl.
Ganz gleich welche Art der Partnerschaft, das Fundament einer Abmachung muss aus Vertrauen und Offenheit bestehen. Aber auch eine formelle, schriftliche Vereinbarung hilft Klarheit zu schaffen und die Verbindlichkeit für beide Seiten herzustellen. Nur so kann ein positiver, finanzieller Ausgang für beide Seiten gewährleistet werden.

Wie auch in einer gesunden Ehe, sollte die Organisation des Ganzen mehr vorausschauend als reaktiv ablaufen. Die Dinge gehen nun mal am besten aus, wenn beide Seiten kooperativ an einer Lösung arbeiten. Die Beziehung wird sich zudem vertiefen, wenn die beiden Partner anfangen konstruktiv an Probleme heranzutreten, in einer Atmosphäre der konstruktiven Zusammenarbeit.

Damit Partnerschaften erfolgreich sind, müssen beide Partner stark in die Beziehung investieren. Das erfordert Einsatz, Hingabe und klare Kommunikation. So können professionelle Arrangements funktionieren. Eine Kooperation sollte niemals auf die leichte Schulter genommen oder als einfache Option angesehen werden.

Auch wenn Kooperationen viel Nutzen bringen mögen, gibt es auch Risiken und Kosten für beide Seiten. Zusammenarbeit muss in einer Win-Win-Situation münden, in der beide Seiten genug ROI erzeugen können. Deswegen ist es wichtig den Risiken genügend gewinnbringende Perspektiven entgegenzusetzen.

Olivias kooperative Partnerschaft

So aufregend die Aktionen mit den Senioren auch waren, Olivia lechzte noch immer nach Ihrem eigenen Fahrrad. Der Gedanke daran liess sich einfach nicht abschütteln. Ihre Zeichnungen und Pläne dienten als Bildschirmhintergrund auf ihrem Laptop und die Spezifikationen für den Rahmen hingen an ihrer Pinnwand.

Michaels Telefonat über Charlie, einem neuen Zulieferer, war zunächst weit entfernt von „aufregend“. Olivia hatte alle Zulieferer bereits kontaktiert. Niemand konnte oder wollte mit ihr an dem neuen Fahrrad arbeiten. Olivia tat sich also schwer mit ihrem Optimismus. Wie sollte ein neues Startup ihr bieten können, was die etablierten Zulieferer nicht boten?

Doch zu ihrer Überraschung wollte dieser neue Zulieferer exakt das bieten.

“Spiel keine Spielchen mit mir, Michael”, sagte Olivia. “Ich glaube nicht, dass ich das ertragen könnte.”

“Das ist mein voller Ernst”, versicherte er ihr. “Charlie will mit dir über das Geschäft reden. Ruf ihn an.”

Olivia rief an. Sie vereinbarte ein Treffen zum gemeinsamen Abendessen mit Charlie und diskutierte mit ihm zwischen Hühnchen und Wein, was Charlie wollte, um Olivia ihren grössten Wunsch zu ermöglichen.

Zunächst würde Olivia eine grosse Vorabinvestition tätigen müssen, so dass Charlie die nötigen Ressourcen für den Start hätte. Nach dieser initialen Starthilfe könnte Charlie seinerseits Olivias Fahrrad zu einem Preis produzieren, der sich für sie rechnen würde.
“Das ist unglaublich”, sagte Olivia.

"Du bist unglaublich", entgegnete Charlie, mit einem Glanz in seinen Augen, der über das Geschäft hinausging. "Ich kann es kaum abwarten, mit dir zusammenzuarbeiten."

Olivia errötete. Sie konnte nicht sagen, ob es der Wein war oder seine Art sie anzusehen. Vielleicht beides.

"Lass mich eine Nacht darüber schlafen", bat sie. "Ich schwor mir selbst, dass ich nie wieder blind in ein Geschäft starten würde. Und dieser Schritt wäre ein Grosser. Kann ich dich nächste Woche anrufen?"

Er nahm eine Visitenkarte aus seiner Tasche und begann zu schreiben.

"Ich habe deine Nummer bereits, Dummchen", witzelte sie.

"Nicht meine private Nummer", lächelte er. "Ruf mich in der Arbeit an, zuhause… ganz gleich wo und wann."

Diesmal wurde sie definitiv durch seine Art sie anzusehen rot.

Als sie nach Hause kam, starrte sich Olivia im Spiegel ihres Badezimmers an.

"Was tust du da?" fragte sie ihr eigenes Spiegelbild. "Hier geht es ums Geschäft. Belasse es dabei."

3.14 Die Wahl der richtigen Rechtsform

Vorab ist es wichtig zu erwähnen, dass die örtlichen Gegebenheiten einzelner Länder und Gesetzgebungen in den hier beschriebenen Rechtsformen nur teilweise berücksichtigt werden können. Alle Angaben sind ohne Gewähr und als unverbindlich zu verstehen. Bitte klären Sie vor der Wahl der Rechtsform unbedingt die lokalen Gegebenheiten ab.

Eine der wohl wichtigsten Entscheidungen, die eine Gründerperson treffen muss für ein neues Startup, ist die Wahl der Rechtsform.

Die Wahl der Rechtsform für das Startup beeinflusst unter anderem die Möglichkeiten an Kapital zu kommen, die Haftungsfrage, die Steuern und auch das operative und strategische Management.

Weil diese Entscheidung so wichtig ist für den langfristigen Erfolg, sollte eine Gründerperson sorgfältig alle Informationen in Betracht ziehen. Es gibt nämlich mehrere Möglichkeiten.

Wenn eine Firma expandiert, kann es vorkommen, dass ein Wechsel der Rechtsform notwendig wird. Es ist ganz normal, dass ein neues Startup zunächst als ein Einzelunternehmen oder eine Kollektivgesellschaft gegründet wird und später zu einem Konzern heranwächst.

Die Entscheidung sollte sorgfältig geplant werden. Ähnlich einer Geschäftsstrategie: Je mehr Informationen vor einer Gründung vorliegen, desto geringer der Aufwand und Änderungen in der Zukunft.

Die folgenden sieben Fragen helfen Ihnen bei der Wahl der geeigneten Rechtsform:

1. Hat das Gründerteam alle notwendigen Fähigkeiten, um das Unternehmen zu leiten?
2. Verfügen die Gründer über das benötigte Kapital, um das Unternehmen zu finanzieren oder braucht es zusätzliche Finanzierung aus externen Quellen?
3. Sind die Gründer dazu fähig, das operative Geschäft mitsamt ihrer privaten Kosten für das erste Jahr zu finanzieren?
4. Sind die Gründer gewillt und fähig, persönliche Haftung für Forderungen gegenüber dem Unternehmen zu übernehmen?
5. Ist ein starkes Wachstum vorgesehen?
6. Wollen die Gründer volle Kontrolle über das operative Geschäft?
7. Erwarten die Gründer initiale Verluste oder erwarten sie Profit vom Start weg?
8. Wollen die Gründer das Unternehmen in der Zukunft verkaufen?

Die Antworten auf diese Fragen helfen der Gründerperson die Wahl der Rechtsform einzugrenzen, indem diejenigen Formen ausgeschlossen werden, welche nicht auf die Bedürfnisse des Vorhabens zutreffen.

Ein Beispiel: Wenn die Gründer erwarten, dass das Startup innerhalb des ersten Jahres Verluste aufweisen wird, wegen teurer Produktentwicklung oder anderen hohen Kosten, würden sie von einer Rechtsform profitieren, die diese Verluste zu ihnen persönlich weiterreicht. Denn solche Verluste würden dann die Steuerverpflichtungen reduzieren.

Weil die Rechtsform sowohl rechtliche als auch steuerliche Folgen für die Gründerperson und spätere Investoren hat, ist es wichtig, die Vor- und Nachteile genau abzuwägen. Lassen Sie uns dazu die vier beliebtesten Rechtsformen ansehen – Einzelunternehmen, Partnerschaften (Kollektivgesellschaft), AG, und Gesellschaft mit beschränkter Haftung (GmbH).

Einzelunternehmen:

Das ist die simpelste Form eines Geschäfts. Es ist einfach eine Firma, die nur einer Person gehört. Die Gründerperson ist hierbei alleiniger Inhaber der Firma.

Das bedeutet aber nicht, dass die Gründerperson der einzige Arbeiter bzw. die einzige Arbeiterin ist. Die meisten Einzelunternehmen sind Kleinunternehmen, die sowohl Arbeitnehmende einstellen dürfen als auch freiberufliche Mitarbeitende beauftragen.

Im Normalfall braucht diese Rechtsform keine bestimmte Vorbereitung. Es braucht den normalen Gewerbeschein (in der Schweiz einen Handelsregistereintrag erst ab einem jährlichen Umsatz von mehr als CHF 100‘000) und andere behördliche Papiere, die von den Ämtern vorgeschrieben sind. Die Einfachheit und Erschwinglichkeit macht das Einzelunternehmen zur attraktiven Rechtsform für viele Arten von Selbständigen. In gewissen Ländern können Gründerpersonen die Geschäftsaktivitäten ohne irgendwelche Einträge vornehmen, so zum Beispiel in der Schweiz. Mit der Aufnahme der Geschäftstätigkeit entsteht die Firma.

Eine der Vorteile dieser Rechtsform ist der Umstand, dass die Steuern auf die Gründerperson zurückfallen. So muss lediglich eine Steuererklärung ausgefüllt werden, was Zeit, als auch Geld spart.

Der Nachteil: Die Gründerperson haftet persönlich für alle Geschäftsaktionen, wie Schulden oder Forderungen anderer Art.

Wenn sich also ein Angestellter während der Arbeit verletzt und eine Schadenersatzforderung geltend macht, ist der Besitzer der Firma vollständig haftbar. (Eine Ausnahme wäre, wenn eine zuvor abgeschlossene Versicherung den Schaden übernimmt.)

Wenn das Startup scheitert, ist die Gründerperson auch dann noch immer persönlich haftpflichtig für alle entstandenen und offenen Kosten. Das bedeutet, dass alle persönlichen Wertgegenstände – Bankkonten, Eigentum oder andere Dinge von Wert – zum Zweck der Schuldenregulierung gepfändet werden können (je nach Land in dem Sie Gründen und unter Vorbehalt der örtlichen Gesetzgebung).

Partnerschaften (Kollektivgesellschaft):

In einer Partnerschaft teilen sich zwei oder mehr Personen im gegenseitigen Einverständnis alle Einnahmen und Ausgaben. Sie teilen gleichermassen Inhaberschaft und Management. Ähnlich wie beim Einzelunternehmen braucht es auch bei einer Partnerschaft keine ausserordentlichen Voraussetzungen.

Partner tragen womöglich Geld, Eigentum und Leistungen zur Partnerschaft bei. Im Gegenzug erhalten sie Anteile des Gewinns. Partner sind berechtigt die Gewinne und das Management der Firma aufzuteilen, wie es ihnen beliebt. Solange alle beteiligten Partner einverstanden sind.

Es gibt keine gesetzliche Höchstanzahl an Partnern innerhalb einer Partnerschaft. Es ist aber wichtig zu erwähnen, dass es bei zu vielen Teilhabern schwierig werden könnte, auf einen gemeinsamen Nenner zu kommen bei dringlichen Entscheidungen.

Eines der Probleme, die eine Partnerschaft plagen können, ist eine Lähmung. Diese entsteht aus endlosen Disputen über verschiedenste Bereiche innerhalb des Managements. Um solchen Lähmungen vorzubeugen, sollten die Arbeitsbereiche der einzelnen Partner genau definiert sein.

Anders als beim Einzelunternehmen, besitzt eine Partnerschaft eine rechtliche Form neben den Besitzern. Das Geschäft selbst hat einen Rechtsanspruch auf Grundbesitz, kann klagen oder verklagt werden, besitzt eigene Bankkonten, kann Geld leihen und Angestellte beschäftigen. Das Unternehmen funktioniert rechtlich, als wäre es eine eigenständige Person.

Dennoch bieten Partnerschaften keine eingeschränkte Haftpflicht. Ebenso wie beim Einzelunternehmen, haften die Inhaber persönlich für alle geschäftlichen Belange.

Im Fall von Pfändungen ist zudem zu beachten, dass die Gläubiger nicht auf die internen Absprachen achten müssen. Wenn das Unternehmen also Schulden hat, dürfen die Gläubiger jeden der Partner belangen, um diese zu begleichen, unabhängig von den jeweilig getroffenen Absprachen.

Das ist ein erheblicher Nachteil. Es ist daher überflüssig zu erwähnen, dass Sie sich Ihre Partner genauestens aussuchen sollten.

Eine weitere Gemeinsamkeit zum Einzelunternehmen sind die steuerlichen Verpflichtungen. Diese fallen nämlich ebenfalls auf die Partner selbst zurück. Das Steuerrecht ist kompliziert, bei Partnerschaften noch viel komplexer. Wir empfehlen daher immer einen professionellen Steuerberater. Ausser Sie selbst bieten Steuerberatungen an.

Aktiengesellschaft (AG):

Bei dieser Rechtsform besitzen Aktieninhaber das Unternehmen. Gewinne und Verluste werden daher womöglich entsprechend geteilt. Ein Aufsichtsrat bzw. Verwaltungsrat regelt diese Angelegenheiten. Dieser Aufsichtsrat bestimmt Personen, die das tägliche Geschäft des Unternehmens überwachen.

Um eine Gesellschaft zu gründen, brauchen Sie Geld. Hier greift die Bürokratie in ihrer ganzen Pracht.

Mit der Gründung einer Aktiengesellschaft entsteht eine neue juristische Person, die völlig separat von den Personen existiert, welche diese besitzen, kontrollieren, managen, usw. Sie existiert für sich alleine, sowohl rechtlich als auch steuerlich. Eine Gesellschaft darf also auf ihren eigenen Namen Verträge abschliessen, eigene Schulden machen und eigene Steuern bezahlen.

Es gibt kein Limit für die Menge an Aktionären. Um zu funktionieren, muss allerdings ein Vorstand vorhanden sein.

Im Gegenzug für ihre Investitionen, erhalten die Aktionäre Aktienanteile. Gesellschaften sind dafür bekannt, dass sie ihren Teilhabern eine eingeschränkte Haftung gewähren. Wenn die Gesellschaft die Schulden nicht zahlen kann, kann lediglich das Eigentum der Gesellschaft selbst gepfändet werden. Natürlich würden die Aktionäre bei einer Pleite auch ihre Investitionen verlieren, allerdings könnten sie nicht belangt werden für die offenen Forderungen gegen die Gesellschaft (je nach örtlicher Gesetzgebung).
Was die Steuern angeht: Gesellschaften sind für sich selbst steuerpflichtig.

Gesellschaft mit beschränkter Haftung (GmbH):

Eine Gesellschaft mit beschränkter Haftung (GmbH) ist eine Rechtsform, die den Besitzern die steuerlichen Vorteile eines Einzelunternehmens oder einer Partnerschaft gewährt, aber den Haftungsschutz einer Gesellschaft.

Leon und die Wahl der Rechtsform

Thomas schaute zu, wie Leon einen Karton mit persönlichen Gegenständen von seinem ehemaligen Arbeitsplatz nahm.

“Das ist surreal”, sagte Thomas, als er einen Tacker aus Leons Karton nahm. “Ein grosser Teil in mir dachte noch immer, dass unser eigenes Geschäft nur eine Fantasie sei, doch hier und jetzt verlässt du Gigan-Tech. Das gibt mir Hoffnung, dass ich das hier auch irgendwann hinter mir lassen werde.”

“Das wirst du”, entgegnete Leon und nahm seinen Tacker wieder an sich. “Zumindest solltest du das. Du bist mein Chefprogrammierer.”

Ihr Chef erschien wie aus heiterem Himmel.

“Was geht hier vor sich, Thomas?”, wollte er wissen. “Leon hat gekündigt. Du dagegen arbeitest hier, nicht wahr?”

“Ja”, antwortete Thomas wie aus der Pistole geschossen.

“Zurück zur Arbeit also, wenn du deinen Gehaltszettel am Ende des Monats erwartest!”, der Manager warf einen bösen Blick auf Leon und stampfte davon.

“Ich glaube, ich sollte mich besser auf meinen derzeitigen Job konzentrieren”, gab Thomas zu verstehen.

Thomas schlich zurück an seinen Arbeitsplatz und liess Leon ein wenig verwirrt zurück. War Thomas wirklich an der gemeinsamen Geschäftsidee interessiert? Würde Leon am Ende alleine dastehen, aufgrund seines plötzlichen Vorhabens?

Als Thomas und er das erste Mal über die Kündigung bei Gigan-Tech redeten, machte es für Leon absolut Sinn, dass er als Erster den Konzern verliess. Er und seine Familie besassen mehr Rücklagen, um die Frühphasen des Unternehmens zu überstehen. Zudem oblag ihm die Planung und Umsetzung. Auch würde Leon keinerlei Vorteile haben, wäre Thomas bereits Vollzeit an Bord. Dennoch beängstigte Leon die gerade geschehene Szene. Es klang für ihn ein wenig so, als wolle Thomas seinen Job hier doch nicht aufgeben.

Am Abend besuchte Leon seinen Freund.

"Wie Ernst ist es dir mit unserem Startup?", wollte Leon geradeheraus wissen.

"Was meinst du damit?", fragte Thomas mit verwirrtem Blick. "Ist es nicht ein wenig spät für dich, deine Meinung zu ändern?"

"Es geht nicht um meine Meinung, sondern um deine", antwortete Leon. "Ich habe bereits meine Entscheidung getroffen, aber du könntest noch immer einen Rückzieher machen ohne Verluste."

Thomas runzelte die Stirn.

"Ich mag vieles sein, Leon, aber ich bin kein Feigling und schon gar kein Lügner! Ich sicherte dir meine Partnerschaft zu und ich bin dein Partner. Wenn später Forderungen entstehen, wird mein Geld und mein Eigentum genauso dran sein, wie deines."

Leon nickte beruhigt.

Am nächsten Tag registrierten die beiden Freunde offiziell eine Partnerschaft und begannen das Vorhaben mit einem Handschlag. Ein neues Startup war geboren.

Olivia und die Wahl der Rechtsform

Connors Vater war zwar nicht der grösste Fehler in Olivias Leben, aber er stand weit oben auf der Liste ihrer grössten Verfehlungen. Ihm folgte dicht auf den Fersen die Aufdeckung seiner Affäre. Der darauffolgende Sorgerechtsstreit um Connor hätte Olivia beinahe sämtliche Nerven gekostet. Jetzt, da sie im Park sass und ihrem Ex-Mann zusah, wie dieser mit ihrem gemeinsamen Sohn spielte, dachte sie über das Angebot nach, dass Jillian ihr gestern Abend unterbreitete.

Jillian musste wirklich beeindruckt gewesen sein von Olivias Plänen. Sie wollte doch tatsächlich in das Geschäft einsteigen. So schmeichelhaft es auch war, dass ausgerechnet ihre Schwester als Partner agieren wollte, Olivia fühlte sich hin- und hergerissen. Sie verbrachte die letzten Monate damit, ihre Geschäftsstrategien sorgfältig auszuarbeiten. Sie dachte über jedes auch nur denkbare, schlechte Szenario nach, das ihr einfiel.

Aber keine dieser Strategien sah vor, die Gewinne mit einem Partner zu teilen. Keines der Szenarien beinhaltete den Schaden, den Jillian im Fall des Scheiterns davontragen würde. Kein Szenario beschäftigte sich mit mehr als einer Entscheidungsinstanz. Probleme, die den Laden angingen, könnten genauso gut negative Auswirkungen auf ihre Beziehung zueinander haben, wenn Jillian mit involviert wäre. Wollte sie das wirklich tun?

Nein.

So sehr es sie der Gedanke auch schmerzte, ihre eigene Schwester abzuweisen, die Vorstellung ihre geschwisterliche Beziehung und Freundschaft zu gefährden war zu hoch.

Zudem war das Projekt ihr Baby. Olivia fühlte eine starke, persönliche Bindung zu diesem Projekt. Und sie würde nie mehr wieder einen Sorgerechtsstreit wegen irgendwelcher anderer „Kinder“ ausfechten wollen. Sie musste ihren Sohn mit ihrem Ex-Mann teilen, aber sie würde nicht dieses Geschäft teilen. Olivias Fahrradladen würde ein Einzelunternehmen werden.

3.15 Geistiges Eigentum

Je nach Geschäftsidee kann diese respektive einzelne Teile davon geschützt werden. Hier eine kurze Einführung, was möglich ist und worauf geachtet werden soll.

1. Marke

Sie können Ihren Firmennamen, einen coolen Produktname, ihr Logo oder auch einen Verkaufs-Claim mit einer Marke schützen. Tun Sie das, dann darf niemand sonst diesen Namen bzw. Logo benutzen.
Zu beachten gilt es, dass eine Marke nur in jedem Land respektive in jenen Ländern geschützt ist, in welchen die Marke auch eingetragen ist. Beabsichtigen Sie nur regional tätig zu bleiben, reicht die Registrierung im nationale Markenregister. Wollen Sie jedoch auch ins Ausland expandieren, dann drängt sich eine Registrierung in allen beabsichtigten Zielmärkten ein.
Registrieren kann man hier fast alle Namen oder Logos, die noch nicht registriert sind bzw. nicht zu ähnlich an bestehenden Marken sind. Ferner können auch keine reinen Beschreibungen als Marke registriert werden.
Eine Marke kann immer wieder verlängert werden und ist prinzipiell unendlich lange schützbar. Die Registrierung kostet etwas.

2. Patent

Das Patent beschreibt eine technisch-naturwissenschaftliche Erfindung. Dazu zählen neue Medikamente ebenso wie technische Erneuerungen bzw. Erfinden in Maschinen. Diese Erfindungen müssen neu sein. Bereits bekannte Erfindungen, auch im Ausland oder nicht mit einem Patent geschützte Erfindungen, können nicht patentiert werden.
Für die Patentanmeldung muss die Erfindung sowie die Neuheit davon detailliert beschrieben und dokumentiert werden. Diese Beschreibung wird dann – sofern das Patent tatsächlich gewährt wird – im Patentregister öffentlich zugänglich gemacht.
Mit einem Patent wird es allen anderen untersagt, diese Erfindung zu produzieren, ins entsprechende Land zu importieren und zu verkaufen. Dies gilt jedoch wiederum nur für jene Länder, in denen das Patent angemeldet wurde.

Eine Patentanmeldung ist viel anspruchsvoller und teurer als die Anmeldung einer Marke. Es empfiehlt sich, möglichst früh mit dem entsprechenden Patentamt in Verbindung zu setzen und/oder einen Patentanwalt hinzuzuziehen. Ein Patent kann in der Regel höchstens 20 Jahre gültig sein. Danach darf jede Unternehmung die Erfindung kopieren und selber vermarkten.

Nicht patentiert werden können Geschäftsmodelle, Beratungsmethoden, Ideen, Geschäftsideen und auch Software.

Für die meisten Start-ups lohnt sich eine Patentanmeldung nicht bzw. gibt es nichts, was sie patentieren könnten..

3. Urheberrecht

Alle künstlerischen Schöpfungen wie Texte, Bilder, Kunstwerke oder Musik sind automatisch urheberrechtlich geschützt. Dies bedeutet, dass ein Start-up nicht einfach Bilder und Texte aus dem Internet kopieren und auf ihre Homepage oder ihre Flyer kopieren darf.
Andererseits darf auch niemand die Texte und Bilder des eigenen Start-ups einfach so kopieren und nutzen.

3.16 Gründungsperson

Es ist Ihr Start-up, dass sie aufbauen (wollen). Deshalb sollte das Start-up auch zu Ihnen passen.

Nachfolgend ein paar Fragen, die Sie für sich selber beantworten können.

1. Warum will ich ein Start-up gründen?
   Es gibt viele mögliche Gründe, warum man ein Start-up gründet. Dies kann finanzieller Natur sein, Macht und Prestige, oder aber auch Unabhängigkeit und Selbstverwirklichung. Dies kann die Schaffung eines Traumjobs sein, örtliche und zeitliche Unabhängigkeit oder schlicht die Fortführung der Familientradition. Oder vielleicht wollen Sie mit Ihrem Start-up ja auch einen gesellschaftlichen Mehrwert schaffen?
   Die Frage ist nun: Was ist Ihre Motivation?
   Je nachdem, was Ihre Motivation ist, passt nicht jede Geschäftsidee dazu. Überprüfen Sie deshalb kritisch, ob Ihre Geschäftsidee zu ihren persönlichen Zielen und Wünschen passen.

2. Welches Know-how bringe ich ein?
   Die Umsetzung jedes Geschäftsvorhabens erfordert spezifisches Know-how. Verschaffen Sie sich einen Überblick, welches Know-how für Ihr Vorhaben notwendig ist. Dann prüfen Sie kritisch, welchen Teil dieses Know-hows sie selber abdecken können. Weiter überlegen Sie sich, woher Sie das fehlende Know-how beschaffen können. Sie können sich dieses Know-how aneignen, durch Freelancer, Mitarbeitende oder Co-Gründungspersonen abdecken.

3. Welche Erfahrungen bringe ich ein?
   Erfahrungen helfen, notwendige Tätigkeiten schnell, richtig und erfolgreich auszuführen. Fehlende Erfahrung können nach und nach erworben werden. Unterstützung durch erfahrene Coaches, Co-Gründer, Freelancer oder Mitarbeitende können die fehlenden eigenen Erfahrungen

ausgleichen.

4. Welche Ressourcen bringe ich ein?
Jedes Start-up benötigt spezifische Ressourcen, sei es Manpower, Know-how oder auch physische Ressourcen wir Rohstoffe, Lieferanten, IT-Ausrüstung oder vieles mehr. Verschaffen Sie sich einen Überblick, was Sie alles benötigen und schauen dann, was davon Sie selber einbringen können und was Sie noch beschaffen müssen.

5. Welches Netzwerk bringe ich ein?
Ein Netzwerk erleichtert die tägliche Arbeit enorm, insbesondere bei der Suche neuer Kunden, Lieferanten oder Partner. Ein fehlendes Netzwerk kann gezielt auf- und ausgebaut werden.

6. Bin ich dazu bereit?
Und schliesslich die alles entscheidende Frage: Bin ich jetzt wirklich dazu bereit, den Schritt zu wagen? Die nötigen finanziellen und zeitlichen Ressourcen aufzubringen mit dem Risiko, eventuell auch zu scheitern?

3.17 Gründerteams

Bei der Zusammenstellung eines Gründerteams für ein Start-up gibt es mehrere wichtige Aspekte, auf die man achten sollte. Hier sind einige Punkte, die beachtet werden sollten:

1. Komplementäre Fähigkeiten: Es ist wichtig, dass die Mitglieder des Gründerteams über unterschiedliche Fähigkeiten und Kompetenzen verfügen, die sich ergänzen. Zum Beispiel können technische, betriebswirtschaftliche, marketingbezogene und branchenspezifische Fähigkeiten von Vorteil sein. Ein vielfältiges Team mit verschiedenen Perspektiven und Erfahrungen kann dazu beitragen, dass das Unternehmen auf verschiedene Herausforderungen vorbereitet ist.
2. Gemeinsame Vision und Werte: Das Gründerteam sollte eine gemeinsame Vision für das Unternehmen haben und gemeinsame Werte teilen. Dies trägt dazu bei, dass alle Mitglieder in dieselbe Richtung arbeiten und das Unternehmen langfristig erfolgreich aufbauen können. Eine gemeinsame Vision und geteilte Werte schaffen auch eine Grundlage für eine gute Zusammenarbeit und Teamkohäsion.
3. Vertrauen und Kommunikation: Eine offene und vertrauensvolle Kommunikation ist entscheidend für ein erfolgreiches Gründerteam. Die Mitglieder sollten in der Lage sein, ihre Ideen und Meinungen frei zu äußern und konstruktives Feedback zu geben und anzunehmen. Regelmäßige Kommunikation und transparente Entscheidungsprozesse sind wichtig, um Konflikte zu minimieren und die Zusammenarbeit effektiv zu gestalten.
4. Engagement und Einsatzbereitschaft: Start-ups erfordern oft ein hohes Maß an Engagement und Einsatzbereitschaft, insbesondere in den frühen Phasen. Jedes Mitglied des Gründerteams sollte bereit sein, Zeit, Energie und Ressourcen in das Unternehmen zu investieren und sich für den Erfolg des Start-ups einzusetzen. Ein gemeinsames Engagement kann auch dazu beitragen, schwierige Zeiten zu überstehen und die Motivation aufrechtzuerhalten.
5. Teamdynamik und Kultur: Es ist wichtig, dass das Gründerteam gut zusammenarbeitet und eine positive Teamdynamik aufweist. Die Teammitglieder sollten gut

miteinander auskommen, effektiv kommunizieren und Konflikte konstruktiv lösen können. Die Schaffung einer positiven Unternehmenskultur, die Zusammenarbeit, Innovation und persönliches Wachstum fördert, ist ebenfalls von großer Bedeutung.

6. Flexibilität und Anpassungsfähigkeit: Start-ups befinden sich in einem dynamischen und sich schnell verändernden Umfeld. Das Gründerteam sollte flexibel sein und bereit sein, sich an neue Gegebenheiten anzupassen. Dies erfordert Offenheit für neue Ideen, die Fähigkeit, schnell zu lernen und sich an veränderte Marktbedingungen anzupassen.
7. Zu guter Letzt empfiehlt es sich, die zentralen Bestandteile der Zusammenarbeit im Gründerteam schriftlich festzuhalten. Dies kann beispielsweise in einem sogenannten Aktionärsbindungsvertrag geschehen.

Die Auswahl eines Gründerteams ist ein wichtiger Schritt für den Erfolg eines Start-ups. Es erfordert sorgfältige Überlegung und die Berücksichtigung der oben genannten Faktoren, um sicherzustellen, dass das Team gut zusammenarbeitet und über die notwendigen Fähigkeiten und Eigenschaften verfügt, um die Herausforderungen des Unternehmertums erfolgreich zu meistern.

3.18 Bewertung von Geschäftsideen

Eine der häufigsten Fragen, die sich Gründerpersonen stellen, ist: „Wie gut ist meine Geschäftsidee?“ Die Bewertung von Geschäftsideen mit Hilfe der untenstehenden Checkliste hilft herauszufinden, wie viel Erfolgspotential ein Startup tatsächlich besitzt.

Die Checkliste steht in enger Verbindung zum 7-Schlüssel-Modell von getLaunched®, welches im ersten Kapitel dieses Buches vorgestellt wurde. Tatsächlich werden Sie feststellen, dass die einzelnen Punkte der Liste direkt mit dem sieben Schlüsseln übereinstimmen.

Eine Geschäftsidee zu entwickeln und einen professionellen Business Plan zu erstellen, bedeutet eine erhebliche Investition an Zeit und Energie. Daher ist es weise, zunächst die Checkliste durchzuarbeiten. Dieses Vorgehen erlaubt es Ihnen das Potential Ihrer Idee zu ermitteln, ehe Sie weitere Schritte unternehmen.

Die Checkliste ist zudem ein grossartiges Mittel, um zwischen mehreren Geschäftsideen auszuwählen. Sie kann helfen zu bestimmen, welche Ideen die anstehenden Mühen wert sind.

Jede Gründerperson kann die Liste eigenständig einsetzen oder für diese Arbeit einen Experten beiziehen. Die Bewertung eines jeden Kriteriums erfolgt zwischen sehr schwach (--) und sehr stark (++). Nicht immer ist man sich in dieser Abstufung schlüssig, weshalb mit zusätzlichen Bemerkungen die Gewichtung plausibilisiert werden soll. Die Punkte und Kriterien der Checkliste sehen wie folgt aus:

Kunden

Kriterium	--	-	+	++	Bemerkungen
Das anvisierte Kundensegment / die anvisierten Kundensegmente sind klar definiert					
Die Bedürfnisse der anvisierten Kunden sind genau bekannt					
Es sind viele Eigenschaften der Zielgruppe bekannt					
Die Bedürfnisse der anvisierten Kunden sind stark und noch unbefriedigt					
Die anvisierten Zielgruppe ist gross					
Die anvisierten Zielgruppe wird in Zukunft wachsen					
Die anvisierten Kunden verfügen über eine grosse Kaufkraft					
Die anvisierte Zielgruppe ist in unserem Bereich wenig Preis sensitiv					
Die anvisierte Zielgruppe kann einfach erreicht werden					

Produkte / Dienstleistungen

Kriterium	--	-	+	++	Bemerkungen
Unser Sortiment (Güter und Dienstleistungen) ist klar bestimmt					
Die mit unserem Angebot zusammenhängenden Werte und Emotionen sind klar bestimmt und stimmig					
Die Herstellung unserer Angebote ist technisch machbar					
Unser Angebot (Güter und Dienstleistungen) ist patentierbar oder kann anderweitig vor Kopien anderer Konkurrenten geschützt werden					
Die Kosten unserer Angebote sind bekannt					
Die Durchschnittskosten unseres Angebots werden mit jedem zusätzlichen Kunden deutlich sinken (Skalierbarkeit)					
Unser Angebot ist für einen (neuen) Konkurrenten schwer kopierbar					

Markterschliessung

Kriterium	--	-	+	++	Bemerkungen
Viele unserer Kunden sind uns bekannt					
Es bestehen bereits Beziehungen zu unseren Kunden					
Unsere Kunden sind einfach und kostengünstig ansprechbar					
Der Markteintritt ist finanziell machbar					
Es existieren gute Ideen für einen wirksamen und kostengünstigen Markteintritt					

Konkurrenz

Kriterium	--	-	+	++	Bemerkungen
Die wesentlichen Konkurrenten sind bekannt					
Es gibt keine übermächtigen Konkurrenten					
Die Konkurrenten sind teurer als wir					
Reaktionen der Konkurrenten gegen unseren Markteintritt sind nicht zu erwarten					
Wir haben gegenüber den Konkurrenten klare Vorteile bei wesentlichen Qualitätskriterien (USP)					

Geld

Kriterium	--	-	+	++	Bemerkungen
Unsere Kostenstruktur ist uns im Detail bekannt					
Das anvisierte Mengengerüst (Absatz) ist mit unseren Ressourcen zu erreichen					
Unser anvisierter Preis liegt deutlich über den berechneten Herstellkosten					
Unsere Fixkosten sind sehr tief gehalten					
Das benötigte Gründungskapital ist gering					
Das benötigte Gründungskapital ist vorhanden					
Die Liquidität ist jederzeit ausreichend					

Gründerpersonen

Kriterium	--	-	+	++	Bemerkungen
Die Gründungsperson(en) sind sich ihrer Motive bewusst					
Die Gründungsperson(en) sind sich ihrer Stärken bewusst					
Die Gründungsperson(en) sind sich ihrer Schwächen bewusst					
Das Gründungsteam hat dieselben Ziele und Erwartungen					
Das Gründungsteam hat eine schriftliche Vereinbarung über die Zusammenarbeit					

Ressourcen

Kriterium	--	-	+	++	Bemerkungen
Die benötigten Ressourcen sind bekannt					
Die benötigten Ressourcen sind vorhanden					
Noch fehlende Ressourcen können innerhalb nützlicher Frist in der benötigten Qualität beschafft werden					

Kapitel 4: Wir setzen unser Geschäftsmodell um

4.1 Übersicht

Geschafft! Wir haben jetzt ein Geschäftsmodell entwickelt, von dessen Erfolg wir überzeugt sind. Jetzt muss es nur noch umgesetzt werden. Was gar nicht so einfach ist, wie die Praxis zeigt.

Bei der Umsetzung von Geschäftsideen kann man sich das Leben deutlich einfacher machen, wenn man ein paar nützliche Tools zur Hilfe nimmt und das Vorgehen geschickt plant.

- Mit Hilfe der **Risikoanalyse** überlegen wir, was alles schief gehen könnte und was wir dagegen zu unternehmen gedenken
- Die **Machbarkeitsstudie** zeigt auf, ob und unter welchen Bedingungen unser Vorhaben realisiert werden kann.
- Der **Aktionsplan** hilft uns, die Umsetzung Schritt für Schritt zu planen und die richtigen Prioritäten zu setzen
- Damit wir sehr schnell und mit möglichste wenig finanziellem Einsatz überprüfen können, ob unser Geschäftsmodell funktioniert, empfiehlt sich der Lean Startup Ansatz. Zentrales Element darin ist der **MVP**, das Minimal Viable Product.
- Hinter dem Lean Start-up Ansatz steckt die Philosophie des **PDCA**, Plan-Do-Check-Act Zyklus, bei dem etwas ausprobiert wird und aufgrund der gemachten Erfahrungen die notwendigen Anpassungen vorgenommen werden.

Vor oder zu Beginn der Umsetzung ist auch der Zeitpunkt gekommen, um unser Vorhaben strukturiert zu dokumentieren. Auch dazu gibt es sehr nützliche Instrumente:

- Der klassische **Businessplan** beschreibt unser unternehmerisches Vorhaben in Prosaform und mit einem ausgebauten Zahlenteil auf rund 20 Seiten. Er wird nicht nur von den meisten Investoren verlangt, sondern auch als Führungsinstrument innerhalb von Gründerteams sehr geschätzt.
- Als Alternative bietet sich das **Pitch Deck** an, welches unser unternehmerisches Vorhaben auf rund 12 Folien erklärt.

- Die **Evaluation des Businessplans** erfolgt mit Hilfe von Checklisten und zeigt auf, wo unser Businessplan überzeugt und wo nicht.
- Oft dürfen oder müssen die Gründungspersonen ihre Geschäftsidee und die geplante Umsetzung präsentieren, oft auch pitchen genannt. Die Frage ist: Wie sieht ein **überzeugender Pitch** aus?

Zu guter Letzt stellen wir mit der **Balanced Scorecard** noch ein Strategie-Controlling Instrument vor

4.2 Risikoanalyse

Dinge passieren. Manche sind gut, manche nicht. Das gilt für das Privatleben als auch für das Geschäft.

Fast alles bei der Führung eines Startups verursacht gewisse Risiken. Kundengewohnheiten ändern sind, neue Konkurrenten betreten den Markt und andere Dinge – ausserhalb unserer Kontrolle – könnten das Projekt beeinflussen. So beunruhigend, wie sich das anhört, gibt es aber auch Schritte, die Sie selbst unternehmen können, um eine Störung des operativen Geschäftes zu verhindern.

Formales und Risikomanagement können Ihnen helfen, die Risiken zu beurteilen und einen Plan für das weitere Vorgehen zu entwerfen. Die Risikoanalyse kann Ihnen auch dabei helfen zu entscheiden, ob die Strategie zum Umgang mit Risiken funktioniert und ob das Kosten-Nutzen-Verhältnis stimmt.

Es ist immer sinnvoll die Risiken zu analysieren, von der Grundidee bis zur endgültigen Umsetzung. Das Wissen und Verständnis über das, was schieflaufen könnte, stattet Sie mit dem Basiswissen für das Risikomanagement und die Prävention aus. Damit sollte dieser Ansatz Sie auf Faktoren aufmerksam machen, die später ein Problem darstellen könnten.

Um besser auf Situationen zu reagieren, bedeutet Risikomanagement schon einen Plan vorab zu haben, wie auf Veränderungen reagiert werden kann. Sie wissen, wie Sie mit den aktuellen Ressourcen rechnen können, welche Änderungen eingeleitet werden können oder wie Sie neue Quellen erschliessen können. Sie sind vorbereitet.

Also was bedeutet eigentlich „Risiko“?

Einfach erklärt ist Risiko die Möglichkeit, etwas Wertvolles zu verlieren.

Menschen können natürlich durch eigene Handlungen Risiken eingehen. Aber das Risiko findet Sie auch ohne Ihr zutun. Jeder hat eine unterschiedliche Toleranz gegenüber Risiken. Manche brauchen das Erlebnis aus dem Flugzeug zu springen, während andere bei dem Gedanken eine Zitrone auszupressen in Panik geraten (Augen schützen nicht vergessen!). Natürlich gibt es auch alles dazwischen. Unternehmer jedenfalls tendieren zur Risikobereitschaft. Schliesslich ist eine geringe Anfälligkeit für Angst eine der Hauptkomponenten des Unternehmergeistes.

Verschiedene Gründerpersonen haben verschiedene Ansichten, über den Schweregrad eines bestimmten Risikos. Was für den Einen bedeutungslos ist, könnte eine Katastrophe für den Anderen darstellen. Trotzdem können Risiken kalkuliert werden. Die Formel hierfür lautet:

Risiko = Wahrscheinlichkeit x Kosten

Wahrscheinlichkeit bedeutet hierbei die prozentuale Eventualität des tatsächlichen Eintreffens eines Risikos. Die Kosten zeigen an, wie hoch der finanzielle Ausfall wäre, wenn das Risiko eintritt. Lassen Sie uns das am Beispiel eines Münzwurfes erläutern: Bei Zahl verlieren Sie 1.000 €. Die Wahrscheinlichkeit zu verlieren beträgt 50 Prozent, die Kosten belaufen sich auf 1.000 €. Der Risikowert beträgt somit 500 €.

Befolgen Sie diese Schritte für eine Risikoanalyse:

1. Gefahren identifizieren

Im ersten Schritt müssen Sie alles aufdecken, was später gefährlich werden könnte. Und davon gibt es Vieles. Hier sind einige Kategorien:

- **Menschliche Gefahren** – Leute können unvorhersehbar Handeln. Individuell oder innerhalb eines Netzwerks. Ausserdem gibt es Krankheiten, Todesfälle und andere Überraschungen. Manchmal gibt es Aufstände – aufgebrachte Massen sorgen dann für Chaos.

- **Operationelle Gefahren** – Unterbrechungen von Lieferungen oder andere Vorgänge bzw. der Verlust von Zugang zu wichtigen Ressourcen.

- **Ruftechnische Gefahren** – Was, wenn Ihr Geschäftspartner Ihnen nicht mehr vertraut? Oder Ihre Angestellten Ihnen gegenüber unsicher sind? Was wäre, wenn der Ruf Ihres Unternehmens komplett zerstört würde?

- **Rechtliche Gefahren** – Denken Sie über mögliche Konsequenzen von Gesetzesänderungen nach. Neue Auflagen oder Gesetzgebungen können ein Geschäftsmodell zum Stillstand bringen.

- **Projekttechnische Probleme** – Die geschätzten Kosten könnten falsch kalkuliert sein. Arbeiten können länger dauern als geplant. Das Produkt kann ausgehen, die Servicequalität schlechter werden. Das sind nur einige Gefahren dieser Kategorie.

- **Finanzielle Gefahren** – Die Welt der Finanzen ist schwer zu kalkulieren. Das Geschäft scheitert, Wechselkurse schwanken, Kunden gehen bankrott, der Aktienmarkt ist unbeständig, wechselnde Kursgewinne, plötzliche Arbeitsunfähigkeit und weitere ungewünschte Faktoren, können es erschweren ein Startup aufzubauen oder über Wasser zu halten.

- **Technische Gefahren** – Technologie ist förderlich... ausser, wenn sie es nicht ist. Technische Schwierigkeiten,

Sicherheitslecks, Stromausfälle. Technologische Fortschritte könnten dazu führen, dass Sie oder Ihr Produkt überflüssig werden (wenn Sie nicht aufpassen).

- **Natürliche Gefahren** – Mutter Natur ist manchmal mächtiger als uns lieb ist. Sie könnte Ihre Pläne durch schlechtes Wetter, Naturkatastrophen, Unfälle, Krankheiten, tollwütige Tiere und Sonstiges durchkreuzen.

- **Politische Gefahren** – Steueränderungen, Veränderung der öffentlichen Meinung. Der Kurs der Regierung ist mal so und mal so. Einflüsse aus dem Ausland können Sand im Getriebe bedeuten.

- **Sonstige Gefahren –** Es gibt sicherlich noch andere Risiken, die speziell auf Sie und Ihr Geschäft zutreffen. Machen Sie sich ernsthafte Gedanken, damit Sie nicht plötzlich überrascht werden.

Es ist einfach signifikante Risiken zu übersehen. Eine Möglichkeit sie alle zu beachten, erreichen Sie durch eine Vielzahl an Herangehensweisen:

- Beginnen Sie eine Liste, wie die obige, durchzuarbeiten. Dadurch können Sie erkennen, welche Risiken auf Sie und Ihre Unternehmenssituation zutreffen.
- Danach überdenken Sie Ihre Systeme, Operationen, Organisation und Strukturen. Analysieren Sie Risiken, die Ihnen ins Auge stechen.
- Suchen Sie nach Schwachstellen in Ihrem System oder in Ihren Strukturen.
- Fragen Sie Aussenstehende. Eine neue Perspektive mag etwas Neues ans Licht bringen, was Sie ansonsten übersehen hätten.

2. Risiken einschätzen

Nachdem Sie alle Möglichkeiten aufgelistet haben, überprüfen Sie die Wahrscheinlichkeit, dass diese Risiken tatsächlich eintreten. Wenn Sie sich nicht sicher sind, schätzen Sie. Multiplizieren Sie dann die Wahrscheinlichkeit mit dem Schaden, der entstehen würde oder den Kosten, die für eine Berichtigung des Schadens aufgewendet werden müssten. Dadurch erhalten Sie einen Risikowert.

3. Risiken managen

Nachdem Sie den Risikowert kalkuliert haben, machen Sie sich Gedanken darüber, welche Optionen für Lösungen Sinn machen. Es ist wichtig hierbei einen kostengünstigen Ansatz zu wählen. Ansonsten kann es sein, dass Sie mehr Geld ausgeben, um ein Risiko zu umgehen, als es Kosten würde mit den Folgen umzugehen. Die Lösung darf nicht schlimmer sein als die Krankheit selbst. Manchmal ist es sinnvoller ein Risiko zu akzeptieren und einfach weiterzumachen.

Es gibt zahlreiche Wege, um Risiken zu managen:

- **Nutzung von bereits vorhandenen Ressourcen:** Möglicherweise können Sie bereits vorhandene Ressourcen nutzen, um dem Problem zu begegnen. Dafür müssen Sie vielleicht Methoden und Systeme ändern, Verantwortlichkeiten verändern, Anpassung von Haftung und internen Kontrollen vornehmen oder andere Handlungen, die Sie besser positionieren, um diese Hilfen in Anspruch nehmen zu können.

- **Notfallplan:** Falls Sie sich entscheiden ein Risiko zu akzeptieren, sollten Sie dennoch eine Strategie entwickeln, wie die Folgen behoben werden können, sollte das Risiko tatsächlich eintreffen. Eine qualitativ hochwertige Risikoanalyse befähigt Sie sofort zu handeln, mit dem geringstmöglichen Aufwand.

- **Investieren Sie in neue Ressourcen:** Sie können jetzt schon in Ressourcen investieren, die Ihnen in der Zukunft den Kopf retten können. Versicherungen sind ein wichtiges Element dieser Strategie. Wenn Sie sich versichern, bezahlen Sie jemanden im Voraus. Dieser jemand wird einen Teil (oder alle) Schäden der Folgen tragen. Das ist besonders sinnvoll, wenn das Risiko so hoch ist, dass es die Existenz des Startups gefährdet. Lesen Sie dennoch bei den Versicherungsverträgen insbesondere auch, welche Risiken von der Deckung ausgeschlossen sind.

4. Überprüfung:

Wenn Sie Ihre Risikoanalyse durchgeführt haben, ist es sinnvoll in regelmässigen Abständen die Ergebnisse zu überprüfen. Das kann einer formalen Überprüfung der Originalrisikoanalyse entsprechen oder Sie entwickeln entsprechende Tests der Systeme und Pläne.

4.3 Machbarkeitsstudie

Viele Startups scheitern, weil Gründerpersonen verschiedene Herausforderungen entweder übersehen oder gar ignorieren.

Selbst grossartige Geschäftsideen genügen alleine nicht, um ein Startup zum Erfolg zu führen. Warum? Manche Gründerpersonen sind zu sehr in ihre eigenen Ideen verliebt und werden wortwörtlich blind gegenüber den Schwachstellen. Da wird oft auf eine kritische Bewertung der Geschäftsidee verzichtet, um die vermeintlich „perfekte" Geschäftsidee nicht in Frage stellen zu müssen.

Dabei ist es absolut notwendig, nach Schwachstellen der eigenen Geschäftsideen zu suchen, die Machbarkeit der Idee zu untersuchen. Auch dann, wenn Sie oder andere denken, die Idee wäre bereits perfekt. Die Analyse der Machbarkeit verschafft Ihnen einen guten Überblick, noch vor dem Startschuss, so dass Sie allfällige Fehler und Schwächen nicht auf den harten und teuren Weg erfahren müssen. Dennoch ist eine Machbarkeitsstudie kein Zuckerschlecken. Schliesslich dient sie als Ausblick und zeigt gnadenlos auf, ob das eigene Vorhaben das Zeug zum Erfolg hat oder nicht.

Fakt ist, dass eine gute, frühzeitige Machbarkeitsstudie dabei helfen kann, Schwierigkeiten auf dem späteren Weg zu verhindern. Machbarkeitsstudien tragen damit direkt zum Erfolg eines Startups bei.

Gründerpersonen holen sich verschiedene Informationen vor dem Start eines Projektes ein. Eine Machbarkeitsstudie verlangt jedoch das Einholen vieler spezifischer Daten, die dazu beitragen, die Frage zu beantworten: „Kann dieses Vorhaben funktionieren?"

Eine Machbarkeitsstudie sollte idealerweise der erste anschauliche Schritt in der Bewertung eines neuen Startups sein. Sie ist nützlich, um herauszufinden, ob der angestrebte Weg wirklich der Richtige ist oder sich als Sackgasse herausstellen würde.

Ein grossartiger Weg also, um Antworten auf essenzielle Fragen zu finden. Zum Beispiel, ob das Produkt erfolgreich sein kann. Ist es etwas, das die Leute wirklich wollen? Gibt es einen Markt dafür? Wie sieht es mit der Konkurrenz aus, nicht nur heute, sondern auch in der Zukunft?

Der wohl wichtigste Beitrag der Machbarkeitsstudie ist, dass sie eine realistische Perspektive gibt. Diese kann die Gründerperson entweder dazu bringen, an Ihren Plänen festzuhalten oder sie vor einem Desaster bewahren. Sie ermöglicht es der Gründerperson ihre erste kluge Geschäftsentscheidung zu fällen.

Wenn ein Vorhaben oder eine Geschäftsidee fatale Schwachstellen aufweist, ist diese frühe Analyse ein grossartiger Weg, dies aufzuzeigen. Andererseits kann die Machbarkeitsstudie natürlich auch zeigen, dass eine Idee tatsächlich Potential besitzt.

Typischerweise werden die folgenden sechs Themen beleuchtet:

1) **DAS UNTERNEHMENSKONZEPT -** Es sollte Ihnen möglich sein, die Idee oder das Konzept hinter Ihrem Vorhaben klar und präzise zu beschreiben. Diese Beschreibung sollte klar ersichtlich aufzeigen, was Ihr Vorhaben von anderen Wettbewerbern abhebt.
   Erstellen Sie dazu das 7 Schlüssel Modell und kristallisieren Sie Ihre USP heraus. Diese ergeben sich den Elementen Kunde, Produkt/Dienstleistung sowie Konkurrenz.

2) **DIE BEWERTUNG DES MARKTES -** Ein Startup kann nur dann Erfolg haben, wenn genug Nachfrage herrscht und die angestrebte Zielgruppe über ausreichend Kaufkraft verfügt. Deswegen ist es essentiell, dass ein entsprechender Markt mit Potential vorhanden ist. Es müssen Beweise über einen existierenden Markt vorliegen oder zumindest starke Anzeichen dafür. Eine Marktanalyse oder gar eine Analyse des Kundennutzens kann dabei sehr hilfreich sein.

3) **DIE TECHNISCHE MACHBARKEIT DER IDEE UND INNOVATIONSGRAD** - Welche technologischen Ansprüche bringt Ihre Geschäftsidee mit sich? Sofern dafür bereits Lösungen existieren, berücksichtigen Sie diese im Teil „Ressourcen". In jenen Fällen, in denen eine technische Lösung für eine Anforderung völlig unbekannt ist („technologische Lücke"), können Vorstudien bzw. Vorprojekte vorgeschaltet werden, die eine Abschätzung der technischen Machbarkeit ermöglichen. So kann die Entwicklung eines neuen Gesamtsystems an der technischen Machbarkeit einer einzigen Komponente (z.B. eines Akkumulators) scheitern. Im Rahmen einer Machbarkeitsstudie (hier: eines eigenständigen Akkumulator-Entwicklungsprojektes) muss in solchen Fällen herausgefunden werden, ob die Entwicklung dieser Komponente überhaupt möglich ist. Ist das der Fall, kann das Projekt durchgeführt werden.[4]

   Bewerten Sie die Neuheit der Idee. Beurteilen Sie die Innovationskraft hinter Ihrem Vorhaben wie folgt:
      1) Eine neue Erfindung,
      2) sehr innovativ,
      3) moderat innovativ,
      4) etwas innovativ oder
      5) nachahmend (nicht innovativ).

4) **RESSOURCEN** - Jedes Geschäft braucht Ressourcen irgendeiner Art. Ganz gleich, ob es Materialien sind, Inventar und Maschinen oder ob es sich um Know-how irgendeiner Art handelt, die notwendigen Ressourcen müssen für Sie erreichbar sein. Zur richtigen Zeit, am richtigen Ort und zum richtigen Preis. Das beinhaltet auch Zulieferer zu haben, die bereit und fähig sind, Sie mit allem zu beliefern, was Sie brauchen.

5) **EINNAHMEN UND AUSGABEN** - Einnahmen sind grossartig. Besser ist aber, wenn das Geld schneller eingenommen wird als ausgegeben. Kennen Sie Ihre Produktionskosten? Das sollten Sie! Stellen Sie sicher, dass die (realistisch zu erwartenden) Einnahmen, die voraussichtlichen Ausgaben übersteigen. Die finanzielle

Planung, im 7 Schlüssel Modell das Element Geld, ist hier zentral.

6) **ZUKUNFTSPLÄNE** - Seien Sie immer einen Schritt voraus. Planen Sie Ihre zukünftigen Schritte. Erstellen Sie unbedingt einen Aktionsplan.

Leon und die Machbarkeitsstudie

Leon wollte richtig Gas geben, aber die Dinge kamen eher träge ins Rollen.

Während Leon im Krankenhaus lag, verbrauchte er die meiste Energie für seine Genesung und den Rest für seinen Job. Wenn er nicht arbeitete, schlief er meistens oder zwang sich das schreckliche Zeug zu essen, das im Krankenhaus als Nahrung verabreicht wurde.

Auch nach seiner Entlassung schien sich das Blatt nicht zu wenden. Da gab es eine sadistische Physiotherapeutin, die ihm noch eine ganze Weile erhalten bleiben sollte. Sein Chef sass ihm im Nacken und erwartete mehr Leistung, jetzt wo Leon aus dem Krankenhaus entlassen war. Was Leon aber am meisten quälte: Catherine und die Kinder verlangten ständig nach seiner Aufmerksamkeit.

Aber er konnte es seiner Familie auch nicht verübeln. Nachdem er dem Tod so nahegekommen war, nahm er sich ja selbst vor, mehr Zeit mit seiner Frau und seinen Kindern zu verbringen. Aber jetzt galt es langfristig zu denken. Wenn er jetzt jede freie Stunde in seine Familie investierte, könnte er den Teufelskreis, den er so satt hatte, niemals durchbrechen.

Leon war ungeduldig und vorsichtig zugleich. Er hatte eine Familie zu versorgen und wollte keinesfalls unvorbereitet in die Eigenständigkeit starten. Er wusste, dass er weit mehr Zeit in dieses Vorhaben stecken könnte, wenn sein Job nicht im Weg stünde. Aber bevor er ruhigen Gewissens die Kündigung einreichte, wollte er sichergehen, dass mit dem eigenen Unternehmen die Ausgaben gedeckt sind.

Leon schickte Catherine und die Kinder ins Kino. Daraufhin rief er Thomas an. Es würde eine strategische Entscheidung geben müssen.
“Wir müssen sicherstellen, dass unsere Geschäftsidee machbar ist“, erklärte er Thomas. “Ich möchte mich komplett darauf fokussieren können. Anders wird dieses Vorhaben vielleicht scheitern. Aber ich möchte mich auch nicht in eine Sache stürzen, die meine Familie gefährden könnte.”

“Ich bin auch nicht daran interessiert, meine Existenzgrundlage zu verlieren”, antwortete Thomas.

“Wir müssen die Fakten betrachten. Ich denke nicht, dass wir bestehen können, wenn wir lediglich als Miniaturklon von Gigan-Tech agieren. Was können wir also anders machen?”

“Hoffentlich vieles“, witzelte Thomas daraufhin.

“Aber nicht zu viel”, entgegnete Leon. “Denn immerhin müssen sie etwas richtig machen, bei all dem Profit. Lass uns also herausfinden, was das ist!”

4.4 Aktionsplan

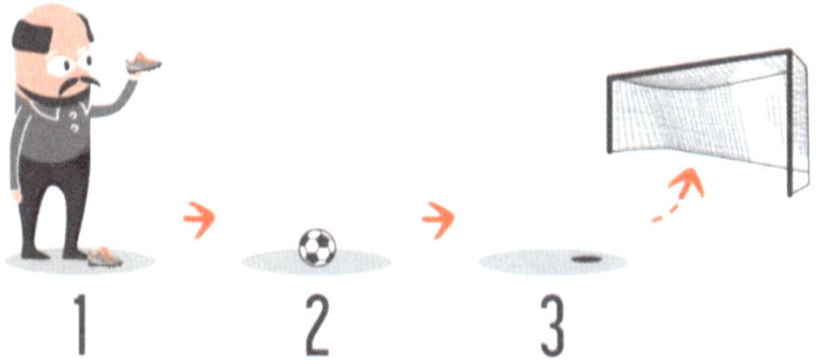

Die Mehrheit der Menschen ist vertraut mit dem Konzept von To-Do-Listen. So nützlich diese auch sind, mit einem Aktionsplan können sie nicht mithalten. To-Do-Listen sagen Ihnen, was zu tun ist. Aktionspläne sagen, wie es zu ist.

Ein Aktionsplan fokussiert ein einziges Endziel. Ein Ziel, das ohne die Ausführung von anderen Aufgaben nicht zu erreichen ist. Um einen Aktionsplan zu erstellen, müssen Sie über die einzelnen Schritte und Prozesse nachdenken, die benötigt werden, um ein komplexes Projekt zu erledigen. Der Akt der Erstellung alleine gibt Ihnen dabei bereits die Möglichkeit, die Effizienz der Prozesse im Vorfeld zu evaluieren.

Die Schritt-für-Schritt-Planung eines Projektes lässt Sie individuelle Aufgaben in eine logische Reihenfolge ordnen. Das kann Zeit sparen und Probleme verhindern. Es hilft Ihnen Tools und Ressourcen zu identifizieren, die Sie noch vor dem eigentlichen Start brauchen. Auch stellt diese Planung sicher, dass Sie keine wichtigen Schritte vergessen bzw. versäumen. Und wenn Sie ohnehin alle notwendigen Vorgänge vor sich liegen sehen, können Sie leichter entscheiden, welche der Prozesse Sie eventuell auslagern.

Aktionspläne sind vor allem für kleinere Projekte nützlich, wo Deadlines nicht zu eng beieinander liegen und auch nicht besonders wichtig sind. Aktionspläne verlieren an Nutzen, wenn Sie mehrere Leute koordinieren müssen. Daher eignen sich diese Pläne nicht für Projekte mit vielen Teilenehmenden oder enge

Deadlines. Dies würde eher Ansätze aus dem Projektmanagement erfordern. (Mehr dazu im Verlauf dieses Kapitels.)

Wenn Sie also ein kleines, aber durchaus komplexes Projekt haben, sind Aktionspläne fantastisch. Listen Sie einfach die Aufgaben, die Sie ausführen müssen, um ein gewisses Ziel zu erreichen, auf und ordnen Sie diese logisch. Ist das einfach? Ja. Und nützlich? Und wie!

Auch wenn die Erstellung eines Aktionsplans recht geradlinig verläuft, sollten Sie sich die Zeit nehmen, um sicherzugehen, dass Sie es richtig machen. Und so geht´s:

Schritt 1: Identifizieren Sie Ihr ultimatives Ziel.
Starten Sie mit Brainstorming. Ermitteln Sie alle individuellen Aufgaben, die erledigt sein müssen, um Ihre übergeordnete Aufgabe zu erfüllen. Sie können diese Prozesse in willkürlicher Reihenfolge zusammentragen oder direkt chronologisch ordnen. Wenn Sie die willkürliche Route lieber haben, sollten Sie allerdings hinterher sicherstellen, dass alle Schritte logisch geordnet sind. Was gibt es als Erstes zu tun? Was danach? Und danach? Müssen gewisse Schritte priorisiert werden? Benötigen einzelne Schritte besondere Ressourcen?

Schritt 2: Analysieren und delegieren Sie Schritte, wo immer das möglich ist.
Wenn die Schritte des Projektes geordnet sind, sollten Sie die Aufgaben nochmals näher betrachten. Können Sie einzelne Schritte eventuell eliminieren? Welche Aufgaben könnten bestehende Teammitglieder übernehmen? Was könnten Sie auslagern? Gibt es Schritte, die mit einer Deadline zusammenhängen? Müssen für manche Schritte weitere Ressourcen besorgt werden?

Schritt 3: Prüfen Sie Ihren Aktionsplan mit SCHEMES.
SCHEMES ist ein Akronym aus dem englischen Sprachraum. Es stellt sicher, dass Ihr Aktionsplan sorgfältig und komplett ist UND alle Ressourcen für die einzelnen Aufgaben vorhanden sind.

- **S**pace / Raum
- **C**ash / Geld
- **H**elpers / Helfer
- **E**quipment / Ausrüstung
- **M**aterials / Material
- **E**xpertise / Erfahrung
- **S**ystems /Systeme

Olivias Aktionsplan

Das war das dritte Mal in zwei Monaten, dass Olivia umzog. Zunächst bewältigte sie den privaten Umzug. Dann musste sie die Reste ihres früheren Ladens in den neuen Laden schaffen. Jetzt galt es die Wahl zu treffen, entweder erneut den Laden umzuziehen (um die Mietkosten zu senken) oder insolvent zu gehen und bei ihrer Mutter einzuziehen. Die Entscheidung fiel Olivia nicht schwer.

Und so stand sie abermals da und packte Umzugskartons. Natürlich war es kein Leichtes. Sie musste einen Umzugswagen mieten, Nebenkosten bewältigen und Kunden informieren.

Als Olivia nach dem Brand den neuen Laden bezog, war sie unorganisiert. Sie hatte die Wahl zwischen einem schnellen Umzug oder Ausfallzeit ohne Einnahmen. Und einen zweiten finanziellen Rückschlag nach der Investition an Charlie, hätte sie nicht überstanden. Anstatt einen Umzugswagen zu mieten, lieh sich Olivia den Wagen eines Freundes. So musste sie die Waren Stück für Stück in den neuen Laden schaffen. Während des 14. Trips (oder war es der 15.?), verfluchte Olivia diese Entscheidung und ihr Leben.

Diesmal aber würde sie dem Umzug den nötigen Respekt entgegenbringen. Sie würde einen Aktionsplan erstellen. Diesmal würde Sie es richtig machen.

Es war nicht nur der Umzug zu bewältigen. Es galt auch eine Neueröffnung zu planen, um bestehende Kunden zur neuen Location zu bringen und neue Kunden zu gewinnen. Sie hatte nicht viel Geld für Marketing und Werbung zur Verfügung. Jede Investition wollte genauestens geplant werden.

Olivia nahm sich die nötige Zeit um zwei Aktionspläne auszuarbeiten – einer für den Umzug, der andere für das Marketing. Sie war begeistert, dass die beiden Aktionspläne an gewissen Stellen überlappten. Sie würde also gewisse Aufgaben mit einem Schritt erledigen können, anstelle von Zweien. Und das alles mit ein wenig Organisation.

Anstelle der Werbeschilder im Laden selbst, fing sie diesmal mit den Schildern ausserhalb des Geschäfts an. So könnte sie ihre eigene Sichtbarkeit in der Nachbarschaft erhöhen. Auch besass sie noch immer die Tafeln und Banner der Marketingaktionen in den Seniorenanlagen. Anstatt diese in die hinterste Ecke zu räumen, hielt Olivia sie griffbereit.

Dank der Planung und Organisation verlief der Umzug problemlos. Darüber hinaus durfte sich Olivia über zahlreiche neue Kunden freuen.

4.5 MVP

Die Umsetzung einer (grossen) Geschäftsidee ist oft sehr teuer und zeitaufwändig. Zudem weiss man heute, dass rund Zweidrittel aller Funktionen, die entwickelt und in einem Produkt angeboten werden, kaum oder nie gebraucht werden.

Es stellen sich deshalb die folgenden Fragen:

- Wie kann ich möglichst schnell herausfinden, ob unser Geschäftsmodell funktioniert?
- Wie kann ich möglichst rasch und günstig herausfinden, ob wir den Kunden einen Mehrwert bieten können, für den diese bereit sind zu bezahlen?
- Wie muss ich allenfalls und Geschäftsmodell anpassen, dass es funktionieren kann?

Die Antwort darauf lautet MVP. Ein MVP steht für Minimum Viable Product, zu Deutsch "minimales überlebensfähiges Produkt". Es handelt sich um eine frühe Version eines Produkts oder einer Dienstleistung, die gerade ausreichend ist, um die grundlegenden Funktionen zu demonstrieren und echtes Nutzerfeedback zu sammeln. Im Idealfall wird dieser MVP von realen Kunden unter realen Bedingungen getestet, sprich die Kunden müssen dafür auch bezahlen.

Ein Start-up sollte ein MVP erstellen, um mehrere Ziele zu erreichen:

1. Validierung der Idee: Ein MVP ermöglicht es dem Start-up, die grundlegende Geschäftsidee oder das Konzept auf dem Markt zu validieren. Es ermöglicht den Gründern, zu prüfen, ob ihr Produkt oder ihre Dienstleistung eine echte Nachfrage hat und ob die Nutzer bereit sind, dafür zu bezahlen. Da der MVP meist ein reduziertes Produkt oder Angebot ist, muss man sich überlegen, was die zentralen Funktionen sind, die tatsächlich einen Mehrwert für den Kunden bieten.
2. Frühzeitiges Nutzerfeedback: Durch das Bereitstellen eines MVPs können Start-ups wertvolles Feedback von potenziellen Nutzern erhalten. Dieses Feedback kann genutzt werden, um das Produkt weiter zu verbessern und an die Bedürfnisse der Nutzer anzupassen. Frühzeitiges Feedback hilft auch dabei,

potenzielle Probleme oder Schwachstellen im Produkt frühzeitig zu erkennen und anzugehen.

3. Kosten- und Ressourceneffizienz: Ein MVP ermöglicht es Start-ups, Ressourcen wie Zeit, Geld und Arbeitskraft zu sparen. Anstatt ein vollständig entwickeltes und komplexes Produkt zu erstellen, konzentriert sich das Start-up darauf, die Kernfunktionen zu liefern, die für die Validierung der Geschäftsidee ausreichen. Dies ermöglicht es, schnell auf den Markt zu kommen und das Produkt iterativ basierend auf dem Feedback anzupassen.
4. Frühe Marktpräsenz: Durch die Bereitstellung eines MVPs können Start-ups frühzeitig im Markt präsent sein und eine Vorreiterrolle einnehmen. Dies kann dazu beitragen, potenzielle Konkurrenten zu übertreffen und eine Kundenbasis aufzubauen, während das Produkt weiterentwickelt wird.
5. Investor- und Partnergewinnung: Ein überzeugendes MVP kann helfen, potenzielle Investoren und Partnerschaften anzuziehen. Es zeigt das Potenzial des Produkts und das Engagement des Start-ups, die Idee in die Realität umzusetzen. Das MVP dient als Grundlage für weitere Diskussionen und Verhandlungen.

Zusammenfassend ermöglicht ein MVP einem Start-up, seine Idee zu testen, Feedback zu erhalten, Ressourcen effizient einzusetzen und frühzeitig auf den Markt zu kommen. Es ist ein wichtiger Schritt im Produktentwicklungsprozess, um sicherzustellen, dass das endgültige Produkt den Bedürfnissen der Nutzer gerecht wird und eine solide Grundlage für den Erfolg des Start-ups bietet.

4.6 Der Plan-Do-Check-Act (PDCA) Zyklus

Lassen Sie uns über die Handhabung von Veränderungen und Problemlösungen sprechen, weil es sehr wichtig ist sich die Zeit zu nehmen, Dinge richtig zu machen, um länger als - sagen wir eine Woche - im Geschäft zu bleiben.

Ein Weg, um sicherzustellen mit der nötigen Vorsicht vorzugehen, ist die Benutzung des PDCA, auch bekannt als Deming Kreis. Wie immer Sie das Modell auch nennen möchten, PDCA führt Sie auf dem besten Wege zur Lösung eines Problems und minimiert die Konsequenzen, wenn die Dinge nicht so gut laufen.

Dr. W. Edwards Deming, ein Pionier des modernen Qualitätsmanagements für Produkte als auch Prozesse, erklärte, dass die Qualität einer Produktion von klar definierten und wiederholbaren Vorgängen abhängt. PDCA war dabei ein grundlegender Bestandteil seiner Philosophie, um Veränderungen und Problemlösungen herbeizuführen. (Anmerkung: Deming nannte PDCA immer den Lösungszyklus. Zudem veränderte er das C für Check/Prüfen zu S für Study/Studieren. Wenn Sie sich also besser damit fühlen, können Sie das Modell auch Plan-Do-Study-Act - PDSA - nennen.)

Wann immer die Konsequenzen von Fehlern signifikant wären, ist es klug, erst einige Tests der angestrebten Lösung durchzuführen, ehe Sie diese umsetzen. Denn, wenn Sie Ihre Idee durch ein sorgfältig erstelltes Pilot-Projekt testen und die Resultate nicht Ihren Erwartungen entsprechen, haben Sie so die Möglichkeit Schwachstellen zu beheben und Verbesserungen vorzunehmen. Wieso sollten Sie Ihr Ansehen und Ihre Ressourcen aufs Spiel setzen, wenn dies nicht unbedingt notwendig ist?

PDCA wandelt Problemlösungen und Veränderungssituationen in einen qualitativ-kontrollierten Vorgang um, durch sorgfältige Planung, Analyse und aktiven Einbezug von Feedback. Die Entscheidung, diese Methode anzuwenden, ist effektiv in folgenden Situationen:

- Um kontinuierliche Verbesserungen zu schaffen. In diesem Fall wiederholt sich der Zyklus wieder und wieder, da immer neue Bereiche und Taktiken für Verbesserungen gefunden werden.
- Um neue Lösungen für problematische Prozesse zu finden, die in Ihrem Unternehmen stetig wiederholt werden. Sie können davon profitieren, in dem Sie mit PDCA fortlaufende Optimierungen entwickeln und diese in die bestehenden Prozesse implementieren.
- Um neue Lösungsansätze zu ermitteln und diese systematischen Tests zu unterziehen, ehe diese zum Einsatz kommen.
- Um signifikante Verluste von Ressourcen zu verhindern, die oftmals auftreten, wenn Gründerpersonen eine unzureichende Lösung anwenden.

Die vier Phasen des PDCA sind wie folgt:

Plan/Planen: Identifizieren und Analysieren des Problems.
Do/Handeln: Entwickeln und Testen einer möglichen Lösung.
Check/Prüfen: Messen der Effektivität der Lösung und Analyse zum Zweck der Optimierung.
Act/Reagieren: Implementierung der optimierten Lösung.
Der PDCA-Zyklus hilft Ihnen dabei, methodisch an die Findung einer Lösung heranzugehen und diese zu realisieren. Wann immer Sie die hochwertigste Lösung und das bestmögliche Ergebnis wollen (was Sie natürlich immer wollen), sollten Sie die nachfolgenden Schritte befolgen.

Schritt 1: Plan/Planen

Beginnen Sie mit der Identifikation des aktuellen Problems. Sobald Sie das Problem kennen, sollten Sie nach der Ursache des Problems forschen. Sammeln Sie alle Informationen über das Problem und dessen Ursache, um eine Liste mit möglichen Lösungen erstellen zu können.

Schritt 2: Do/Handeln

Es gibt mehrere Aktivitäten, die unter "Handeln" fallen.

- Erarbeiten Sie mehrere mögliche Lösungen.
- Filtern Sie die besten Lösungen heraus. Dazu können Sie eine der Strategien zur Entscheidungsfindung anwenden, die wir an früherer Stelle in diesem Buch vorgestellt haben.
- Implementieren Sie die beste Lösung, aber nur als Pilot-Projekt. Stellen Sie dafür eine kleine Gruppe an Mitarbeitenden zusammen und definieren Sie genaue Rahmenbedingungen, die angeben, wie der Erfolg der Lösung gemessen werden kann.

Schritt 3: Check/Prüfen

Wenn Sie das Pilot-Projekt gestartet haben, gilt es dessen Effektivität zu überwachen und zu messen. Beobachten Sie genau, was passiert und holen Sie sich Feedback von Ihren Mitarbeitenden ein, um eventuelle Verbesserungen vornehmen zu können.

Abhängig vom Erfolg Ihres Pilot-Projektes könnte es passieren, dass Sie die Schritte 2 und 3 mehrmals wiederholen müssen, bis das Resultat zufriedenstellend ist. Sobald eine Lösung mit entsprechendem Erfolg gefunden und geprüft wurde, können Sie zum letzten Schritt übergehen.

Schritt 4: Act/Reagieren

Wenn Sie vollkommen zufrieden mit den Testergebnissen Ihrer Lösung sind, gilt es diese umzusetzen.

Sobald Sie das hinter sich gebracht haben, sind Sie fertig. Aber nicht zwangsläufig! PDCA muss nicht unbedingt mit der Umsetzung der Lösung enden. Sie können dieses Modell auch als

Teil einer anhaltenden Verbesserungsinitiative nutzen. Wann immer notwendig, kehren Sie zurück zu Schritt 1.

Olivia und PDCA

Die Verkäufe liefen phänomenal. Der Fahrradladen konnte an seinem neuen Standort den Profit um 12% steigern. Olivia war überwältigt von diesem Erfolg. Es wurde auch langsam Zeit für eine Glückssträhne, denn sie hatte sich schon beinahe an die vielen Rückschläge gewöhnt. Der Brand, die Entlassungen, die Umzüge und die vielen Essenseinladungen von Charlie.

Olivia mochte ihn. Sogar sehr. Aber das war genau der Grund, warum sie seine Einladungen so hartnäckig zurückwies. Wenn sie nur einen falschen Schritt täte, wusste sie, dass die romantischen Gefühle bald schon ihre geschäftlichen Entscheidungen beeinflussen würden.

Allerdings wurde es immer schwieriger für sie "Nein" zu sagen. Wann immer die Dinge in einem Bereich ihres Lebens gut liefen, schien es so, als ob ihr Optimismus nur kurze Zeit anhalten würde. Olivia fühlte sich wie ein Phönix, der immer wieder aus der Asche aufsteigt, dabei aber nicht an Stärke gewinnt. Sie hatte zwar Kevin wieder eingestellt, ihr Startup gewann wieder an Aufschwung, jedoch litt sie zunehmend unter der privaten Situation mit Charlie.

Aber dieser Umstand rückte durch die Bestellung ihres eigenen Fahrraddesigns erst mal in den Hintergrund. Natürlich erforderte das einen Anruf bei Charlie. Sie bereitete sich mental darauf vor, während Kevin ihr das Telefon brachte.

"Wenn es danach klingt, als würde ich weich werden, nimm das Telefon und leg auf", liess Olivia ihn wissen. Kevin stand griffbereit neben ihr. Sie schickte ihn weg: "Ich hab nur Spass gemacht. Mach dich wieder an die Arbeit." Sie deutete auf ein zur Hälfte fertiggestelltes Fahrrad und Kevin machte sich daran es fertig zu stellen.

Olivia wählte Charlies Nummer und lauschte dem Klingeln.

"Chinesisch", sagte Charlie als er abnahm.

"Wie bitte?" fragte Olivia.

"Chinesisches Essen. Lass mich dich zu einer Frühlingsrolle einladen."

"Die meisten Menschen melden sich mit einem einfachen "Hallo" ", gab Olivia zurück.

"Die meisten Menschen laden dich auch nicht zum Essen ein", konterte Charlie.

Es entstand eine kurze Pause.

"Ich bin endlich so weit."

Charlie war hocherfreut. "Ehrlich? Das ist grossartig! Dann hole ich dich gegen Sieben vor deinem Laden ab."

"Das meinte ich nicht. Ich meinte, dass ich endlich bereit bin mein Fahrraddesign in Auftrag zu geben."

Es entstand ein weiterer Moment der Stille.

"Verzeih mir", sagte sie, "ich wollte dir nicht..."

"Schon gut", antwortete Charlie mit einer Spur der Enttäuschung in seiner Stimme. Er bemühte sich hörbar so professionell wie möglich zu klingen. "Du rufst mich also wegen dem Geschäftlichen an. Den einzigen Leuten, denen das leidtun sollte, sind meine Konkurrenten, nicht wahr?"

"Da hast du vollkommen Recht", antwortete Olivia.

Sie tätigte eine kleine Bestellung, gerade genug, um die Modelle zum regionalen Fahrradtreffen nächsten Monat mitzunehmen. Auch wenn sie am liebsten ihren Laden bis unter die Decke mit ihren eigenen Fahrrädern ausgestattet hätte, hielt sie es für sinnvoll, sie erstmal im kleineren Rahmen zu testen. Sie hatte genug Rückschläge erlitten und falls irgendwelche Probleme mit ihrem Design auftreten würden, wollte sie sichergehen, dass nicht allzu viele Ressourcen auf einmal verloren wären.

"Okay. Ich werde deine Bestellung so schnell wie möglich bearbeiten", sagte Charlie am Ende des Gesprächs. "Indisch?"

"Auf Wiedersehen, Charlie", antwortete Olivia. Sie bemerkte zu spät, dass ihr Lächeln sich in ihre Stimme geschlichen hatte.

"Eines Tages", meinte Charlie, "werde ich dich weich kriegen."

"Glaubst du?", entgegnete Olivia. "Du wirst gar nichts erreichen, wenn du dich nicht mit meiner Bestellung beeilst."

Kevin nahm Olivia das Telefon aus der Hand und legte auf.

"Hey!" rief sie. "Was machst du da?"

"Du warst am Flirten", erklärte Kevin ihr. "Ich hab's dir deutlich angesehen."

"Ich habe nicht geflirtet!"

"Doch, hast du! Du kannst mir später danken. Und wo wir schon dabei sind, eine Lohnerhöhung wäre auch schön."

4.7 Der Business Plan

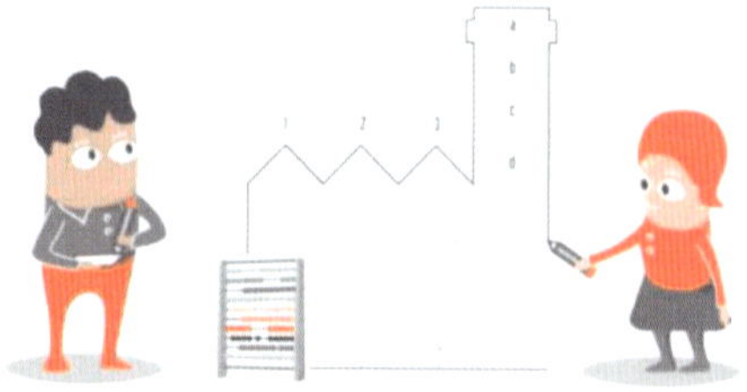

Was ist das wichtigste Planungswerkzeug für Unternehmen? Richtig. Der Business Plan. Hier nehmen wir vorweg, dass Sie diesen komplett und in einer übersichtlichen Umgebung auf der getLaunched® Plattform erstellen können.

Allerdings ist diese Aussage etwas irreführend. Der Business Plan kann nämlich gar nicht das wichtigste Planungswerkzeug sein, weil er aus der Kombination verschiedener Tools besteht. Er ist vielmehr das Schweizer Taschenmesser der Unternehmensplanung.

Der Business Plan wird oftmals als notwendiges Instrument für eine Finanzierung angesehen. Stimmt das? Ja... und nein. Es steckt so viel mehr dahinter. Der Business Plan ist eine Ansammlung von Entscheidungen, der Ihre Unternehmensstrategie definiert und Aussagen darüber trifft, was Sie als „Return on Investments" (ROI) erwarten können.

Er gibt der Gründerperson eine klare Sicht auf die Geschäftsidee mit den jeweiligen Hauptinteressen, der Strategie und deren Wirtschaftlichkeit. Der Business Plan ist ein mächtiges Management-Werkzeug, das hilft, Ziele zu fokussieren und Gefahren zu vermeiden.

Die wohl grösste Stärke des Business Plans kommt vom Akt seiner Erstellung selbst.

Der Prozess des Schreibens bringt Gründerpersonen nah an das Vorhaben und schafft persönliche Bindung. Sie können keinen umfassenden, qualitativ hochwertigen Business Plan schreiben, ohne alle Aspekte Ihres Vorhabens genau unter die Lupe zu nehmen. Sie müssen Chancen identifizieren. Risiken erkunden. Die Idee muss Gestalt annehmen.

Das Schreiben eines Business Plans zwingt Sie zum Nachdenken. Sie müssen sowohl quantitativ als auch qualitativ darüber nachdenken, was genau Sie tun wollen, warum Sie es tun wollen und wie Sie es tun wollen. Sie müssen Pro und Contra in Betracht ziehen, die Vor- und Nachteile, ebenso wie das Potential für Erfolg oder Misserfolg.

Kann ein Unternehmen auch ohne Business Plan erfolgreich sein? Sicher doch! Aber es ist auch möglich im Lotto zu gewinnen. Wie zuversichtlich sind Sie, dass dies eintritt? Fakt ist: Wenn Sie sich die Mühe nicht machen wollen einen Business Plan zu schreiben, sollten Sie auch nicht erwarten, dass alles reibungslos abläuft. Wenn Sie einen grossartigen Business Plan erstellen, erhöhen Sie auf der anderen Seite die Wahrscheinlichkeit auf Erfolg – eine Garantie ist es aber immer noch nicht.

Ein Business Plan lohnt sich nicht nur für neue Unternehmen. Jede bestehende Firma kann davon profitieren, besonders dann, wenn neue Wege angestrebt werden.

Ob für ein neues Startup oder einen bestehenden Konzern, der Business Plan dient als Rechtfertigung für kommende Vorhaben. Er gibt detailliert vor, was getan wird. Er gibt zu erwartende Ergebnisse vor. Er erklärt genau, wie das alles zum Gesamterfolg des Geschäfts beiträgt.

Während des täglichen Geschäfts kann es leicht passieren, dass Sie den Blick für das Gesamte verlieren. Der Business Plan dient Ihnen dann als eine Art Kompass, um Sie auf Kurs zu halten.

Ganz natürlich versuchen wir uns einzureden, dass der Business Plan keine tragende Rolle spielen würde, wenn es um Investoren, Venture-Capital oder andere Finanzierungen durch Institutionen geht. Dabei macht es doch mehr als nur Sinn, dass diese Leute genaue Einblicke in Ihr Vorhaben brauchen. Niemand stürzt sich gerne in unüberschaubare Risiken.

Wie Sie zweifellos verstehen können, wollen Geldgeber wissen, ob die Person hinter dem Steuer einer Firma organisiert, sorgfältig und zuverlässig ist. Sie wollen sichergehen, dass Sie Ihr Geschäft nicht gegen die Wand fahren. Einer der Wege, um das sicherzustellen ist, diesen Personen einen grossartigen Business Plan vorzulegen.

Das bedeutet aber, dass Sie Ihre Hausaufgaben machen müssen. Wie zuvor schon erwähnt, ist der Business Plan eine Zusammenstellung aus aktuellen Planungswerkzeugen.

Weil der Business Plan so umfassend ist, wäre es unsinnig ihn als Startpunkt zu sehen. Tatsächlich kann er nur erstellt werden, wenn die Geschäftsidee sich bereits als machbar erwiesen hat und relevante Analysen durchgeführt wurden. Ein starker Business Plan besteht hauptsächlich aus der Summe von Strategien und Prozessen gepaart mit den Resultaten verschiedener Analysen.

Das Erstellen eines Business Plans verschafft einer Gründerperson Wissen über das eigene Geschäft. Er schult Sie förmlich. Er hilft Ihnen zukünftige Schwierigkeiten auszumachen, Chancen zu identifizieren und hilft der Organisation reibungslos zu funktionieren.
Also, was gehört jetzt in einen solchen Business Plan? Die Hauptbereiche sollten Folgendes beinhalten:

Titelseite

- Firmenname und -logo
- Kontaktinformationen inklusive Telefonnummer und E-Mail-Adresse

Inhaltsverzeichnis

Management Summary

- Diese Sektion ist eine Zusammenfassung des gesamten Business Plans. Sie dient als eine Momentaufnahme Ihres Geschäfts. Schreiben Sie diese Sektion zum Schluss, weil es

Ihre Schlüsselargumente beinhaltet und die Highlights aller anderen Kapitel. Arbeiten Sie das Was, Wo, Wann, Wer und Warum Ihres Geschäfts heraus. Nutzen Sie diese Zusammenfassung, um den Leser über den Kern Ihres Vorhabens zu informieren. Machen Sie es interessant, spannend und fesselnd. Ihr Management Summary sollte jedoch nicht länger als zwei Seiten gehen, besser ist eine einzige Seite.

- Präsentation ist alles. Investieren Sie Zeit in das Layout und die Klarheit der Aussagen. Vermeiden Sie jegliche Rechtschreibfehler oder Fehler in der Interpunktion und Grammatik. Wenn Ihre Präsentation nicht perfekt ist, werden potentielle Investoren annehmen, Sie seien nachlässig (oder ungebildet, leichtsinnig oder irgendeiner der Punkte, die Sie nicht vertrauenswürdig erscheinen lassen) und werden aufhören weiterzulesen. Das gilt es unter allen Umständen zu vermeiden!

- Bevor Sie den Business Plan einem potentiellen Investor präsentieren, bitten Sie verschiedene Leute den Business Plan zu lesen. Suchen Sie gezielt nach Leuten, die Ihr Geschäft kennen, aber auch solche, die ahnungslos sind. Diese Leser sollten problemlos ein akkurates Verständnis über Ihr Geschäft vermittelt bekommen. Bereits aus dem Management Summary! Falls dies nicht der Fall ist, gilt es diese Kapitel zu optimieren.

Benötigtes Kapital

Sind externe Geldgeber wie Banken, Privatinvestoren oder Venture-Capital Gesellschaften der Adressat Ihres Business Plans, dann gehört dieses Kapitel ganz an den Anfang. Es umfasst:

- Die benötigte Summe.
- Begründen Sie diese Summe. Wie planen Sie das Kapital einzusetzen? (z.B. Gründungskosten, Kauf von notwendigen Materialien, Sicherheitsmarge, Deckung von Verlusten in den ersten Monaten oder Jahren, etc.) Führen Sie mögliche Sicherheiten auf und sämtliches Kapital, das

Sie gegenwärtig besitzen (z.B. persönliche Rücklagen, Familiendarlehen, sonstige Finanzierungsquellen, etc.).

- Fügen Sie im Anhang eine Liste sämtlicher Kaufbeträge für Anschaffungen bei, für welche Sie das Kapital verwenden möchten.

Vertriebs- und Marketingstrategie

Nutzen Sie die folgenden Überschriften, um diese Sektion zu unterteilen:

- **Geschäftsidee**
  - Welche Art von Geschäft haben Sie vor zu starten?
  - Welche Rechtsform ist vorgesehen? (Einzelfirma, Kollektivgesellschaft, GmbH, AG, etc.)?

- **Marktsegment**
  - Wer ist Ihre Zielgruppe?
  - Was macht Sie sicher, dass tatsächlich eine Nachfrage für Ihr Produkt oder Ihre Dienstleistung besteht?
  - Haben Sie bereits potentielle Aufträge?

- **Wettbewerb**
  - Wie sieht Ihre aktuelle Wettbewerbssituation aus? Was sind die wesentlichen Mitbewerber und worin bestehen deren Stärken und Schwächen?
  - Was macht Sie sicher, dass der angestrebte Markt Platz für neue Unternehmen bietet?

- **Positionierung**
  - Welche Vorteile haben Sie gegenüber Ihrer Konkurrenz?
  - Wo liegen Ihre Stärken und Schwächen? Wo liegen die Stärken und Schwächen der Konkurrenz?
  - Könnte ein Konkurrent Sie unterbieten oder ist Ihr Produkt bzw. Ihre Dienstleistung einzigartig?
  - Was ist Ihr ultimatives Verkaufsargument? Beziehen Sie Preis, Qualität, Kundenservice, Geschäftsbedingungen und andere Eigenschaften oder Sonderleistungen mit ein.

- **Marketing**
    - Wie wollen Sie Ihr Geschäft bewerben?
    - Was, wo, wann, warum und wie planen Sie Ihre Angebote an die potentiellen Kunden zu bekommen? Wie wollen Sie die Effektivität dieser Massnahmen sicherstellen?
    - Wie viel werden Ihre Marketingaktivitäten kosten?

Das Managementteam

- Dieser Teil sollte Ihre Referenzen und die Ihres Teams beinhalten. Das bezieht sich auch auf Referenzen geplanter Mitarbeitenden. Jeder potentielle Investor möchte wissen, wer Sie sind. Geben Sie klar Ihre Erfahrungen, Ihre Fähigkeiten und die geplante Rolle im Unternehmen an. Wer wird hinzugezogen, wenn Ihre Expertise nicht ausreicht? Werden freie Mitarbeiter zusätzliche Ressourcen in das Unternehmen einbringen?

- Sie sollten überzeugende Argumente über Ihre eigene Motivation zur Existenzgründung angeben. Fügen Sie Ihren tabellarischen Lebenslauf als Anhang bei.

Produktion / Lieferung / Beschaffung

In diesem Kapitel werden alle notwendigen Angaben, wie die Dienstleistungen erbracht bzw. die Produkte hergestellt und vertrieben werden, beleuchtet. Je nach Geschäftsidee kann dazu gehören:

- Ihre Beschreibung vorhandener Geschäftsräumlichkeiten (zusammen mit der Erlaubnis Ihres Vermieters zum Betrieb des geplanten Geschäftes) oder Angaben, welche Kriterien gesuchte Räumlichkeiten erfüllen müssen.

- Ihr Management-Informationssystem, IT, Produktionsstätten und Ausrüstung.

- Angaben zu Abläufen, zentralen Prozessen oder Arbeitssicherheit.

- Vermögenssicherheiten und bestehender Versicherungsschutz.

- Details über die Zulieferer und Ersatzzulieferer.

Eventualitäten

- Was sind die Hauptrisiken, die Ihr Unternehmen gefährden könnten? Was haben Sie vor zu tun, um diese Risiken zu minimieren?

- Beschreiben Sie, wie Sie mit diesen Risiken umgehen wollen: Wie sehen Ihre Pläne aus, wenn Sie krankheitsbedingt ausfallen? Welche Pläne haben Sie, für andere ungünstige Umstände, wie ein Rückgang der Verkaufszahlen?

- Welche Pläne haben Sie, falls das Unternehmen über Ihre Erwartungen hinauswächst?

Finanzprognose

- Stellen Sie finanzielle Vorhersagen und deren Annahmen transparent und verständlich zusammen. Wie hoch sind die erwarteten Verkäufe in den nächsten fünf Jahren? Zu welchem Preis? Geben Sie zu allen Angaben ausreichende Zahlenbeispiele an. Die verwendeten Instrumente sind die Plan-Erfolgsrechnungen, Plan-Bilanzen sowie die Liquiditätsrechnung für die nächsten drei bis fünf Jahre.

- Der Anhang enthält zusätzliche Dokumentationen, wie z.B.:
    - Marktanalysen
    - Lebensläufe
    - Rechnungsbelege
    - Kostenaufstellungen
    - Bestehende oder potenzielle Aufträge
    - Allgemeine Geschäftsbedingungen

Eine Vorlage ist auf der getLaunched®-Plattform verfügbar. Diese beinhaltet eine praktische Menüführung, um Ihnen durch die einzelnen Kapitel des Business Plans zu helfen. Arbeiten Sie gemeinsam mit Ihren Mitgründern online und nehmen Sie auch direkt an Wettbewerben teil!

www.getlaunched.io

Leon und der Business Plan

Leon und Thomas verbrachten eine Menge Zeit mit Analysen auf der getLaunched®-Plattform. Sie arbeiteten sich systematisch durch ihre Geschäftsidee, studierten ihren Zielmarkt und arbeiteten an der Finanzplanung. Als Leon alleine war und versuchte die einzelnen Bestandteile seines Business Plans zusammenzufügen, beschlich ihn das unheimliche Gefühl, dass etwas fehlte.

"Das ist nur deine vorsichtige Natur", versuchte ihn Catherine zu beruhigen. "Die Selbständigkeit ist keine strikte Mathematik und du kannst niemals alle Faktoren schon vorher beachten. Ein bisschen Ungewissheit bleibt immer."

"Da ist mehr", argumentierte Leon. "Der Business Plan an sich scheint schwach. Er muss überzeugender werden. So wie ich ihn geschrieben habe, klingt das Management Summary in etwa so klar und interessant wie die Liste der Zutaten einer Flasche Shampoo."

Als Leons Physiotherapeutin kam, war er beinahe dankbar für die Ablenkung, die sie ihm bot. Er konnte es kaum erwarten, seine mentale Frustration gegen den physischen Schmerz zu tauschen. Am Ende der Behandlung allerdings, hörte Leon ein paar Worte, die ihn noch viel mehr frustrierten.

"Sie erholen sich prächtig", sagte die Therapeutin. "Es sieht so aus, als könnten Sie schon bald wieder arbeiten."

Leon stöhnte. "Wieso müssen Sie nur so schreckliche Dinge sagen?"

Die Therapeutin kicherte und öffnete ihren Laptop. Leon beobachtete, wie sie durch ihre professionelle Software navigierte. Ihm fiel allerdings auch auf, dass die Software schwerfällig und veraltet wirkte.

“Ich weiss, dass Sie es mögen andere Menschen zu quälen, aber ich wusste nicht, dass Sie auch sich selbst gerne quälen”, sagte Leon. Die Therapeutin blickte ihn nun neugierig an. Leon deutete auf ihren Bildschirm. “Ich könnte Ihnen ein Programm erstellen, das in nur zwei Klicks dasselbe tut, wozu Sie fünf Klicks gebraucht haben.”

“Wirklich?”

Leon startete eine enthusiastische Diskussion über Software, seine Geschäftsidee und die Dienstleistungen, die er gerne anbieten würde. Es dauerte nicht lange, bis Leon seine eigene Physiotherapeutin als erste Kundin gewann.

Nachdem die Physiotherapeutin das Haus verliess, setzte sich Catherine neben Leon an den Esstisch.

“Ich habe einen potentiellen Auftrag”, sagte Leon und schob ein Blatt Papier zu Catherine hinüber.

“Ich weiss! Und das ist längst nicht alles!”, entgegnete Catherine. Sie legte ein Diktiergerät auf den Auftragszettel. Leon nahm das Gerät in die Hand und drückte Play. Aus den Lautsprechern konnte er nun seine eigene Stimme hören, die begeisterte Worte über sein Geschäft sprach.

“Jetzt hast du auch eine bessere Zusammenfassung für deinen Business Plan”, erklärte Catherine lächelnd. “Der Pitch, mit dem du vor deiner Therapeutin auftratst, ist tausendfach besser als eine Zutatenliste für eine Flasche Shampoo.”

Nach einem dankbaren Kuss und dem „Gute Nacht“-Wunsch, schrieb Leon neues Management Summary, basierend auf der Aufnahme des Diktiergeräts.

Er lächelte, speicherte den Business Plan und schloss das Dokument. Dann öffnete er ein neues Dokument. Es wurde Zeit für seine Kündigung.

4.8 Pitch Deck

Wenn Sie jetzt denken, dass ein Businessplan zu trocken, langweilig und mühsam für Sie ist, dann haben wir hier noch eine Alternative.

Anstelle der Dokumentation in Prosaform kann der gleiche Inhalt auch mit 12-15 Folien gestaltet werden. Diese Folien müssen mit Hilfe von Abbildungen, Graphiken, Illustrationen, Bildern und Tabellen so gut gestaltet und dem nötigen Text ergänzt werden, dass die gesamte Geschäftsidee einfach verständlich dokumentiert wird.

Diese Form der Dokumentation nennt man Pitch Deck. Wichtig ist zu verstehen, dass es sich dabei nicht einfach um das Folienset handelt, welches man bei einer mündlichen Präsentation (Pitch) gebraucht. Das Pitch Deck hier ist ein eigenständiges, selbsterklärendes Dokument, das einem Investor oder einer anderen interessierten Person ohne zusätzliche mündliche Kommentare zugestellt werden kann, sodass diese Person die Geschäftsidee versteht.

4.9 Beurteilung von Business Plänen

Bedenken Sie, dass ein Business Plan zwei Zwecke erfüllt. Er zielt darauf ab, Investoren und Partner an Bord zu bekommen und er hilft zeitgleich, die Gründerperson auf Kurs zu halten.

Wenn Ihr Business Plan fertig ist, sollten Sie nochmals alles durchgehen. Versuchen Sie so gut es Ihnen möglich ist, die Qualität des Business Plans zu bewerten. Je besser und reichhaltiger der Plan ist, desto mehr werden Sie davon profitieren können. Eine ernsthafte Frage: Würden Sie wirklich einem Plan folgen wollen, der nicht komplett und schwach wirkt?

Die erste Überprüfung des Plans sollten Sie selbst vornehmen. Da aber einzelne Kapitel eine gewisse Objektivität und Unbefangenheit zur Beurteilung erfordern, sollten Sie ebenso den Rat von unbeteiligten Leuten einholen. Dinge, die in Ihrem Kopf klar, deutlich und verständlich sind, müssen auf dem Papier nicht unbedingt genauso wirken. Ein zweites, drittes oder gar viertes Paar Augen schadet da nicht.

Die nachfolgende Checkliste hilft Ihnen die Qualität Ihres Business Plans zu ermitteln.

Formelle Kriterien

Kriterium	--	-	+	++	Bemerkungen
Der BP ist verständlich					
Der BP ist kohärent. Es hat keine Widersprüche					
Der BP ist überzeugend					
Der BP ist vollständig					
Der BP ist überzeugend gestaltet und gelayoutet.					

Inhaltliche Kriterien

Kriterium	--	-	+	++	Bemerkungen
Das Management Summary gibt auf 1 Seite einen guten Überblick über die Geschäftsidee und das Start-up					
Die Bedürfnisse der Kunden werden sorgfältig analysiert. Die Zielgruppen sind detailliert beschrieben. Es gibt auch Zahlen über die Grösse und die zukünftige Entwicklung dieser Gruppen.					

Kriterium	--	-	+	++	Bemerkungen
Die anzubietenden Produkte und Dienstleistungen sind im Detail beschrieben. Diese Produkte und Dienstleistungen sind auf die Bedürfnisse der Zielgruppen ausgerichtet. Der Kundennutzen ist explizit beschrieben und überzeugt.					
Zukünftige Entwicklung der angebotenen Produkte und Dienstleistungen und der Nutzen für die Kunden sowie für das eigene Unternehmen werden kurz skizziert.					
Die wichtigsten Konkurrenzen sind mit ihren Stärken und Schwächen im Vergleich zu uns analysiert. Unser Mehrwert für die Kunden im Vergleich zur Konkurrenz ist klar aufgezeigt.					
Die Markteintrittsstrategie und der Marketing-Mix sind überzeugend und realistisch.					

Kriterium	--	-	+	++	Bemerkungen
Das Kern-Team ist mit ihren Rollen, ihrem Know-how und ihren Erfahrung, beschrieben. Das Kernteam überzeugt um mit diesem Start-up erfolgreich zu sein.					
Die operativen Prozesse (je nach Geschäftsidee Forschung, Beschaffung, Produktion, Distribution,...) werden realistisch beschrieben. Die Lage - sofern wichtig - ist bekannt, oder die Kriterien für eine gut passende Lage sind klar beschrieben.					
Abhängig von der Geschäftsidee: Kritische Rechtsfragen werden aufgezeigt und eine überzeugende Lösung präsentiert (z. B. Rechte an geistigem Eigentum, Lizenzen, Bewilligungen, Rechtsform).					
Die Umsatz (Mengen und Preise) wird transparent für die nächsten Jahre geschätzt und erscheint realistisch. Die Finanzplanung ist transparent und realistisch.					

Kriterium	--	-	+	++	Bemerkungen
Das benötigte Kapital wird explizit aufgezeigt und die angestrebte Finanzierung erscheint realistisch.					
Die Risikoanalyse zeigt die wichtigsten Risiken und wie mit diesen Risiken umgegangen wird					
Der Aktionsplan zeigt die nächsten Schritte realistisch auf.					
Gesamteindruck / Bemerkungen					

Olivia und die Beurteilung des Business Plans

Olivia wurde immer nervöser. Sie wartete darauf, dass ihre Schwester mit dem Lesen des Business Plans fertig wurde.

Als Olivias persönliche Pessimistin, hat es Jillian geschafft, es nahezu unmöglich zu machen ihr zu danken. Olivia sass bereits das vierte Mal mit ihrem Business Plan vor Jillian. Jedes Mal fand Jillian irgendwelche Lücken, Unklarheiten, Widersprüche oder Schwachstellen oder entdeckte neue, hypothetische Probleme, die Olivia übersehen hatte.

Offen gesagt fing Olivia an, den Anblick des Gesichts ihrer Schwester zu hassen.

Jillian las die letzte Seite und schloss die Mappe. Für einen Moment starrte sie aus dem Fenster, ehe Olivia die Stille brach.

"Was ist los?" wollte Olivia wissen. "Ist wieder etwas falsch? Irgendwelche Lücken oder was habe ich diesmal übersehen?" Sie klang genervt, gereizt.

Jillian zuckte zusammen. "Entschuldige, Olivia", sagte Jillian und zuckte mit den Achseln. "Ich finde diesmal keinen Punkt, den ich bemängeln könnte."

"Was? Soll das heissen, du magst den Plan?" fragte Olivia voller Verwunderung. Jillian nickte. Daraufhin sprang Olivia voller Energie auf und schnappte sich ihren Mantel. "Das klingt nach einem Grund zu feiern", sagte sie. "Komm. Ich gebe' dir ein Bier aus."

"Nein", entgegnete Jillian und zeigte ein Lächeln. "Ich gebe dir ein Bier aus. Spar dir dein Geld für deinen Fahrradladen."

4.10 Beste Pitches

Ein Pitch ist eine informierende Rede oder eine Präsentation, der die Highlights einer Organisation oder einer Geschäftsidee ansprechend erklärt. Dieser wird optimalerweise im Vorfeld erstellt, geplant und eingeübt. Ein Pitch ist das Tool der Wahl, wenn es darum geht Investoren zu überzeugen, Partner, Angestellte oder Kunden zu gewinnen oder jemanden auf der Strasse davon zu überzeugen, was Sie tun. Der Pitch hilft Ihnen Aufmerksamkeit und Interesse für Ihre Projekte, Ideen, Produkte oder Sie selbst zu erzeugen.

Was genau kann ein guter Pitch erreichen?

- Er kann eine Beziehung starten.
- Er kann Aufmerksamkeit und Interesse erzeugen.
- Er kann eine Idee „verkaufen“ durch gutes Storytelling.
- Er liefert eine klare Erklärung über die Idee ab.

Sie können „pitchen“, wann immer sich eine Gelegenheit dafür bietet, Ihr Geschäft vorzustellen. Pitches gibt es in zwei verschiedenen Arten.

- **Informeller Pitch (lediglich 10-30 Sekunden lang)** – Auch bekannt als sog. „Elevator Pitch“, weil dieser Pitch in der Zeitspanne einer kurzen Aufzugfahrt gehalten werden kann. Diese Mini-Präsentationen erlauben Ihnen, Ihre Geschäftsidee guten Freunden vorzustellen, aber auch potentiellen Partnern, Investoren, Mentoren, Klienten bzw. Kunden und verschiedene Menschen, denen Sie auf Netzwerk-Veranstaltungen begegnen.

- **Formeller Pitch (5-10 Minuten lang)** – Diese Präsentation in „voller Länge“ erlaubt Ihnen eine eingehende Erklärung des Erfolgspotentials Ihrer Idee und des Geschäftsmodells. Diese Form der Pitches kommt zum Einsatz bei geplanten Events, wie z.B. Investorenpitches oder Präsentationen im Rahmen eines Wettbewerbs. Für formelle Pitches haben Sie sowohl die Zeit als auch (im Normalfall) die Ressourcen zur

Verfügung, um eine Slideshow via PowerPoint, Prezi, Slidebean oder ähnlichen Programmen zu präsentieren. Manche verwenden auch ein „Pitch Board", eine Art Pinnwand oder Poster, das alle grundlegenden Informationen darstellt. Hierbei vermeiden Sie natürlich jegliche technischen Schwierigkeiten. Wie Sie einen formellen Pitch abhalten, obliegt Ihren eigenen Vorlieben und wie Sie Ihr Publikum am besten erreichen können.

Wie Sie einen Elevator Pitch erstellen

Der Elevator Pitch, korrekt ausgeführt, kann den Weg für einen späteren, formellen Pitch ebnen. Deswegen ist diese Mini-Präsentation auch so wichtig. Der Elevator Pitch darf gut und gerne Ihren vollen Einsatz und eine Menge Zeit, für die Vorbereitung, in Anspruch nehmen. Die Fähigkeit Ihre gesamte Geschäftsidee in wenige Sätze zu verpacken (oder gar nur einen einzigen Satz), ist viel härter, als Sie vielleicht glauben mögen. Ein gut erstellter Elevator Pitch muss den angestrebten Markt identifizieren, Produkt oder Service klar darstellen, Einzigartigkeit zeigen, Aufmerksamkeit erregen und Profit versprechen. Wie Sie sehen: Eine ordentliche Liste für eine so kurze Zeit.

Wie ist das also machbar?

1. Starten Sie mit Ihren Kernelementen. Definieren Sie alle Punkte, die Sie dem Zuhörer deutlich machen möchten. Die getLaunched Plattform und das 7-Schlüssel-Modell hilft Ihnen dabei!

2. Erklären Sie genau, was Sie tun oder gedenken zu tun. Helfen Sie Ihren Zuhörern einen guten Einblick in Ihre Idee zu bekommen. Stellen Sie die Probleme, die Sie lösen wollen, in den Vordergrund und auch den Nutzen, den Sie Ihren Kunden bieten werden. Wenn Sie beeindruckende Statistiken oder andere Fakten besitzen, die Ihre Idee unterstreichen, versuchen Sie diese einzubauen. Verkaufen Sie Ihre Idee mit diesem Pitch! Und zwar so, dass die Zuhörer sich umdrehen und der nächsten Person diese Idee ebenso verkaufen könnten.

3. Identifizieren Sie Ihr Alleinstellungsmerkmal (USP - Unique Selling Proposition). Die meisten Menschen, besonders Investoren, haben das meiste von dem Sie erzählen schon oft gehört – zumindest denken sie das. Machen Sie also klar und deutlich, wie Sie, Ihre Idee, Ihr Startup oder Ihr Produkt wahrhaft einzigartig sind.

4. Aktivieren Sie Ihr Publikum. Stellen Sie Fragen mit offenem Ende, um Interaktion zu erzeugen. Wenn Sie Aufmerksamkeit wollen, müssen Sie dem Publikum einen Grund dafür liefern.

5. Verbessern Sie den Pitch. Lesen Sie sich durch den Pitch und lesen Sie laut. Bleiben Sie unterhalb der 30-Sekunden-Marke.

6. Übung.

7. Übung.

8. Übung.

9. Noch mehr Übung. Wenn Sie Ihren Pitch auswendig können, wird das Ihre Sicherheit bei der Präsentation erhöhen. Das wird die Effektivität des Pitch erhöhen. Auch vermeiden Sie wichtige Informationen zu vergessen.

Wie Sie einen formellen Pitch erstellen

Um ehrlich zu sein, sind die Schritte zum formellen Pitch in etwa dieselben, wie beim Elevator Pitch. Die grössten Unterschiede sind: 1) Sie haben viel mehr Zeit zum Reden, wodurch Sie noch mehr Überzeugung leisten können und 2) Sie werden mit einem sogenannten Outline arbeiten müssen, anstelle der Wort-für-Wort Methode. Angenommen, Sie verwenden visuelle Elemente in Ihrer Präsentation (was Sie tun sollten), können Sie diese Elemente als Erinnerungsanker nutzen. So verlieren Sie nicht die Orientierung während dem Pitch.

Bei der Erstellung eines formellen Pitchs sollte Ihr Fokus also auf der Kreation der visuellen Elemente liegen, mit deren Hilfe Sie Ihr Publikum erreichen wollen.
Lassen Sie uns über die Organisation Ihrer Präsentation sprechen. Wir arbeiten dabei unter der Annahme, dass Sie eine Slideshow benutzen werden.

Die folgende Liste stellt das absolute Maximum dar, das Sie für Ihren Pitch benutzen können. Nutzen Sie ruhig alle Elemente, wenn es sein muss. Wenn Sie allerdings Wege finden etwas wegzulassen oder kürzer zu fassen, besonders unwichtige Informationen, scheuen Sie sich nicht zu kürzen. Je kürzer der Pitch, desto leichter wird es Ihnen fallen, die Informationen an Ihr Publikum zu übermitteln.

Coverfolie:	Event, Logo, Datum, Name des Sprechers, Kontaktinformationen
Folie 1:	Das Problem, welches Sie lösen werden.
Folie 2:	Ihre angestrebte Lösung für das Problem (Ihr Produkt oder Service).
Folie 3:	Warum und wie wird das Produkt oder der Service das Problem lösen.
Folie 4:	Der angestrebte Markt (Grösse, Potential, Segmente, etc.).
Folie 5:	Direkte Konkurrenz und Ihre Strategie für den Wettbewerb.
Folie 6:	Geschäftsmodell und Wertschöpfungskette (wir werden in Kapitel 16 näher darauf eingehen).
Folie 7:	Ihre nächsten, geplanten Schritte.
Folie 8:	Finanzen (Angenommene oder tatsächliche Einnahmen, Ausgaben, Angestellte).
Folie 9:	Unternehmensführung (Namen und Bilder aller Schlüsselpersonen).
Folie 10:	Angebot für Investoren – Was haben Investoren von Ihrer Investition?
Q&A - Folie:	Verweise auf weiterführende Informationen

Eine andere Idee für den formellen Pitch sind kleine Hinterlassenschaften. Das sind kleine Erinnerungsstücke der Kernelemente Ihrer Präsentation. Diese sind besonders nützlich, wenn Investoren länger nachdenken wollen oder jemand Ihre Präsentation an anderer Stelle (in Ihrem Namen) vorstellen möchte. Ein Beispiel aus der Unterhaltungsindustrie: Dort sind einseitige Ausdrucke oft die Norm. Denken Sie an kleinere, provisorische Poster, die den Titel des Werks, eine Zusammenfassung der Geschichte, Informationen über das Projektbudget und andere ausgewählte Informationen enthalten. Womöglich möchten Sie Ihrem Publikum etwas Ähnliches hinterlassen. Im Grunde wäre das ein Pitch auf einer Seite. Sie können dazu auch spielerische Elemente und andere Giveaways in Betracht ziehen.

Olivias Pitch

Die Entscheidung war nicht leicht. Trotz ihres Verlangens wog Olivia sorgfältig die Vor- und Nachteile einer Zusammenarbeit mit Charlie ab. Das Ganze wurde nur noch komplizierter durch ihre persönliche Zuneigung. Doch diese durfte bei dieser Entscheidung keine Rolle spielen. Es ging ums Geschäft, um nichts mehr, aber auch nicht weniger. Aktuell wertete Olivia die romantischen Gefühle sogar als Kontrapunkt. Schlechtes Geschäft kann schlechte Beziehungen verursachen und andersherum.

Olivia stellte sich selbst vor die Wahl: Wollte Sie eine Entscheidung für ihr Startup treffen oder für sich persönlich? Das Startup siegte. Es sollte eine professionelle Partnerschaft werden.

Aber dieses Arrangement würde noch mehr von ihr verlangen als nur das Ablegen romantischer Gefühle. Die Investitionssumme vorab überstieg ihr Kapital. Olivia hatte das benötigte Geld nicht, so einfach war das. Sie würde es erst noch besorgen müssen.

Olivia versammelte einige ihrer Freunde und ihre Schwester Jillian um sich und versuchte sich an einem Pitch für ihr Fahrrad-Design. Sie zeigte Zeichnungen und Planungen des Fahrrads, gab Gründe für einen guten Verkauf an und definierte, was Investoren von einer Investition hätten.

Jeder der Anwesenden schien begeistert... bis sie auf die Sache mit Charlie zu sprechen kam.

“Halt, warte mal”, unterbrach Jillian. “Woher kommt dieser Kerl?”

“Er ist neu in der Branche”, erklärte Olivia. “Er ist ein neuer Zulieferer und um mich mit dem Fahrrad zu versorgen, braucht er Ressourcen. Ausrüstung, Angestellte, Materialien.”

“Also ich weiss nicht recht” gab Jillian zurück. “Bitte verstehe mich nicht falsch. Ich vertraue dir. Du hast dich als fähige Geschäftsfrau bewiesen und ich weiss, dass der Laden gut läuft. Dein Geschäft wächst. Wenn du mich nach Investitionen in dich fragen würdest, wäre die Antwort „Ja“. Aber ich fühle mich eher so, als sollte ich in dieses andere Geschäft investieren, in diese andere Person. Und dazu kann ich nicht „Ja“ sagen.”

Olivias Freunde pflichteten dem bei. Olivia brachte ihren Pitch zu Ende und ging leer aus.

Eine weitere Hürde also. Eine weitere Enttäuschung. Eine weitere Dosis Ernüchterung.

“Versprich mir eines”, sagte Jillian, als sie in ihren Mantel schlüpfte. “Versprich mir, dass du nicht aufgibst. Nur weil wir dir ein „Nein“ gaben, muss das nicht heissen, dass alle dir ein „Nein“ geben.”

“Du kennst mich doch”, sagte Olivia mit einer geschlagenen Miene und hängenden Schultern. “Ich akzeptiere kein „Nein“.”

“Kopf hoch”, sagte Jillian. “Ich bin mir sicher, dass du dieses Vorhaben irgendwie ins Rollen bringen wirst.”

4.11 Balanced Business Scorecard

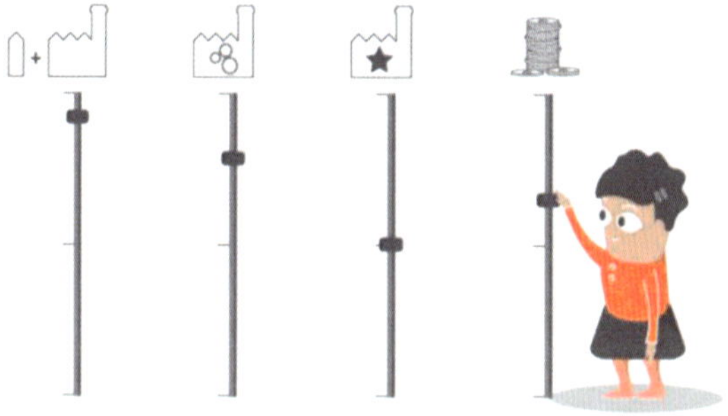

Anfang der 90er entwickelten Robert Kaplan von der Harvard Business School und David Norton, Gründer einer IT-Berateragentur, die Balanced Business Scorecard [5] als ein Werkzeug um die heutige und zukünftige Leistung von Unternehmen ganzheitlich zu messen. Die Scorecard ist ein sehr wichtiges Werkzeug, um die Effektivität eines Startups zu steigern.

Im Gegensatz zu traditionellen Methoden schränkt die Scorecard den Fokus nicht nur auf die Finanzdaten der Vergangenheit ein. Sie nähert sich viel mehr aus verschiedenen Perspektiven an die Messung und Verbesserung der Performance und deren Ursachen an, funktioniert eher unter der Prämisse „Was du misst, ist was du bekommst."
Dies ermöglicht Startups einen tieferen Einblick, wie nicht-finanzieller Kenngrössen Einfluss nehmen auf finanzielle Ergebnisse. Diese nicht-finanziellen Faktoren führen oft zu langfristigen finanziellen Erfolgen.

Diese umfassen bei Startups insbesondere folgende Bereiche:

- Was werden zukünftige Investoren als wichtig erachten?
- Welche Eindrücke werden potentielle Kunden vom Startup haben?
- Welche internen Prozesse sind wertvoll?
- Wie innovativ und zukunftsorientiert ist das Startup?

Die Balanced Business Scorecard ist eine wertvolle Alternative zu konventionellen Buchhaltungsmethoden. Diese drehen sich nämlich einseitig um (vergangenheitsorientierte) Finanzen und sind deshalb weniger nützlich, um zukunftsgerichtet das Unternehmen zu steuern.

Die Scorecard ist ein Planungs- und Managementwerkzeug, das benutzt wird, um zu gewährleisten, dass die operativen Aktivitäten des Unternehmens mit der Strategie und Vision des Startups zusammenpassen. Sie kann die interne und externe Kommunikation des Unternehmens verbessern und dabei helfen zu überwachen, ob das Startup zielorientiert unterwegs ist.

Sie können die Balanced Business Scorecard benutzen, um zu messen, wie Ihr Startup in den folgenden vier Bereichen abschneidet: Finanzen, interne Abläufe, Kunden sowie Lernen und Wachstum. Der erste Schritt ist die Festlegung der Mission und der Vision des Startups. Diese beiden Wegweiser entscheiden über die Erfolgsfaktoren und die sogenannten Key Performance Indicators (KPIs) (Schlüsselleistungsindikatoren) von diesen vier verschiedenen Blickwinkeln:

1) **FINANZEN** - Auch wenn Finanzdaten nicht alles sind, was es zu messen gilt: Sie spielen eine tragende Rolle in der Unternehmensführung. Halten Sie zeitliche und korrekte Finanzinformationen organisiert und leicht zugänglich fest. Eine Frage, die Sie sich stellen sollten, ist: Wie wollen wir von künftigen Investoren/Aktionären gesehen werden, um finanziell erfolgreich zu bleiben?

2) **INTERNE ABLÄUFE** - Das Überwachen interner Abläufe gewährt Einblicke in Effizienz und Effektivität. Es ist sehr wichtig ein tiefes Verständnis darüber zu bilden, wie Kunden Ihre Produkte und Dienstleistungen annehmen. Die Schlüsselfrage, die sich stellt, lautet: Wenn wir Kunden und Investoren/Aktionäre zufriedenstellen möchten, welche Prozesse gilt es dann zu meistern?
3) **KUNDEN** - Dieser Indikator fokussiert die Kundenbeziehung. Vorangegangene Finanzdaten mögen positiv gewesen sein, aber dieser Erfolg ist nur dann nachhaltig, wenn Ihre Kunden glücklich sind (und es bleiben). Ein Startup muss kontinuierlich die

Kundenzufriedenheit messen und steigern. Deswegen ist die Frage wichtig: Wie sollen unsere Kunden uns sehen?

4) **LERNEN UND WACHSTUM** - Menschen in einer Firma sind die Hauptquelle an internem Wissen. Dies ist eine lebendige Ressource. Eine starke Kommunikation zwischen den Mitarbeitenden ist deshalb unerlässlich. Ein Entrepreneur würde gut daran tun in Seminare zu investieren, in Coachings und persönliche Entwicklung, und auch in den Aufbau einer kohärenten Unternehmenskultur. Fragen Sie sich selbst: Wie können wir unsere Lernfähigkeit steigern, um unsere Vision zu verwirklichen? Wie können wir immer besser werden?

Nochmal: Finanzdaten sollten nicht die einzig gewichtigen Kennzahlen in Ihrem Unternehmen sein. Das wird schon durch das Wort „Balanced" im Namen der Balanced Business Scorecard angedeutet. Wenn Sie auch auf andere Faktoren achten als nur auf das Geld, erlangen Sie besseres Verständnis wie gut die Dinge im Gesamten laufen. Es eröffnet Ihnen die Sicht auf Einflüsse, die nicht-finanzielle Faktoren auf den langfristigen unternehmerischen Erfolg haben.

Kapitel 5: Wie kommen wir zu unseren (Geschäfts-) Ideen?

5.1 Übersicht

Es gibt eine ganze Reihe von Methoden, wie Ideen oder Geschäftsideen entwickelt werden können. Wir stellen die folgenden vor:

- Grosse, gesellschaftliche Veränderungen werden auch **Megatrends** genannt. Sie bieten immer viele unternehmerische Chancen für Gründungspersonen
- Die 17 **Nachhaltigkeitsziele** der UNO (auf Englisch SDG Sustainable Development Goals) bieten ebenfalls gute Ansatzmöglichkeiten, um Startups mit einem gesellschaftlichen Nutzen zu entwickeln.
- **Brainstorming** ist die wohl bekannteste Kreativitätstechnik, die jedoch nur selten korrekt angewandt wird.
- **Brainwriting** ist der stille Bruder des Brainstormings. Diese Methode wird auch 6-3-5 genannt.
- Der **Morphologische Kasten** ist eine strukturierte Kreativitätsmethode
- **DO IT** ist eine mehrstufige, systematische Methode, um neue Ideen zu generieren.
- **Design Thinking** ist eine sehr beliebte, ebenfalls mehrstufige und strukturierte Methode, die sowohl die Ideenfindung bis hin zur Umsetzung abbildet

Wie können bestehende Ideen und existierende Geschäftsmodelle kritisch reflektiert und verbessert werden? Auch stellen wir einige bekannte Methoden vor:

- Der Ansatz von De Bono mit seinen sechs **Denkhüten** hilft, das Problem aus verschiedenen Perspektiven zu betrachten.
- **SWOT Analyse** eignet sich für existierende Geschäftsmodelle, um mit Hilfe der eigenen Stärken und Schwächen entsprechend auf die Chancen und Gefahren aus den Umweltsphären des Unternehmens zu reagieren.

- Das **7 S Framework von McKinsey** analysiert sieben zentrale Bereiche eines existierenden Geschäftsmodells.
- Bei **SCAMPER** werden mit Fragen die Ideengenerierung angeregt.
- Beim **Starbursting** wird mit den 6 grossen Fragen Wer, Was, Warum, Wo, Wann und Wie versucht, Lösungen zu finden.

Oft hat man verschiedene Ideen und verschiedene Alternativen und muss die für sich am besten geeignete herausfinden. Dabei helfen folgende zwei Entscheidungstechniken:
- Die **Nutzwertanalyse** (auch Scoring Modell genannt)
- **Entscheidungsmatrix**

Wenn einmal etwas nicht klappt und der Fehler noch unbekannt ist, eignet sich die **Ursachen-Fehler-Analyse.**

5.2 Megatrends

Megatrends sind langfristige und tiefgreifende Entwicklungen, die verschiedene Bereiche der Gesellschaft, Wirtschaft, Technologie und Kultur beeinflussen. Sie sind von hoher Relevanz und haben das Potenzial, die Art und Weise, wie wir leben, arbeiten und interagieren, grundlegend zu verändern.
Megatrends sind keine kurzfristigen Trends oder Moden, sondern repräsentieren strukturelle Veränderungen, die über einen längeren Zeitraum hinweg anhalten. Sie werden oft als treibende Kräfte betrachtet, die die Entwicklung der Gesellschaft in den kommenden Jahrzehnten prägen werden.
Wenn sich ein Start-up an Megatrends orientiert, dann ist die Chance höher, dass man längerfristig Erfolg hat und das eigene Angebot im (langfristigen) Trend liegt.

Es gibt viele verschiedene Einteilungen in Megatrends. Das deutsche Zukunftsinstitut unterscheidet aktuell die folgenden 12 Megatrends.

- New Work
  Die Arbeitswelt ist dank der Digitalisierung sowie der Individualisierung stark im Wandel.
- Globalisierung
  Unter Globalisierung versteht man das Zusammenwachsen der Weltbevölkerung, der stetige Anstieg grenzüberschreitender Aktivitäten.
- Mobilität
  Die Mobilität im Zeitalter des Klimawandels und der Verstädterung unterliegt einem grossen Wandel.
- Konnektivität
  Die Vernetzung der Menschen mithilfe digitaler Tools verändert das Leben und Arbeiten.
- Neo Ökologie
  Das ökologische Bewusstsein hat sich stark erhöht und zwingt Firmen und Privatpersonen, ihr Handeln zu überdenken.
- Gesundheit
  Die Gesundheit ist die zentraler Voraussetzung für ein glückliches Leben. Sowohl das Gesundheitsbewusstsein als auch die technologischen Möglichkeiten verbessern

sich kontinuierlich.

- Wissenskultur
  Die Welt wird immer schlauer – Wissen war noch nie so schnell und günstig verfügbar. Fast jederzeit und überall.
- Individualisierung
  Individuelle Selbstverwirklichung wird immer wichtiger – und wird dank Wohlstand und einer Vielzahl von Wahlmöglichkeiten auch immer einfacher zu realisieren.
- Gender Shift
  Die traditionellen sozialen Geschlechterrollen verlieren immer mehr an gesellschaftlicher Verbindlichkeit.
- Sicherheit
  Gefühlt gibt es immer mehr Gefahren und Risiken, obwohl wir noch nie so sicher leben wie aktuell.
- Silver Society
  Der demographische Wandel führt dazu, dass wir immer älter werden und es immer mehr ältere Menschen gibt.
- Urbanisierung
  Immer mehr Menschen leben in den Städten bzw. deren Vororten.

Wenn Sie nun also auf der Suche nach einer zündenden Geschäftsidee sind, dann können Sie nach Belieben einen oder mehrere dieser Megatrends nehmen und überlegen, welche Geschäftsideen sich daraus ableiten lassen. Hier können Sie auch gerne eine Kreativitätstechnik (siehe weiter unten) zur Hilfe nehmen.

5.3 SDG

Die 17 Nachhaltigkeitsziele der Vereinten Nationen, auch bekannt als die Agenda 2030 oder die Sustainable Development Goals (SDGs), wurden im Jahr 2015 von den UN-Mitgliedsstaaten verabschiedet. Sie stellen eine umfassende Agenda für nachhaltige Entwicklung dar, die bis zum Jahr 2030 erreicht werden soll. Die SDGs sollen dazu beitragen, wirtschaftlichen Fortschritt, soziale Gerechtigkeit und Umweltschutz in Einklang zu bringen. Die 17 Ziele lauten wie folgt:

1. Keine Armut: Armut in all ihren Formen und überall beenden.
2. Kein Hunger: Den Hunger beenden, Ernährungssicherheit und eine nachhaltige Landwirtschaft erreichen.
3. Gesundheit und Wohlergehen: Ein gesundes Leben für alle Menschen jeden Alters gewährleisten und ihr Wohlergehen fördern.
4. Hochwertige Bildung: Inklusive, gerechte und hochwertige Bildung gewährleisten und Möglichkeiten des lebenslangen Lernens für alle fördern.
5. Geschlechtergleichstellung: Geschlechtergerechtigkeit erreichen und alle Frauen und Mädchen befähigen.
6. Sauberes Wasser und Sanitärversorgung: Verfügbarkeit und nachhaltige Bewirtschaftung von Wasser und Sanitärversorgung für alle gewährleisten.
7. Bezahlbare und saubere Energie: Zugang zu bezahlbarer, verlässlicher, nachhaltiger und moderner Energie für alle sichern.
8. Menschenwürdige Arbeit und Wirtschaftswachstum: Dauerhaftes, inklusives und nachhaltiges Wirtschaftswachstum, produktive Vollbeschäftigung und menschenwürdige Arbeit für alle fördern.
9. Industrie, Innovation und Infrastruktur: Eine widerstandsfähige Infrastruktur aufbauen, inklusive und nachhaltige Industrialisierung fördern und Innovationen unterstützen.
10. Weniger Ungleichheiten: Ungleichheit innerhalb und zwischen Ländern verringern.
11. Nachhaltige Städte und Gemeinden: Städte und Siedlungen inklusiv, sicher, widerstandsfähig und nachhaltig gestalten.

12. Nachhaltige Konsum- und Produktionsmuster: Nachhaltige Konsum- und Produktionsweisen sicherstellen.
13. Maßnahmen zum Klimaschutz: Umgehend Maßnahmen zur Bekämpfung des Klimawandels und seiner Auswirkungen ergreifen.
14. Leben unter Wasser: Ozeane, Meere und Meeresressourcen nachhaltig nutzen und schützen.
15. Leben an Land: Landökosysteme schützen, wiederherstellen und ihre nachhaltige Nutzung fördern.
16. Frieden, Gerechtigkeit und starke Institutionen: Friedliche und inklusive Gesellschaften für eine nachhaltige Entwicklung fördern, Zugang zur Justiz für alle ermöglichen und effektive, rechenschaftspflichtige und inklusive Institutionen auf allen Ebenen aufbauen.
17. Partnerschaften zur Erreichung der Ziele: Umsetzungsmittel stärken und die globale Partnerschaft für nachhaltige Entwicklung revitalisieren.

Für Start-ups sind diese 17 Ziele aus zwei Gründen eine gute Inspirationsquelle:
1. Sie können Ihr Start-up um eines dieser 17 Ziele herum aufbauen und als Social Start-up einen Beitrag zur Verbesserung der Welt leisten. Die Nachhaltigkeit wird somit zu einem zentralen Bestandteil der DNA Ihres Unternehmens.
2. Sie können ihr kommerziell orientiertes Start-up dahingehend überprüfen, in welchem der 17 Bereiche nachhaltiges Verhalten möglich und allenfalls sogar kostensenkend oder Erfolg erhöhend sein könnte.

5.4 Brainstorming

Werbe-Manager Alex Osborn, Gründer der Creative Education Foundation, popularisierte Brainstorming als eine Managementtechnik in den frühen 1940er. [6] Er definierte Brainstorming als:
"a conference technique by which a group attempts to find a solution for a specific problem by amassing all the ideas spontaneously thought of by its members."

Auf gut Deutsch: Brainstorming ist ein Weg für eine Anzahl an Personen, Lösungen zu Problemen zu finden durch das Zusammentragen verschiedener Ideen.

Zugegeben. Diese Definition ist stark vereinfacht. Brainstorming ist tatsächlich deutlich strukturierter als hier ausgedrückt. Dennoch: Der Antrieb hinter Brainstorming kommt vom Weglassen von Strukturen, zumindest bis zu einem gewissen Ausmass.

Beurteilung – insbesondere, wenn sie in Richtung Verurteilung geht – erstickt Kreativität. Wenn Sie die Beurteilung aber weglassen, können Ideen ungehindert entstehen. Daraus ergeben sich frische Denkansätze und schnellere Problemlösungen. In anderen Worten: Sie können über komplexe Dinge viel schneller nachdenken, wenn Sie auch den Unsinn zulassen.

Selbstverständlich wird der Unsinn Sie nicht weiterbringen. Aber die Phase der Ideengenerierung muss frei von Beurteilung sein.

Sie können niemals wissen, welche zunächst „wilde" Idee, den Samen der Brillanz in sich trägt. Jemand könnte etwas Albernes sagen, das in jemand anderem den Funken für eine geniale Idee auslöst. Würde die Beurteilung die erste Person aber davon abhalten, gäbe es nie diesen Funken der Genialität.

Brainstorming ist sinnvoll in einer mittel-strukturierten Atmosphäre. Das Ziel sollte allen bekannt sein: Ideen generieren. Wissenschaftliche Studien belegen, dass Brainstorming höchst produktiv ist, sowohl alleine praktiziert als auch in Gruppen. In Gruppen kann die Produktivität das Maximum allerdings nur dann erreichen, wenn ein erfahrener Moderator zugegen ist und Basisregeln festgesetzt werden.

1. Teilnehmer sollten angehalten werden, so viele Ideen wie nur möglich einzubringen. Es spielt dabei keine Rolle, wie wild, albern oder verrückt diese klingen.

2. Unbekümmertheit ist eine gute Sache.

3. Kritik hingegen ist schlecht. Zumindest in diesem Kontext.

4. Teilnehmer sollten versuchen auf bereits vorhanden Ideen aufzubauen.

Brainstorming garantiert dann Ideen, wenn Ideen gebraucht werden. Das trifft auf den Grossteil der Zeit zu, nicht wahr?

Sie können Brainstorming als eine Quelle der Inspiration nutzen, wenn Sie die ersten Ideen für ein neues Geschäft erarbeiten. Brainstorming hilft Lösungen für Probleme zu finden. Es trägt auch zu einem gewissen Mass zu Innovationen bei, z.B. wenn es darum geht, Verbesserungen in gewissen Bereichen des Unternehmens vorzunehmen oder Produktideen zu entwickeln.

Startups gehen durch Phasen, in denen diverse Ideen den Weg des Geschäfts selbst beeinflussen. Ein Beispiel: Eine Gründerperson kann „brainstormen", um Beurteilungskriterien festzulegen, Ziele zu bestimmen, Unternehmensstrukturen zu entwickeln, ein Team zusammenzustellen, Kapital einzuholen oder eine Marketingkampagne zu erstellen. Die Möglichkeiten sind wahrlich endlos.

Kommen wir zu einigen Tipps, die den Erfolg von Brainstormings erhöhen.

- Erklären Sie die oben genannten vier Basisregeln klar und deutlich.
- Legen Sie das Thema der Diskussion genau fest.
- Sollte es mehr als zehn Teilnehmer geben, teilen Sie diese in kleinere Gruppen auf.
- Bestimmen Sie einen Schriftführer, der Ideen aufnimmt, sobald diese ausgesprochen werden.

Wenn Sie dann eine ganze Sammlung an Ideen haben, müssen diese geordnet, bewertet und aussortiert werden. Das sollte immer unter der Führung eines Moderators geschehen. Erstellen Sie Kriterien für die Selektierung und messen Sie jede Idee an diesen Kriterien. Wenn Sie sich dabei auf die positiven Ansätze der Ideen fokussieren, anstatt die negativen, schaffen Sie eine annehmende, akzeptierende Atmosphäre, die Blockaden von Teilnehmern auflöst und zukünftige Brainstorming-Sessions effektiver macht.

Wenn Sie die besten Ideen aussortiert haben, beginnen Sie mit der Planung zur Umsetzung.

5.5 Brainwriting 6-3-5

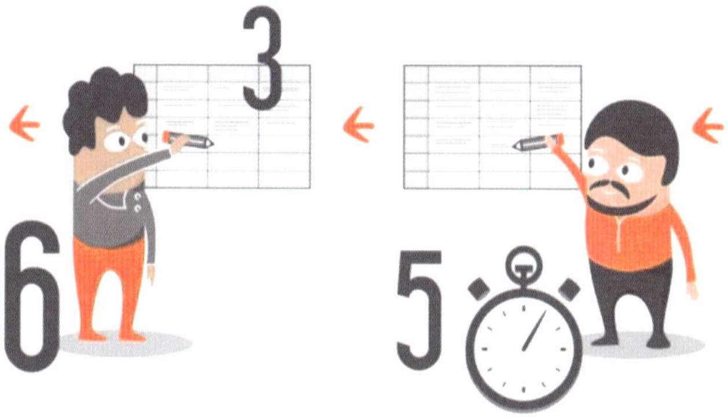

Brainwriting hat vieles mit Brainstorming gemeinsam. Brainwriting hat allerdings das Potential, wesentlich effektiver zu sein, denn es fordert das Engagement aller Teilnehmer gleichermassen. Auf diese Weise müssen sowohl introvertierte als auch extrovertierte Menschen teilnehmen, was in einer breiteren Masse an Ideen in kürzerer Zeit resultiert.

Um genau zu sein: 6-3-5 Brainwriting generiert – richtig ausgeführt – 108 Ideen in etwa 30 Minuten. Ebenso wie beim Brainstorming geht es in erster Linie um Quantität, nicht Qualität. Die Selektierung erfolgt im Nachhinein.

Die Nummernfolge 6-3-5 steht für 6 Teilnehmende, 3 Ideen und 5 Minuten. Sechs Teilnehmende bilden die Gruppe dieser Technik und jeder einzelne überlegt sich drei Ideen in fünf Minuten. Wir empfehlen sechs Runden á 5 Minuten. Ein wenig Mathematik und wir erkennen: 108 Ideen nach einer halben Stunde.

Das Schöne an Brainwriting ist die Tatsache, dass jeder Teilnehmer gleichermassen mitwirkt. Niemand kann die Diskussion bestimmen oder sich ganz zurückziehen. Diese Technik ermöglicht jedem Teilnehmer in Ruhe nachzudenken, ohne Unterbrechungen oder Blockaden.
Die Teilnehmenden bringen ihre Gedanken zu Papier, welches am Ende einer jeden Runde reihum gegeben wird. Das gibt jedem Teilnehmenden die Chance, in der darauffolgenden Runde Ideen zu entwickeln, die auf bereits vorhandenen Beiträgen aufbauen.

Die Kreativität wird somit maximal angeregt.

Ebenso wie Brainstorming, ist Brainwriting nützlich in jeder Phase eines Startups. Es ist wertvoll, wann immer ein Problem auftritt, Innovationen gebraucht werden oder Verbesserungen vorgenommen werden sollen. Dieser Prozess ist recht beliebt im Marketingbereich, Design und anderen kreativen Bereichen. Aber er gewinnt auch im geschäftlichen Bereich an Beliebtheit.

Um das zu implementieren, folgen Sie diesem Prozess:

1. Sechs Teilnehmende schreiben jeweils ein Problem oben auf ihr Arbeitsblatt (wie unten gezeigt).

2. Jeder Teilnehmer schreibt drei Ideen in die obersten Reihen des Arbeitsblattes. Diese Ideen sollten aus Sätzen mit sechs bis zehn Wörtern bestehen.

3. Nach fünf Minuten (oder wenn alle Teilnehmenden fertig mit dem Schreiben sind), gibt jeder Teilnehmer sein Arbeitsblatt nach rechts weiter (oder auch nach links, die Hauptsache ist, dass alle es tun).

4. Jeder Teilnehmer schreibt nun drei weitere Ideen in die zweite Reihe des Arbeitsblatts. Diese Ideen können unterschiedlich zu den obigen sein, diesen widersprechen, darauf aufbauen, etc.

5. Der oben dargestellte Prozess wird so lange wiederholt, bis die Arbeitsblätter gefüllt sind. Wenn alles richtig abläuft, erhalten Sie 108 Ideen auf sechs Arbeitsblättern.

6. Beurteilen Sie die Ideen.

Ein Beispiel eines Arbeitsblattes:

Problembeschreibung:

Idee 1	Idee 2	Idee 3

Hier sind noch einige abschliessende Tipps, die das Ergebnis und die Erfahrung positiv beeinflussen können:

- Lassen Sie den Teilnehmern nicht ihren Namen auf die Arbeitsblätter schreiben.
- Benennen Sie einen Moderator, der die Zeit misst und auf die Einhaltung der Regeln achtet.
- Teilnehmende sollten ihre Ideen weder ausbessern, noch verändern. Hier gilt freies Schreiben.
- Lassen Sie keine Diskussionen während der Ideenentwicklung zu. Auch nicht zwischen den Runden.
- Wenn alle Runden abgeschlossen sind, sammeln Sie die Blätter ein und schreiben die Ideen auf eine Tafel. So kann jeder das Ergebnis sehen.
- Starten Sie eine Gruppendiskussion über die einzelnen Ideen. So kommen womöglich noch bessere Lösungsansätze zusammen.

5.6 Morphologischer Kasten

Der morphologische Kasten ist eine heuristische Kreativitätstechnik, die vom Schweizer Astronomen Fritz Zwicky entwickelt wurde.[7] Nützlich in jeder Phase eines Startups, werden hier Ideen mit Hilfe des morphologischen Kastens gebildet. Ein anschauliches Bild einer mehrdimensionalen Matrix.

Der morphologische Kasten scheint aussergewöhnlich nützlich, wann immer Faktoren auftreten, die nicht quantitativ bestimmbar sind. Vielleicht enthalten diese Faktoren starke soziale oder politische Dimensionen oder beziehen bewusst Selbstreferenzen mit ein. Der morphologische Kasten hilft immer dann, wenn Umstände auftreten, die es unmöglich machen traditionelle Methoden zur Quantifizierung zu nutzen.

Die Kreativitätstechnik nach Zwicky hilft Gründerpersonen und deren Teams, alle vorstellbaren Kombinationen von Möglichkeiten zur Lösung eines Problems zusammenzutragen. Dabei können auch die verschiedenen Aspekte des Problems angegangen werden.

Der morphologische Kasten besteht aus einer Tabelle, die die einzelnen Facetten eines Problems darstellt und organisiert. Das macht es unglaublich einfach auf schnelle und effektive Art und

Weise verschiedene Kombinationen zu sehen und zu beurteilen. Im Folgenden stellen wir ihnen die Schritte vor, die Sie brauchen, um die morphologische Analyse anzuwenden:

1. **Stellen Sie ein sachkundiges Team zusammen**. Die morphologische Analyse braucht Experten zum jeweiligen Thema. Anders ist die maximale Effektivität nicht zu erreichen. Diese Experten sollten das Team unterstützen, wenn dies notwendig wird, oder dauerhaft beim Team sein.

2. **Definieren Sie die Parameter,** die notwendig sind, um das Problem zu lösen. Ein Parameter ist ein Merkmal, das eine Lösung beinhalten muss, um erfolgreich zu sein. Ein guter Parameter muss:

- Unabhängig von allen anderen Parametern sein.
- Einen kompletten Lösungsweg beschreiben, wenn er mit den anderen Parametern vernetzt wird.
- Gültig für alle Lösungsansätze sein.
- Ein bestimmtes Merkmal einer Lösung repräsentieren.

3. **Generieren Sie Optionen** für jeden Parameter.

- Jede Option muss dabei eine Alternative innerhalb des jeweiligen Parameters darstellen.
- Brainstormen Sie mindestens zwei Optionen für jeden Parameter. Jede Option muss unabhängig von allen anderen Optionen sein.

4. **Ziehen Sie verschiedene Permutationen in Betracht**, jede für eine Option der Parameter.

Sehen wir uns hierzu ein Beispiel[8] an. Stellen Sie sich vor, wir wollten eine neue Lampe entwickeln. Der Ausgangspunkt für diese Kreation ist die morphologische Analyse. Was gibt es zu beachten bei einer Lampe? Zum Beispiel die Energieversorgung, die Art der Glühbirne, die Lichtintensität, usw.

Diese Bestandteile dienen uns als Parameter und werden deswegen als Überschriften genutzt. Jetzt könnten wir via Brainstorming verschiedene Optionen erarbeiten für die einzelnen Parameter. Auf diese Art können wir mit verschiedenen Anordnungen dieser Optionen herumspielen.

Stromzufuhr	Art der Glühbirne	Lichtstärke	Grösse	Stil	Oberfläche	Material
Batterie	Halogen	Gering	Sehr gross	Modern	Schwarz	Metall
Stromnetz	Glühbirne	Mittel	Gross	Antik	Weiss	Keramik
Solar	Tageslicht	Hoch	Mittel	Römisch	Metallic	Beton
Generator	Bunt	Variabel	Klein	Art Nouveau	Terrakotta	Knochen
Kurbel			Tragbar	Industriell	Emaille	Glas
Gas				Ethno	Natürlich	Holz
Öl/Petroleum					Stoff	Stein
Flamme						Plastik

Einige interessante Kombinationen könnten sein:

1. Solarbetriebene Glühbirnen von mittlerer Intensität, möglicherweise in Boutiquen genutzt, um den Kunden die Farben der Kleidungsstücke deutlicher zu präsentieren.

2. Grosse, handgefertigte Deckenlichter für Entwicklungsländer oder Orte, die weit vom Hauptstromnetz entfernt liegen.

3. Eine keramische Öllampe im römischen Stil für entsprechende Restaurants. Ein nostalgischer Rückblick zu den Olivenöllampen, die vor 2000 Jahren genutzt wurden.

4. Eine normale Tischlampe, die bemalt werden kann, beklebt oder in der Herstellung auf Wunsch gefertigt, so dass sie sich perfekt in den Stil des Raumes einbringt.

Einige dieser Kombinationen könnten praktische Ideen für einen Lampenhersteller darstellen. Andere eher nicht. Das ist der Punkt, an dem das Wissen und die Erfahrung des Herstellers ins Spiel kommen müssen, zusammen mit dem Verständnis über den jeweiligen Markt.

Behalten Sie stets im Hinterkopf, dass dieser Kreativitätstechniken entwickelt wurden, um Ideen anzuregen. Was Sie aus diesen Ideen machen, obliegt Ihnen.

Leon und der morphologische Kasten

Es war Zeit loszulegen. Leon und Thomas waren nur noch 48 Stunden entfernt von ihrem zweiten Meeting mit dem Banker. Wenn Sie bis dahin keine qualitativ hochwertige Webseite vorweisen könnten, wäre das Meeting schon gelaufen.

Der Druck war zu hoch. Keine Ideen. Nur Panik.

“Du hättest das nicht versprechen dürfen, in der kurzen Zeit“, sagte Thomas. “Jetzt stehen wir da, wie Inkompetente und niemand wird uns irgendwas leihen.”

“So funktioniert meine Muse nicht“, entgegnete Leon. “Deine Feindseligkeit erdrückt meine Kreativität.”

Leon und Thomas starrten einander an, zu gleichen Teilen mit Panik und Zorn erfüllt.

“Lass uns doch eine dieser Kreativitätstechniken von der getLaunched®-Webseite versuchen”, schlug Thomas nach einer Weile vor. “Was haben wir schon zu verlieren?”

Leon und Thomas entschieden sich für den morphologischen Kasten. Sie kamen auf ein paar Ideen für die Webseite und blickten auf Ihre möglichen Kombinationen.

“Wie wollen wir die beste Kombination aus den Ideen auswählen?” wollte Leon wissen.

“Wir erstellen eine Webseite, die der Banker sehen will“, gab Thomas zur Antwort. “Eine Kombination aus klassischen und modernen Elementen, einfach genug für jemanden, der kein Webdesigner ist.”

Ziel: Neue Homepage erstellen

Farbe	**Layout**	**Inhalte**	**Menü**	**Code**	**Benutzbarkeit**	**Finish**
Neutral	Simpel	Bilder	Links	PHP	Simpel	Klar
Mehrfarbig	Klar	Text	Rechts	HTML	Schnell	Simpel
Hintergrund farben	Modern	Tags	Oben	Java Script	Minimales Scrollen	Wissenschaft lich
Eine Farbe	Klassisch	Suchbegriffe	Unten	Flash	Sprechende URL	Business-orientiert
Glänzend		Videos	Keines			leserlich
Hell			Wechselnd			
Dunkel						

Olivia und die morphologische Analyse

Das Durchblättern der Kataloge des Fahrradzulieferers war Spass pur. Olivia genoss ausgiebig die riesige Auswahl der Fahrräder und des Zubehörs für Ihren Start.

Als Sie zu den Ersatzteilen gelangte, spielte Sie im Kopf mit den Preisen, um zu sehen, wie viel ein selbstkreiertes Fahrrad kosten würde, bestehend aus individuellen Teilen.

Es startete als simple Vorstellung, als Tagträumerei. Doch schon bald sah Olivia vor ihrem geistigen Auge ein Abteil mit Fahrrädern nach ihren eigenen Designs. Die Vorstellung war unglaublich verführerisch. So verführerisch, dass Olivia kurzerhand die Entwicklung von eigenen Fahrrädern in ihren Business Plan aufnahm.

Ein entferntes Ziel, sicherlich. Aber Olivia konnte es nicht abwarten. Sie war so vorsichtig gewesen, hielt sich stets zurück in der Zeit, in der sie das Fundament für ihr Startup legte. Jetzt herrschte nur noch nervöse, kreative Energie in ihr. Sie wollte sich endlich belohnen, für ihre Geduld.

Durch einen morphologischen Kasten legte Olivia die Parameter fest. Ihr eigenes Fahrrad zu entwerfen war ja so aufregend.

Ziel: Olivias Fahrraddesign

Material	Fahrradtyp	Finish	Radtyp	Bremsen	Sitz	Rahmen	Griff
Stahl	Strasse/ Stadt	Klein	Glatt	Rim	Netz	Racing	Drop bars
Aluminium	Berge	Schwarz	Geringe Resistenz	Trommel	Hart	BMX	Flat
Karbonfaser	Pendeln	Stahl	Viel Haftung	Shimano-Bremsen	Kombination	Touring mountain	Butterfly bars
Holz oder Bambus	Rennen	Neutral	Haltbar	Scheibe	Weit	Weight	Bullhorn
Kombinationen	Komfort	Weiss	Weit	Rücktritt	Eng	Double butting	Tri bars
Magnesium	Freizeit	Blau	Eng	Fixiert	Soft	External butting	Riser bars
Bambus		Orange	Leder	Track	Hart	Plain gauge tubing	Cruiser bars
		Pink	Plastic			Geometry	BMX
			Gel				Track bars

5.7 DO IT

An früherer Stelle in diesem Buch haben wir uns individuellen Aspekten des Entscheidungsprozesses und Techniken des kreativen Denkens bedient. Um den grössten Nutzen aus diesen Strategien zu ziehen, lassen Sie uns überlegen, wie wir sie zusammenfassen können. Und zwar zu einer Methode zur Problemdefinition und -evaluierung.

In seinem Buch *The Art of Creative Thinking*,[9] beschreibt Robert W. Olsen die "DO IT"-Technik. Sie wird zum Finden und zur Umsetzung von Lösungen eingesetzt. DO IT ist hierbei ein Akronym:

D – Definieren Sie das Problem.
O – Öffnen Sie Ihren Geist und wenden Sie kreative Ideenfindungswege an.
I – Identifizieren Sie die beste Lösung.
T – Transformieren Sie.

Dies kann eine wertvolle Übung zur Strukturierung des kreativen Prozesses sein und zur Überprüfung, ob das Basiswissen für alle in Erwägung gezogenen Massnahmen zur Verbesserung einer gegebenen Situation vorliegt.

D – Definieren Sie das Problem.

Wenn Sie ein Problem lösen wollen, müssen Sie es vorher genau kennen. Stellen Sie sicher, dass Sie sich die richtigen Fragen stellen, ehe Sie Antworten suchen. Woher wissen Sie, ob Sie sich die richtige Frage stellen? Das eigentliche Problem lösen?

- Kümmern Sie sich um grundlegende Probleme, nicht um deren Folgen. Fragen Sie sich, wodurch das Problem ausgelöst wurde. Wenn Sie die Antwort darauf haben, fragen Sie sich, welche Gründe Sie zu Ihrer Antwort geführt haben. Wiederholen Sie diesen Schritt so lange, bis Sie am Kern der Ursache angelangt sind.
- Stecken Sie die Grenzen des Problems ab. Was Sie erreichen wollen, muss auch innerhalb Ihrer Möglichkeiten liegen.
- Sind Sie mit einem grossen oder komplexen Problem konfrontiert, zerlegen Sie es in seine Bestandteile. So können Sie mit den Einzelteilen sicherer umgehen. Sezieren Sie das Problem, bis jeder kleinste Teil lösbar wird oder präzise Recherche erfordert.
- Zählen Sie die Probleme so detailliert wie möglich auf. Olsen empfiehlt die Niederschrift von mehreren „Zwei-Wort-Problemen" um sich für die beste Lösung entscheiden zu können.

O – Öffnen Sie Ihren Geist und wenden Sie kreative Ideenfindungswege an.

Sobald Sie einen klaren Eindruck des Problems haben, können Sie anfangen nach einer Lösung zu suchen. Nehmen Sie nicht die erste Idee! Sie wird in den seltensten Fällen die Kreativste oder Beste sein. Lassen Sie sich Zeit mit Ihrem Team ein paar unterschiedliche Lösungsansätze zu entwickeln, die mehr Potential haben.

Bewerten Sie Ihre Ideen in dieser Phase nicht. Sammeln Sie möglichst viele verschiedene Ideen. Denken Sie daran: Auch eine anfangs lächerliche Idee kann einen Funken Brillanz in sich tragen oder sich zu einer genialen Idee entwickeln.

Sie können die vorher in diesem Buch beschriebenen Techniken zur Ideengenerierung nutzen. Jede hat Ihre Stärken und Vorteile, also überlegen Sie genau, welche für Ihr spezifisches Problem am besten zur Lösung beiträgt. Während Sie nach einer Problemlösung suchen, ist es sinnvoll, die Meinung anderer einzuholen, um neue Perspektiven zu erhalten.

I – Identifizieren Sie die beste Lösung.

Nun, da Sie eine Sammlung verschiedener Lösungen haben, ist es

Zeit, die für Sie passende zu wählen. Manchmal ist sie naheliegend. Sie kann aber auch erst nach genauerer Betrachtung ihr volles Potential entfalten. Deshalb sollten Sie verschiedene Ideen ausarbeiten.

T – Transformieren Sie.

Das zu lösende Problem ist nun zureichend bekannt und eine Strategie erarbeitet.

Die Umsetzung der Lösung beinhaltet üblicherweise mehr als nur ein zuverlässiges Produkt aus der Idee zu entwickeln. Sie müssen sich auch um Marketing und geschäftliche Aspekte kümmern.

Die Lösung zu transformieren, mag sehr viel Zeit und Energie kosten. Das ist der schwierigste Prozess. Er kann Spass machen und beflügeln, neue Produkte oder Dienstleistungen zu kreieren. Aber die Entwicklung ist selten so simpel.

Tun Sie sich den Gefallen und erarbeiten sie einen Aktionsplan. Es kann auch von Nöten sein, einen Business- oder Marketingplan zu erstellen. Nachdem Sie die Arbeit geplant haben, arbeiten Sie den Plan durch.

Leon und die DO IT Strategie

Es war praktisch ein Neubeginn.

Jetzt, da sie ihr Zugpferd an ihren früheren Arbeitgeber verkauft hatten, befanden sich Leon und Thomas an einem Wendepunkt. Der Verkauf verschafft ihnen finanziellen Freiraum. Mit dem plötzlich vollen Bankkonto und einem leichteren Arbeitsplan, war es, als könnten sie noch einmal anfangen. Diesmal aber unter besseren Bedingungen als beim ersten Mal.

Es war an der Zeit, eine schwere Entscheidung zu treffen. Sie hatten die Wahl, ihre Zeit und ihr Geld in die Neukundengewinnung und -erhaltung zu investieren oder sie könnten eine neue Software entwickeln.

Jetzt hatten sie die Zeit und das Geld, sich an ein neues Projekt zu wagen. Sie hatten die Erfahrung und den Enthusiasmus, um aus dem Projekt einen vollen Erfolg zu machen. Wahrscheinlich am besten: Sie hatten die Gelegenheit und Freiheit zu entscheiden, was dieses Projekt sein sollte.

Leon und Thomas waren sich einig, dass sie sich mehr auf die Produkte, anstatt den Service, konzentrieren zu wollen. Sie würden ihre bisherigen Kunden behalten und neue gewinnen, aber die meiste Zeit würde in die Entwicklung einer neuen Zusatzsoftware fliessen.

Da sie nun die Möglichkeit hatten in eine neue Richtung zu gehen, mussten sich die Partner auf eine gemeinsame Marschrichtung einigen.

“Lass uns auf unseren Schlüsselmarkt konzentrieren”, sagte Leon. “Wir wissen ja schon, was wir brauchen. Wir können uns überlegen, was unsere Kunden brauchen und von dort aus weitersehen.”
Die beiden Partner arbeiteten einen Plan aus, wie sie einen Mehrwert für ihre Kunden schaffen können. Sie nutzten dazu

Brainstorming und verglichen ihre Idee, bis eine vielversprechende übrigblieb.

Die Zeit war gekommen, um ein innovatives Programm zu entwickeln, das das Potential hat, digital die ganze Welt zu erobern.

“Das ist eine grosse Aufgabe”, sagte Thomas.

“Wir haben es schon einmal geschafft”, warf Leon ein.

“Ja”, sagte Thomas. “Lass es uns nochmal tun.”

“Aber nicht jetzt sofort”, sagte Leon. “Montag. Nachdem ich das Wochenende mit meiner Familie verbracht habe.”

“Klar”, gab Thomas zurück. “Du bist schliesslich dein eigener Boss.”

“Und ob ich das bin”, sagte Leon mit einem breiten Grinsen.

5.8 Design Thinking

Die Design Thinking Methode ist ein kreativer und problemlösungsorientierter Ansatz, der dazu dient, innovative Lösungen für komplexe Probleme zu entwickeln. Ursprünglich wurde Design Thinking im Design-Bereich verwendet, hat sich aber mittlerweile auf verschiedene andere Bereiche ausgedehnt, wie beispielsweise Wirtschaft, Technologie, Bildung und soziale Innovation.

Bei der Design Thinking Methode steht der Mensch im Mittelpunkt des Gestaltungsprozesses. Sie beruht auf der Idee, dass ein tiefes Verständnis der Bedürfnisse, Motivationen und Verhaltensweisen der Nutzer eine solide Grundlage für die Entwicklung von Lösungen bildet.
Die Design Thinking Methode besteht in der Regel aus mehreren Phasen:

1. Verstehen: In dieser Phase werden die Nutzer und ihr Kontext gründlich untersucht, um ihre Bedürfnisse, Probleme und Motivationen zu verstehen.
2. Beobachten: Durch Beobachtung und direkte Interaktion mit den Nutzern werden Informationen gesammelt, um ihre Bedürfnisse und Verhaltensweisen besser zu verstehen.
3. Standpunkt definieren: Die gewonnenen Erkenntnisse werden analysiert und daraus eine klare Problemstellung formuliert, auf die sich die Lösungsfindung konzentrieren soll.
4. Ideen generieren: In dieser Phase werden kreative Ideen und Lösungsansätze entwickelt, ohne Einschränkungen oder Kritik zu beachten. Es geht darum, möglichst viele Ideen zu generieren.
5. Prototypen erstellen: Aus den Ideen werden einfache Prototypen oder Modelle entwickelt, die schnell und kostengünstig getestet und weiterentwickelt werden können.
6. Testen und Feedback einholen: Die Prototypen werden mit den Nutzern getestet, um Feedback zu erhalten und Erkenntnisse für die Weiterentwicklung zu gewinnen.

Dieser iterative Prozess wird mehrmals durchlaufen, um kontinuierliches Lernen und Verbesserungen zu ermöglichen.

Die Design Thinking Methode eignet sich für komplexe Problemstellungen, bei denen herkömmliche Ansätze möglicherweise nicht ausreichend sind. Sie kann bei Start-ups in verschiedenen Bereichen und auf unterschiedlichen Ebenen angewendet werden, wie zum Beispiel Produktentwicklung, Dienstleistungsgestaltung, Markteintrittsoptionen entwickeln.

5.9 Sechs Denkhüte von De Bono

In seinem Buch *Six Thinking Hats,*[10] beschreibt Edward de Bono eine effektive Methode, die er zum Brainstorming entwickelte. Englisch nennt sich diese Methode (Überraschung!) „Six Thinking Hats“. Im Deutschen ist sie besser bekannt als die Denkhüte von De Bono. Die sechs „Hüte“ haben jeweils verschiedene Farben und stehen für sechs verschiedene Wege des Nachdenkens über Strategien oder Probleme. Die Technik beinhaltet also den Blickwinkel auf das Thema von sechs unterschiedlichen Perspektiven. Dazu wird jedem der sechs Teilnehmenden eine andere Perspektive zugeteilt.

Die Denkhüte von De Bono sind nützlich, um Entscheidungen aus verschiedenen Blickwinkeln heraus zu betrachten. Durch diese Methode können Gründerpersonen ausserhalb ihrer gewohnten Muster über Themen nachdenken und so neue Sichtweisen kennenlernen. Deshalb helfen die sechs Denkhüte die vollständige Komplexität einer Entscheidung zu verstehen. So können Chancen oder Gefahren ans Tageslicht gebracht werden, die anderweitig unerkannt geblieben wären.

Die Methode von De Bono zwingt die Teilnehmenden, ihre gewohnten Denkmuster zeitweise aufzugeben und eine der sechs Quellen von Kreativität und Innovation zu übernehmen.

Die Denkhüte von De Bono können nützlich sein, die frühen Chancen eines Startups zu erkennen, aber auch beim Treffen oder Überdenken von Entscheidungen in verschiedenen Phasen oder Situationen.

Die Methode hat die Kraft, den Blickwinkel der Fragestellung zu erweitern und noch grössere Kraft, Entscheidungen objektiv zu betrachten. Die sechs Denkhüte können in einer Brainstorming-Sitzung, einem Meeting oder Workshop, die Qualität von Entscheidungen massiv erhöhen und damit zum Erfolg des Startups beitragen.

Einige der Vorteile dieser Methode:

- Kritische Meetings können ohne ausufernde Emotionen oder festgefahrene Ansichten verlaufen. So steht guten Entscheidungen nichts mehr im Wege.
- Einfache Entscheidungen werden durch stärkere Strategien ersetzt, weil tiefer gegraben wird.
- Erhöhung der Produktivität und Effektivität.
- Kreative Lösungen werden zur Norm im Unternehmen.
- Diskussionen über komplexe Probleme bekommen Struktur, durch Maximierung und Organisation von Ideen.
- Entscheidungsträgern wird es möglich schneller auf einen gemeinsamen Nenner zu kommen für passende Lösungen. Die geteilte Vision dieser Entscheidungen trägt zudem zur „Corporate Culture“ bei.

Teilnehmer tragen (gemäss dem Originalkonzept) Hüte, um deren verschiedene Perspektiven zu symbolisieren. Jeder dieser Hüte hat eine eigene Farbe, die den verschiedenen Kategorien zu denken zugeordnet ist. Diese Hüte können ihren Besitzer wechseln, wobei jeder Teilnehmer nur einen Hut zur selben Zeit tragen kann.

Die Hüte in der Übersicht:

- **Weiss** – Der weisse Hut steht für die pure, unverfälschte Wahrheit. Daten. Information. Einzig und allein die Fakten zählen. Wenn richtig durchgeführt, sollten die Beiträge dieses Hutes immer dieselben sein, egal welcher Teilnehmer ihn innehat.

- **Gelb** – Die Farbe des Sonnenscheins. Dieser Hut steht für absoluten Optimismus. Wer diesen Hut trägt, hat nur positive Aussagen im Sinn. Alles wird gut werden... wird wertvoll... profitabel... nutzbringend... und natürlich positiv, positiv, positiv.

- **Schwarz** – Hier geht es nur um Probleme, nicht um Lösungen. Der Träger des schwarzen Hutes ist der ständige Kritiker. Wenn etwas schwierig, gefährlich oder unsinnig klingt, sagt dieser Hut das geradeheraus.

- **Rot** – Feuer und Leidenschaft. Der Träger des roten Hutes bringt Instinkte, Gefühle, Vermutungen und Intuition ins Spiel. Dieser Hut kann Dinge sagen wie "Ich liebe", "Ich hasse", "Ich fürchte", "Ich bin aufgeregt" und "Ich fühle".

- **Grün** – Frisch, neu und innovativ. Kreativität! Der grüne Hut fokussiert Chancen, Alternativen, Konzepte und Erkenntnisse. Der grüne Hut steht für Ideen, über die andere Hüte reden.

- **Blau** – Einer muss aufpassen, dass die anderen Hüte ihren Job ordentlich machen und nicht aus der Reihe tanzen. Diese Rolle übernimmt der blaue Hut, der Aufpasser. Wie könnte sich ein blauer Hut anhören? Etwa so: "Schwarz, Gelb, hört auf euch zu streiten. Weiss, Gefühle sind nicht deine Aufgabe. Grün, so gehen wir die Dinge bereits an. Rot, hör auf so viel zu denken. Und wenn wir schon dabei sind: Jemand könnte mir einen Espresso bringen."

Wie wäre es mit einem Beispiel? Sagen wir, sechs Geschäftspartner diskutieren darüber, ob sie ein neues Bürogebäude errichten sollten, für ihre jüngste Immobilien-Unternehmung. Der Wettbewerb ist stark und leerstehende Büroräumlichkeiten sind immer schwieriger zu finden. Sie entscheiden die Denkhüte von De Bono einzusetzen.

Der weisse Hut startet und analysiert die aktuellen Daten. Es wird auf den aktuellen Trend bei Büroräumlichkeiten hingewiesen und den scharfen Rückgang an deren Verfügbarkeit. Sollte der Trend anhalten, würde das neue Bürogebäude exakt zum Zeitpunkt eines schweren Mangels an Büroräumlichkeiten fertiggestellt sein. Aktuelle Prognosen der Regierung sagen stetiges, wirtschaftliches Wachstum während der angestrebten Bauphase voraus.

Der rote Hut lässt sich darüber aus, dass das angestrebte Gebäude hässlich sei. Er hasst es. Auch wenn es höchst kosteneffizient sei, er befürchtet, dass die potentiellen Käufer es ebenfalls hässlich finden werden. Sein Bauchgefühl verrate ihm, dass die Leute nicht in einem solchen Gebäude arbeiten wollen.

Der schwarze Hut wittert Schwierigkeiten. Er warnt davor, dass Regierungsprognosen auch falsch sein können. Fall die Wirtschaft einen Rückgang erlebe, könnte das Bürogebäude lange Zeit leer stehen. Besonders dann, falls der rote Hut Recht habe und das Gebäude abscheulich sei. Firmen würden dann viel eher ein anderes Gebäude auswählen.

Der gelbe Hut hingegen gibt an, dass die Wirtschaft stabil bleibe, sogar wachse und die Regierungsprognosen richtig seien. Das Unternehmen würde massive Einnahmen erzeugen durch das Vorhaben. Aber nicht nur das! Es würde auch die Option eröffnen zu wählen zwischen dem Verkauf des gesamten Gebäudes vor dem nächsten Einbruch in der Wirtschaft oder der Vermietung an andere Firmen für langfristige Einnahmen.

Der grüne Hut sagt, dass das Design des Gebäudes einfach geändert werden könnte, um es besser aussehen zu lassen. Es würde so renommierter wirken und mehr Attraktivität für Mieter bieten, abseits der wirtschaftlichen Situation. Anstelle das Gebäude zu bauen, könnte auch einfach eines gekauft werden. Am besten während der nächsten Rezession, da dann die Preise sinken.

Der Vorsitzende trug den blauen Hut während der Diskussion und verfolgte die verschiedenen Aussagen und Standpunkte, resultierend aus den unterschiedlichen Perspektiven. Er griff hier und da ein, um die Teilnehmenden bei ihren Perspektiven zu halten, an ihre Funktion zu erinnern und um jede Art der Kritik unter den Teilnehmenden zu untersagen.

Die Blickwinkel, Ideen und Aussagen, die im Meeting zustande kamen, waren nicht die Aussagen, welche die Träger der Hüte normal getroffen hätten.

Das ist einer der schönen Aspekte an dieser Technik. Leute, die typischerweise Pessimisten sind, könnten den gelben Hut zugewiesen bekommen, um deren positive Einstellung zu steigern. Oder den grünen Hut, um deren Kreativität anzuregen. Emotionale Menschen könnten den weissen Hut wählen, um die Perspektive der Daten, Fakten und Zahlen einzunehmen. Skeptiker oder rational veranlagte Menschen könnten hingegen den roten oder schwarzen Hut wählen, um die emotionalen Aspekte zu vertreten.

Weil die verschiedenen Denkweisen spezifisch beschrieben sind, kann das Modell die Wogen der Unstimmigkeit zwischen einzelnen Personen glätten oder aber Verständnis aufbauen für die Denkweise anderer Personen. Auch wird verhindert, dass die Teilnehmer getroffene Aussagen persönlich nehmen, da jeder Teilnehmer eine spezifische Rolle spielt und erfüllen soll. Das ist sehr wichtig, weil es den einzelnen Teilnehmenden erlaubt, unbeliebte Aussagen zu treffen, ohne die Angst haben zu müssen in heftige Diskussionen verwickelt zu werden.

Pläne und Entscheidungen, die durch die Denkhüte von De Bono entstanden, sind häufig ausgereifter und resistenter. Es ist unwahrscheinlicher, dass Sie offensichtliche Fehler begehen und wesentlich wahrscheinlicher, dass Sie Fehler erkennen, noch bevor der Weg dorthin überhaupt eingeschlagen wurde. Wenn Sie Ihr Entscheidungen von verschiedenen Blickwinkeln aus betrachten, eröffnen Sie sich die Option für Kreativität in Ihren Entscheidungen und können Ihren Weg mit höherem Selbstvertrauen gehen.

Olivia und die sechs Denkhüte von De Bono

Olivia sass an einem Tisch mit Michael, Jillian und ihren Angestellten. In der Mitte des Tisches standen drei Papierhüte mit unterschiedlichen Farben.

"Lasst uns ein kleines Spiel spielen", sagte Olivia. Sie erklärte der kleinen Gruppe das Konzept der Denkhüte von De Bono.

Nachdem Olivia ihre Liste an Zulieferern ausgeschöpft hatte, stand fest, dass niemand ihr das Fahrrad produzieren konnte, dass sie so sehr wollte. Zumindest nicht zu einem annehmbaren Preis. Sie kam zu der Erkenntnis, dass sie dieses Fahrrad womöglich komplett selbst bauen müsste. Sie hatte sich über den Prozess eines solchen Baus informiert und mit entsprechendem Einsatz, betrachtete Olivia es durchaus als möglich, das Fahrrad selbst herzustellen. Ihre eigens produzierte Fahrradmarke? Olivia mochte die Idee.

Um diesen Weg einzuschlagen, wollte Olivia nun weitere Aspekte in Erwägung ziehen. Sie musste gegen ihren Impuls ankämpfen, sich direkt ans Werk zu machen.

Mit grosser Überwindung wählte sie selbst den schwarzen Hut.

"Ich brauche dich, um mich auf meine Rolle zu beschränken", sagte sie zu Michael und überreichte ihm den blauen Hut.

"Und dich brauche ich, wegen deinem Bauchgefühl", erklärte sie Jillian, den roten Hut überreichend. Sie gab den grünen, weissen und gelben Hut an ihre Angestellten weiter.

"Es ist ein grossartiges Design", begann Jillian. "Es sieht schnittig und stylisch aus. Es fühlt sich so an, als ob die hohe Funktionalität es sehr beliebt machen werde. Ich würde es kaufen."

"Das wäre wie eine persönliche Signatur", sagte der Angestellte mit dem gelben Hut. "Die Leute könnten es nur in deinem Laden kaufen, nirgends anders. Das würde auch höhere Verkäufe für andere Waren bedeuten. Mehr Absatz bei den Sicherheitsartikeln, Ersatzteilen und dem anderen Zubehör, weil die Kunden ohnehin schon da wären, wegen dem neuen Fahrrad."

"Als Finanzierung könnte Crowdfunding dienen", kam vom grünen Hut. "So wäre das Startkapital für die Produktion sichergestellt und die Leute wären direkt mit dem Produkt verbunden."

Nach 15-minütiger, positiver Diskussion, verlangte Michael Ruhe. Er übergab Olivia das Wort.

"Olivia", sagte er, "du hast noch nichts gesagt. Wenn diese Runde funktionieren soll, musst du uns die Schwierigkeiten vor Augen halten."

Olivia biss sich auf die Lippe. Sie hatte Angst die negativen Aspekte auszusprechen. Das wohl stärkste Argument wäre wohl, dass es das Beste sei das Projekt ganz zu lassen. Sie stand auf.

"Ich habe nie zuvor irgendetwas Vergleichbares produziert", sagte sie. "Wenn das Fahrrad von guter Qualität sein soll, brauche ich Fachpersonal. Leute, die wissen, was sie tun. Das wäre allerdings sehr kostenintensiv. Wenn der Verkauf nicht gut liefe, wäre das Material für die Herstellung nutzlos. Das würde zusätzliche Verluste bedeuten. Der Laden läuft gegenwärtig gut, aber dieses Vorhaben birgt das Risiko, das Geschäft zum Scheitern zu bringen."

Die Gruppe blickte sie stumm an.

Olivia fühlte sich unglaublich enttäuscht. Der Ausgang dieser Runde würde ein „Nein" zu ihrem Fahrrad bedeuten, dessen war sie sich bewusst. Auch wenn sie es nicht kannte, ein „Nein" als Antwort zu erhalten, musste sie realistisch bleiben. Der Zeitpunkt und die Umstände liessen es nicht zu. Sie würde warten müssen, bis sie bekam, was sie wollte.

"Ich danke euch allen für eure Hilfe", sagte sie. "Ich glaube ich habe jetzt alle Informationen, die ich brauche, um eine Entscheidung zu treffen."

Am selben Abend, nach zwei Gläsern Wein und einigen Tränen, stand Olivia an Connors Tür und schaute ihm beim Schlafen zu. Die alte Olivia hätte alles hingeworfen nach einem solchen Rückschlag. Und um ehrlich zu sein, auch die neue Olivia hätte am liebsten alles hingeworfen. Aber die neue Olivia gab sich selbst und vor allem ihrem Sohn ein Versprechen. Diesmal würde sie dranbleiben, sich verpflichten. Sie würde weiter vorwärts gehen, auch wenn das eine Richtung bedeute, die sie nicht plante.

3.10 SWOT Analyse

Konzipiert vom Unternehmens- und Managementberater Albert Humphrey in den 60er-Jahren, ist die SWOT-Analyse eine der nützlichsten Techniken, um die Stärken und Schwächen von Unternehmen zu verstehen und zu beurteilen, aber auch um Chancen und Gefahren zu identifizieren.

SWOT steht für:

S – Strengths – Stärken
W – Weaknesses – Schwächen
O – Opportunities – Chancen
T – Threats – Gefahren

Die SWOT-Analyse ist besonders nützlich zur Analyse der Stärken und Schwächen eines Unternehmens. Wenn Sie Ihre Stärken kennen, können Sie Chancen besser bewerten und nutzen. Auf der anderen Seite verraten Ihre Schwächen Ihnen, was Sie tun müssen, um diese Bereiche zu optimieren und somit Gefahren vorzubeugen.

Diese Technik ist auch dann nützlich, wenn ein Startup plant eine gezielte Nische im Markt für sich zu erobern. Wenn Sie die SWOT-Analyse zur Untersuchung Ihres Unternehmens (und die der

Konkurrenz) anwenden, werden Sie in der Lage sein, eine Strategie zu entwickeln und umzusetzen, die Sie von der Konkurrenz abheben wird. Das verschafft Ihnen eine hervorragende Position für geschäftlichen Erfolg.

Die SWOT-Analyse ist essentiell während der Gründungsphase. Sie stellt aber auch ein machtvolles Werkzeug in allen weiteren Unternehmensphasen dar.

Die SWOT Analyse bezieht sowohl die internen Gegebenheiten eines Startups mit ein als auch die externen Umstände.

Es ist wichtig anzumerken, dass die Stärken und Schwächen zu den internen Faktoren einer Unternehmung zählen. Das sind die Fähigkeiten, die ein Unternehmen hat (oder auch nicht hat). Chancen und Gefahren hingegen, sind externe Faktoren. Diese werden nicht durch das Unternehmen erzeugt, sondern durch Vorgänge und Gegebenheiten, die sich ausserhalb der Kontrolle des Startups befinden.

Diese Methode verlangt einen ausgewogenen Blick auf die spezifische Situation eines Startups. Es geht um gezielte Fragen über: Stärken, Schwächen, Chancen und Gefahren

Stärken

Fragen über die Stärken eines Startups helfen, die positiven Aspekte innerhalb des Unternehmens herauszufinden. Sie eignen sich aber auch um den Blickwinkel von Kunden oder relevanten Personen innerhalb desselben Marktes einzunehmen.

- Welche Vorteile hat Ihr Startup?
- In welcher Hinsicht übertrifft Ihr Startup die Konkurrenz?
- Welche einzigartigen Ressourcen stehen Ihrem Startup zur Verfügung?
- Welche Ihrer Stärken sehen die Menschen in Ihrem Markt?

Schwächen

Hier geht es um Fragen zu den internen Schwierigkeiten und Schwachstellen. Aber auch um externe Schwierigkeiten, da die Fragen in diesem Bereich, die Wahrnehmungen anderer Menschen – bezogen auf das Startup - behandeln. Hier gilt es realistisch zu bleiben. Nur so vermeiden Sie, dass ungewollte Wahrheiten zu ausgewachsenen Bedrohungen werden können.

1) Übertreffen Ihre Konkurrenten Sie in irgendeiner Weise?
2) Welche Verbesserungen wären denkbar?
3) Welche Fehler gilt es zu vermeiden?
4) Welche Schwächen werden die Menschen im Markt am ehesten sehen?

Chancen

Chancen sind etwas Wundervolles. Brillant werden sie dann, wenn diese Chancen die Stärken des Startups mit einbeziehen oder aber dazu dienen, Schwächen zu beseitigen. Aus diesem Grund ist es ratsam, die Ergebnisse dieser Sektion, mit den Ergebnissen der internen Faktoren abzugleichen.

- Wo finden sich gute Chancen?
- In welche Richtung führen diese Chancen?
- Welche interessanten Trends oder Entwicklungen könnten genutzt werden? Zum Beispiel:
    - Veränderungen in der Technologie oder den Märkten
    - Änderungen der Regierungspolitik, die den eigenen Geschäftsbereich betreffen
    - Veränderungen in sozialen Mustern, Demographie, Bedürfnissen, Lifestyles, Trends, etc.

Gefahren

Wie auch bei den Chancen, sollten die möglichen Gefahren, mit den Stärken und Schwächen abgeglichen werden, um zu ermitteln, welche Dynamiken zwischen diesen Komponenten herrschen.

- Welche Hindernisse gilt es zu bewältigen?
- Was treibt der Wettbewerb?
- Gibt es technologische Änderungen, die die eigene Position gefährden könnten?
- Gibt es gesellschaftliche Veränderungen, die gegen uns laufen?

Um die SWOT Analyse zu beginnen, zeichnen sie ein Gitter mit vier Quadranten auf ein Blatt Papier. Sie brauchen eine klare Trennung der einzelnen Quadranten. Hier ist eine simple SWOT Vorlage:

Stärken Was machen Sie gut? Über welche einzigartigen Ressourcen verfügen Sie? Was sehen andere als Ihre Stärke an?	**Schwächen** Worin können Sie sich verbessern? Worin sind Sie schlechter als andere? Was können andere als Schwäche ansehen?
Chancen Welche Chancen stehen Ihnen offen? Von welchen Trends können Sie profitieren? Wie können Sie Ihre Stärken zu Chancen umwandeln?	**Risiken** Welchen Risiken sind Sie ausgesetzt? Was macht Ihre Konkurrenz? Welchen Risikien sind Sie durch Ihre Schwächen ausgesetzt?

Basierend auf diese Stärken und Schwächen, Chancen sowie Gefahren können viele verschiedene Strategieoptionen entwickelt werden:

SO Strategien
SO Strategien versuchen, mit bestehenden Stärken sich bietende Chancen zu nutzen. SO Strategien gelten als jene mit dem grössten Erfolgspotenzial.

WO Strategien
WO Strategien versuchen, eigene Schwächen zu beheben, um sich bietende Chancen zu nutzen. Dies benötigt in der Regel mehr Zeit und Geld als SO-Strategien.

ST Strategien
ST Strategien versuchen, mit den vorhandenen eigenen Stärken drohende Gefahren abzuwenden.

WT Strategien
WT Strategien sind die defensivsten und schwierigsten. Denn sie versuchen, bestehende Schwächen zuerst zu eliminieren (braucht Zeit und Geld), um danach drohende Gefahren abwenden zu können.

Olivia und die SWOT-Analyse

Nachdem sie auf der getLaunched®-Webseite von der SWOT-Analyse erfuhr, fiel Olivia auf, dass sie Hilfe benötigte. Sie wusste genau um ihre Stärken. Sie war ambitioniert, charismatisch und eine harte Arbeiterin. Sie kannte die Fahrradindustrie gut. Aber sie konnte einfach keine Schwachstellen oder Hürden ihres Vorhabens definieren.

In einem kleinen Eck-Café setzte sich Olivia zu ihrer Schwester Jillian und überreichte ihr einen unglaublich teuren Café-Latte. Jillian schnupperte an der Tasse und stellte sie beiseite.

“Du hast mich noch nie nach meiner Meinung zu einer deiner Geschäftsideen gefragt”, sagte Jillian.

“Ich weiss. Weil ich nie zuvor deine Meinung wollte“, gab Olivia offen zu. “Aber das hier ist was anderes. Es geht nicht mehr nur um mich oder ein Abenteuer. Ich will dieses Geschäft zum Laufen bringen und bin offen für jedes kritische Feedback, dass du mir gibst.”

Jillian dachte einen langen Moment nach. Ihr Ausdruck verriet, dass ihr etwas auf der Zunge lag, dass sie nicht sagen wollte. Sie zuckte die Achseln.

“Was ist los?”, fragte Olivia. “Bitte halte nichts zurück, was du denkst.”

“Weisst du Olivia, die Dinge gingen, die immer so leicht von der Hand und Erfolg liess, nie lange auf sich warten. Das ist grossartig, ehrlich, aber ich denke, das hat dich verwöhnt. Du nimmst einfach an, dass alles, was du anpackst, gut geht, also stürzt du dich ohne Planung in irgendwelche Projekte.”

Olivia starrte in ihre Tasse. Was ihre Schwester sagte, wusste sie bereits, aber das machte es nicht leichter es zu hören.

“Wie die Sache mit Connors Vater”, sagte Jillian.

“Connors Vater war ein Loser”, entgegnete Olivia trocken.

“Ja, ich weiss. Das versuchte ich dir vor der Hochzeit klarzumachen. Aber du erwartest ja, dass alles immer gut läuft, also hörtest du nicht auf mich.”

“Was genau hat das mit einem Fahrradgeschäft zu tun?” fragte Olivia resignierend.

Jillian seufzte. Das war genau der Punkt, weswegen solche Gespräche derart zäh verliefen. Ein Moment der Stille wurde zu zweien, dann zu dreien.

Olivia atmete tief durch. “Verzeih mir“, bat sie. “Ich habe dich um deine Hilfe gebeten und jetzt fahre ich dich an. Das ist nicht fair.“

“Aber das ist genau das, was ich meine“, gab ihr Jillian zu verstehen. “Du hattest einen Hintergedanken, eine Idee für dieses Gespräch und zack stürzt du dich rein. Wenn es aber dann in eine Richtung geht, die du nicht willst, wirst du zornig. Und das gleiche tust du mit deinen Geschäften.”

Olivia dachte über die Worte ihrer Schwester nach. Sie hasste den Umstand, dass Jillian Recht hatte. Aber wenn Olivia sich selbst gegenüber ehrlich war, musste sie zugeben, dass sie stark sprunghafte Tendenzen besass, wenn die Dinge nicht nach Ihren Erwartungen liefen.

“Danke, Jillian“, sagte Olivia mit einem Nicken. “Genau deswegen bat ich dich um deine Hilfe. Ich will es diesmal besser machen. Kannst du mir helfen noch einige Dinge zu bedenken bezüglich dieses Geschäfts?”

“Wirst du mich wieder anfahren?”

“Vielleicht.”

Jillian lächelte. “Okay. Aber nur weil du so aufrichtig bist!”

3.11 The McKinsey 7S Framework

In den frühen 80er Jahren, entwickelten Tom Peters und Robert Waterman, Berater für die McKinsey & Company Beratungsfirma, dass McKinsey 7s Framework. [11] Es wurde entwickelt zum besseren Verständnis über interne Abläufe eines Unternehmens.

Das McKinsey 7S Framework ist besonders nützlich in den Frühphasen eines Startups oder in Situationen grosser Veränderungen. Mit dessen Hilfe können Bemühungen zur effektiveren Unternehmensleistung erarbeitet werden. Das Modell bietet zudem einen strukturierten Weg, mögliche Auswirkungen von zukünftigen Änderungen vorherzusagen. Es ist besonders hilfreich bei der Rationalisierung von Geschäftsabläufen während einer Fusion oder Übernahme.

Das Modell hilft darüber hinaus zu untersuchen, wie eine geplante Strategie implementiert werden kann. Die Aussage dahinter ist, dass die Umsetzung einer Geschäftsstrategie danach verlangt, dass die Schlüsselkomponenten des Unternehmens selbst beachtet werden. Wie Sie sich wahrscheinlich bereits denken können, gibt es sieben dieser Komponenten im McKinsey 7S Framework. Sie alle beginnen mit dem Buchstaben „S“: Strategie, Struktur, Systeme, Selbstverständnis (Shared Values, Vision), Stil (Unternehmenskultur), Stammpersonal und Spezialfertigkeiten

(Skills, Fähigkeiten).

In einer gesunden Organisation ergänzen sich diese sieben Elemente wechselseitig. Wie die Räder eines Autos miteinander arbeiten müssen, um den Wagen ins Rollen zu bringen, so müssen auch diese sieben Elemente eines Unternehmens ineinandergreifen, um den Erfolg im Markt zu ermöglichen. Sehen wir uns diese Elemente an.

- STRATEGIE – Der Plan, den ein Unternehmen versucht umzusetzen, um sich im Wettbewerb von der Konkurrenz abzusetzen oder zumindest die eigene Position im Markt zu halten.

- STRUKTUR – Die „Kommandokette" des Unternehmens.? Wer ist wem unterstellt? Dies wird meist mit der Aufbaustruktur, einem Organigramm, abgebildet.

- SYSTEME – Tägliche Abläufe und Aktivitäten der Angestellten, um Ihre Arbeit zu erledigen.

- SELBSTVERSTÄNDNIS (Shared Values, Vision) – Ursprünglich übergeordnete Ziele genannt.

- STIL(Unternehmenskultur) – Führungsmethoden und die Herangehensweisen des Managements.

- STAMMPERSONAL – Alle Angestellten und deren generelles Potential.

- SPEZIALFERTIGKEITEN (Skills, Fähigkeiten) – Die aktuell gegebenen Fähigkeiten und Kompetenzen der Angestellten.

Wie Sie vielleicht festgestellt haben, sind einige dieser Elemente leichter zu kontrollieren als andere. Das McKinsey 7S Framework kategorisiert diese sieben wechselseitigen Faktoren als "Hard" oder "Soft" Elements. Das sieht wie folgt aus:

Harte Elemente	Weiche Elemente
Strategie	Selbstverständnis
Struktur	Spezialfertigkeiten
Systeme	Stammpersonal
	Stil

"Harte" Elemente stellen jene Faktoren dar, die viel genauer und präziser beschrieben werden können, Das Management kann diese Faktoren gezielter und schneller beeinflussen.

"Weiche" Elemente sind wesentlich komplexer. Sie werden durch Kulturen und Persönlichkeiten gesteuert und sind daher schwerer zu definieren. Diese subjektiven Faktoren sind aber keineswegs weniger von Bedeutung für den Erfolg eines Startups.

Weil diese sieben Elemente wechselseitig sind, bedeutet eine Änderung an einem Element auch Änderungen in allen anderen. Für maximalen Erfolg müssen also alle Elemente aufeinander abgestimmt sein.

Die Nutzung des McKinsey 7S Framework kann Gründerpersonen helfen Bereiche auszumachen, die Optimierungen brauchen, um das Erfolgspotenzial ihres Startups zu steigern. Sollten die sieben Elemente bereits im Einklang sein, kann das Modell helfen diese Harmonie beizubehalten.

Sie können das Modell auch zur Hilfe bei Übergängen nutzen. Durch die Analyse der gegenwärtigen Situation (Punkt A) und der angenommen zukünftigen Situation (Punkt B), können Sie Lücken und Unstimmigkeiten zwischen den beiden Punkten aufdecken. Das dadurch erworbene Wissen wird es Ihnen erleichtern, Ihr Geschäft auch während solcher Übergänge effektiv zu betreiben.

Auch wenn das McKinsey7S Framework Ihnen nicht alle Antworten liefern kann, die Sie benötigen, um alle Aspekte Ihres Geschäfts miteinander in Einklang zu bringen, wird das Modell Ihnen helfen, die richtigen Fragen zu stellen.

Leon und das McKinsey 7S Framework

Nach zehn Jahren treuer Ergebenheit gegenüber seinem Arbeitgeber waren die Sorgenfalten auf der Stirn und die ersten grauen Haare das einzige, das Leon als Belohnung für seinen Einsatz vorweisen konnte. Diese zehn Jahre würde er nie wieder zurückbekommen. Sie waren für immer weg, verschwunden in den Weiten der Vergangenheit.

Leon lag in seinem Krankenhausbett, den Kopf bandagiert und beide Beine in Gips. In einer solchen Situation erkennt der Mensch schnell den Gegenwert von zehn Jahren.

Ein Betrunkener Autofahrer kostete Leon um ein Haar all die Jahre, die noch vor ihm lagen. Dankbar, dass der Leichtsinn des Fahrers nicht zu Schlimmerem geführt hat, ging Leon eine Frage einfach nicht mehr aus dem Kopf: War das Leben, das er bis hierhin lebte, wirklich das, was er wollte?

Die Antwort auf diese Frage fand Leon sehr schnell: Nein.

Am Anfang erfüllte ihn seine Tätigkeit für den zweitgrössten Technologiekonzern des Landes mit Stolz. Er mochte seine Arbeit auch, aber irgendwann im Laufe der Zeit verlor er mehr und mehr das Interesse. Er verabscheute seinen egoistischen Chef, er verabscheute es immer und immer wieder bei Beförderungsrunden übergangen zu werden und er hasste es, die Arbeit am Wochenende mit nach Hause nehmen zu müssen. Am Ende des Tages entlohnte auch der Gehaltszettel nicht für die verlorene Zeit mit seiner Frau und den Kindern.

Kurz gesagt, gab er sein Leben auf für eine Firma, bei welcher er nur eine Nummer war. Das musste enden. Leon traf eine Entscheidung.

Er wollte unter keinen Umständen das Geschäftsfeld ändern. Schliesslich besass er bereits Expertenwissen in einem Bereich, der ihm einst Spass bereitete. Er wollte fortan lediglich sein eigener Chef sein. Womöglich war es einfach an der Zeit, die Zügel selbst in die Hand zu nehmen. Als er über diesen grossen Schritt nachdachte, klopfte es plötzlich an der Tür.

Thomas kam zu Besuch. Er arbeitete seit sieben Jahren an der Seite von Leon. Gleichermassen unglücklich in Sachen Unternehmenspolitik, bemitleideten sich er und Leon von Zeit zu Zeit, wenn wieder jemand mit geringerer Qualifikation einen Sprung auf der Karriereleiter des Konzerns machte.

“Ich habe eine Nachricht von unserem wohlwollenden Chef für dich”, sagte Thomas, als er an der Bettkante neben Leon Platz nahm. Er zog einen Laptop aus seinem Rucksack. “Er sagte, dass er einverstanden ist, dass du von hier aus arbeitest, solange du nicht ins Büro kommen kannst. Beginnend mit heute.”

“Du machst wohl Scherze”, protestierte Leon. “Ich stehe immer noch unter starken Schmerzmitteln und die Gehirnerschütterung ist auch noch nicht abgeklungen.”

Thomas zuckte mit den Achseln.

Dann begann eine sehr ernste Unterhaltung zwischen den beiden Freunden. Vor einiger Zeit hatten die beiden schon beschlossen, dass sie das Steuer selbst übernehmen müssten, wollten sie einen bedeutenden Schritt in ihrer Karriere vorwärtskommen. Selbst unter Einfluss von Schmerzmitteln wusste Leon, dass sie beide einen klügeren Weg wählen würden.

Anstatt den Laptop für die Arbeit zu nutzen, studierte Leon verschiedene Werkzeuge zur Entwicklung von Geschäftsmodellen und Businessplänen.

Als Leon auf das McKinsey7S Modell stiess, erkannten er und sein Freund ziemlich schnell, welche Fehler ihr eigener Chef beging. Der prominente Technologiekonzern mit Fokus auf Softwareentwicklung war, ironischerweise, schrecklich in Sachen Soft-Skills. Dieses Defizit sorgte dafür, dass dem Konzern bald schon zwei der besten Mitarbeiter fehlen würden.

Leon bemerkte plötzlich, dass er enthusiastischer und

optimistischer wurde als in den letzten Jahren. Er konnte es kaum abwarten sein eigenes Leben zurückzuerobern.

5.12 SCAMPER

SCAMPER ist eine erfinderische Strategie, die vom Pädagogen und Kreativitätsexperten Bob Eberle entwickelt wurde. [12] Diese Technik hilft Ihnen über Veränderungen nachzudenken, die Sie an einem bereits existierenden Produkt vornehmen könnten, um daraus etwas Neues zu erschaffen.

SCAMPER ist ein Akronym und steht für:

- **S** – **Substitute** – Ersetze – Komponenten, Materialien, Personen.
- **C** – **Combine** – Kombiniere – vermische mit anderen Funktionen, Integrationen, oder Kombinationen.
- **A** – **Adapt** – Ändere ab – ändere Funktionen, verwende andere Teile, andere Baugruppen.
- **M** – **Modify** – Modifiziere – steigere oder vermindere Grösse, Massstab, Gestalt, Attribute.
- **P** – **Put** to another use – finde weitere Verwendungen, Zusammenhänge, Anwendungsbereiche, etc.
- **E** – **Eliminate** – Entferne – Elemente, Komponenten, Kernfunktionen.
- **R** – **Reverse** – Kehre um – stülpe das Innere nach aussen, stelle auf den Kopf.

Diese Liste an Veränderungen könnte Sie dazu bringen, existierende Produkte oder Dienstleistungen zu verändern, um daraus neue Möglichkeiten zu erschaffen. SCAMPER kann auch nützlich sein, um ein Produkt oder einen Service ihres Startups vorab zu analysieren. Behalten Sie hierfür immer die Bedürfnisse des jeweiligen Marktes im Hinterkopf.

Wagen wir uns an ein Beispiel. Stellen Sie sich vor, dass ein

Hersteller von Muttern und Schrauben ein neues Produkt herausbringen will. SCAMPER kann hier der zündende Funke für Kreativität sein:

- **Ersetze** – Nutzung von High-Tech-Materialien für Nischenmärkte, wie Hochleistungsschnittstahl? Karbonfaser? Plastik? Glas? Nicht reaktives Material?
- **Kombiniere** – Integriere Mutter und Schraube? Schraube und Unterlegscheibe? Schraube und Schraubenschlüssel?
- **Ändere ab** – Inbus-Schlüssel oder Sternkopf auf die Schraube setzen? Versenkungskopf?
- **Modifiziere** – Produziere Schrauben für Uhren oder Brücken? Produziere verschieden geformte Schrauben? Vorgefärbte grüne Schrauben?
- **Put** to another use – Schrauben als Pinnwandnägel? Als Achsen?
- **Entferne** – Eliminiere Muttern, Unterlegscheiben, Köpfe, Gewinde?
- **Kehre um** – Schrauben die das Gewinde selbst ins Material schneiden?

Wenn Sie SCAMPER so nutzen, könnte das dazu beitragen ein neues Produkt zu entwerfen.

Natürlich wird nicht jede Idee, die durch SCAMPER generiert wird, eine gute Idee sein. Viele Ideen werden womöglich unpraktisch oder einfach nur schlecht sein. Dennoch: Manche Ideen könnten solide genug sein, um den Anstoss zu einer Entwicklung zu geben. Danach ist es wichtig zu prüfen, was bereits am Markt existiert.

5.13 Starbursting

***"He who asks a question is a fool for five minutes; he who does not ask a question remains a fool forever."* – Chinesisches Sprichwort**

Wenn Sie die richtigen Antworten für die Lösung eines Problems suchen, müssen Sie zunächst die richtigen Fragen stellen. Die Startbursting-Methode ist eine Form von Brainstorming, die darauf zielt, Fragen, anstatt Antworten zu generieren. Die wesentliche Idee hinter dem Starbursting ist die Entwicklung eines tieferen Verständnisses einer neuen Idee, mit Hilfe passender Fragestellungen.

Durch das Stellen sinnvoller Fragen stellen Sie neue Ideen auf die Probe. So erhöhen Sie die Chancen, wirklich alle relevanten Aspekte einer Idee zu betrachten, bevor Sie sich an deren Umsetzung machen und womöglich etwas Fehlerhaftes implementieren. Das Ziel des Starburstings ist das Auffinden aller Lücken und Schwachstellen einer Idee. So können Sie alle Fehler beheben, noch bevor die Idee umgesetzt wird.
Ein Beispiel: Nehmen wir an, ein Entrepreneur hat eine wunderbare, neue Geschäftsidee. Denken Sie über ein paar Fragen nach, die unserem Entrepreneur helfen würden, diese Idee zu prüfen. Was differenziert seine Idee von all den anderen Geschäftsideen? Was würde es kosten, diese Idee in die Tat umzusetzen? Wer ist die Zielgruppe? Warum sollte die Zielgruppe bei ihm kaufen?

Starbursting entfaltet seine maximale Wirkung bei neuen Ideen. Diese simple und äusserst effektive Methode ist nützlich in nahezu jeder Phase der Planung eines Startups, besonders bei Einführung neuer Produkte oder Dienstleistungen.

Wenn Sie eine Idee für das Starbursting ausgewählt haben, befolgen Sie die nachfolgenden Schritte:

1. Zeichnen Sie einen grossen Stern mit sechs Spitzen auf. Im Zentrum des Sterns steht Ihre Idee oder das Produkt bzw. ein Problem.

2. Über die Spitzen des Sterns, schreiben Sie eines der folgenden Fragewörter: **Wer**, **Was**, **Warum**, **Wo**, **Wann** und **Wie**.

3. Starten Sie mit einem beliebigen Fragewort. Denken Sie über Fragen mit diesem Wort nach. Unternehmen Sie keinen Versuch diese Fragen zu beantworten. Denken Sie einfach nur über so viele Fragen nach, wie möglich.

4. Abhängig vom Ausmass des Themas machen mehrere Starbursting-Sitzungen Sinn. In diesen weiteren Sitzungen können dann auch Antworten auf bestehende Fragen gesucht werden.

Hier ist ein Beispiel des Starbursting-Modells für einen Videospiele-Laden:

WER? – Wer wird in dem Laden einkaufen? Wer wird dort arbeiten?

WAS? – Was unterscheidet den Laden von anderen? Was für eine Art von Spiele soll angeboten werden?
5
WIE? – Wie soll der Laden finanziert werden? Wie wird der Laden mit Online-Konkurrenten verfahren?

WO? – Wo wird sich der Laden befinden? Wo soll er beworben werden?

WANN? – Wann wird der Laden öffnen? Wann wird er schliessen?

WARUM? – Warum werden Leute zum Laden kommen? Warum gibt es im Umkreis des Standorts keine anderen Videospiele-Läden?

Starbursting ist ein unbezahlbares Tool, um Fragen in einer systematischen und umfangreichen Manier zu generieren. Diese Fragen können zu weiteren Fragen führen, die wiederum mit der Zeit zu Antworten führen.

Leon und das Starbursting

“Okay, das Thema ist also Computergrundlagen zu vermitteln”, sagte Leon und malte einen grossen Stern auf ein leeres Blatt Papier. “Die absoluten Basics.”

Nachdem die Preiserhöhung zum Verlust des grössten Kunden führte, entschieden Leon und Thomas, dass es zu gefährlich sei, sich nur auf einige wenige „tragende“ Kunden zu verlassen. Um den Schaden zu reparieren, wollten die beiden Partner mehrere kleinere Kunden gewinnen. Würde einer dieser kleineren Kunden wegfallen, hätte dies keinen so grossen Einfluss mehr auf das Geschäft.

Durch eine Kreativitätstechnik gelangten die beiden zu einer Idee: Ein kostenloses Seminar an der örtlichen Universität, wo es um Computerbasics für Inhaber von Kleinunternehmen gehen sollte. Wenn Sie die Kleinunternehmer im nahen Umkreis für das Seminar begeistern könnten, wäre das eine grossartige Chance zur Selbstpromotion und zur Kontaktaufnahme mit einer Vielzahl an potentiellen Kunden.

Nachdem Leon und Thomas Wege ausmachten, um das Seminar zu bewerben, mussten sie darüber nachdenken, was genau sie den Teilnehmenden des Seminars lehren wollten.

“Wo sind Inhaber von Kleinunternehmen zu finden?” fragte Thomas. Leon schrieb die Fragen neben den „WO“-Punkt des Sterns.

“Wann brauchen sie häufig technischen Support?” fragte Leon. Er schrieb die Frage neben den „WANN“-Punkt des Sterns.

“Warum haben die Inhaber keinen IT-Dienstleister?”

“Wie zeigen wir ihnen, dass wir das Geld wert sind?”
Als die beiden Partner fertig waren, gab es dutzende Fragen zu beantworten. Durch das Eingrenzen des Kurses auf die Beschreibungen der Dienstleistungen, die die beiden anboten, würden Leon und Thomas den Teilnehmenden echten Mehrwert

bieten können und gleichzeitig ihre Angebote bewerben können. Sie ordneten die Fragen also zu den einzelnen Themen zu und machten sich dann an die Beantwortung der Fragen.

Als der Zeitpunkt des Seminars kam, war Leon wie gelähmt. Er dachte, er hätte seine Angst öffentlich zu sprechen überwunden, aber der Anblick der Menschenmenge verursachte bei ihm Schweissausbrüche und nahm ihm den Atem. Er liess seinen Blick durch das Publikum schweifen. Es waren mindestens 100 Menschen gekommen, einige davon kannte er sogar. Drei Leute waren frühere Arbeitskollegen von Gigan-Tech.

“Was tun die denn hier?” fragte Leon Thomas. Vorsichtig deutete er auf die drei alten Kollegen.

“Weiss ich nicht. Aber ich erinnere mich an den Kerl in der Mitte”, antwortete Thomas. “Er ist ein Idiot. Wahrscheinlich sind sie gekommen, weil sie eine Blamage oder so was vermuten.”

“Sag solche Dinge nicht, wenn ich eine Rede halten soll”, stöhnte Leon. “Willst du, dass ich mich blamiere?”

“Lass uns zu den Computer-Göttern beten, dass wir keine technischen Schwierigkeiten während der Präsentationen bekommen. Das würde nicht den besten Eindruck machen.”

Leon nahm die Hand vor den Mund und rannte zur Toilette.

“Sieht so aus, als würden seine Beine wieder funktionieren”, scherzte Thomas. Er justierte den Projektionsbildschirm und schaltete den Projektor an.

5.14 Scoring Modell (Nutzwertanalyse)

Ähnlich wie die Entscheidungsmatrix, hilft das Scoring Modell, auch Nutzwertanalyse genannt, Ihnen bei der Definierung und Quantifizierung möglicher Lösungen für spezifische Situationen. Wann immer Sie systematische Vergleiche von möglichen Optionen brauchen, bietet Ihnen das Scoring Modell einen transparenten Weg. Zum Beispiel dann, wenn eine Gruppe an Leuten einen gemeinsamen Nenner finden muss. Das Scoring Modell nutzt dazu eine Tabelle mit Bewertungen, um konstruktive Diskussionen zu erleichtern und eine Entscheidung herbeizuführen. Viele Regierungsentscheidungen werden auf Grundlage des Scoring Modells getroffen, was Sie nicht davon abhalten soll, diese Methode einzusetzen.

Diese Methode zur Evaluierung ist sehr effektiv, wenn es um wichtige Entscheidungen geht. Je wichtiger eine Entscheidung ist und je mehr Faktoren dabei ins Spiel kommen, desto mehr Nutzen liefert das Scoring Modell. Für Startups können solche Entscheidungen zum Beispiel den Standort, die Rechtsform, finanzielle Optionen, Vertriebskanäle, Marketingfokus, etc. umfassen.

Es gilt lediglich acht einfachen Schritten zu folgen, um das Scoring Modell einzusetzen. (Anmerkung: Es gibt ein Beispiel eines Scoring Modells am Ende der folgenden Schritte, falls Sie einen visuellen Eindruck des Ganzen bevorzugen.)

Schritt 1 – Listen Sie die Kriterien auf, die es bei der Entscheidung zu beachten gilt. Eine Liste mit lediglich vier Kriterien würde dabei etwas schwach wirken, wobei zehn oder mehr etwas zu viel des Guten ist. Sieben scheint hier eine gute Anzahl an Kriterien zu sein.

Ihr Ziel: Die Liste vollständig, aber überschaubar zu halten. Die Kriterien dienen zeitgleich als Reihen der Tabelle, wobei jedes Kriterium eine eigene Reihe bekommt.

Schritt 2 – Identifizieren Sie Killerkriterien. Killerkriterien sind die, welche absolut und unter allen Umständen berücksichtigt werden müssen, um die Entscheidung überhaupt tragfähig zu machen.

Schritt 3 – Gewichten Sie die Kriterien. Eine Methode ist dabei, die Bewertung auf einer Skala von 1 bis 10. Die 1 bedeutet hierbei „minimale Wichtigkeit" und die 10 „maximale Wichtigkeit". Eine andere Methode sind die 100 "Wichtigkeitspunkte", die Sie basierend auf der jeweiligen Signifikanz auf die Kriterien verteilen. Die meisten Punkte gehen hierbei an das wichtigste Kriterium. Diese Gewichtung bildet eine eigene Spalte.

Schritt 4 – Brainstormen, recherchieren oder entwickeln Sie auf andere Art und Weise mögliche Lösungen bzw. Entscheidungen für die jeweilige Situation. Sammeln Sie alle Informationen, die Sie brauchen, um eine ordentliche Bewertung der einzelnen Optionen für die Kriterien vorzunehmen.

Schritt 5 – Schliessen Sie alle Lösungsansätze oder Entscheidungen aus, die es verfehlen, Ihre Killerkriterien ausreichend zu berücksichtigen. Es gibt keinen Grund etwas zu analysieren, das schon an der Basis scheitert. Die verbleibenden Optionen werden nebeneinander in Spalten aufgeführt. Jede dieser Spalten wird zweigeteilt in eine „Zielerfüllungswert ZEW"-Spalte und eine „Wert"-Spalte.

Schritt 6 – Evaluieren Sie, wie gut jede einzelne Option die jeweiligen Kriterien erfüllt. Nutzen Sie dabei die vorgeschlagene Skala von 1-10. Die gewählte Zahl der Skala geht in die Spalte „Zielerfüllungswert".

Schritt 7 – Zeit für ein wenig Mathematik. Aber keine Panik. Wir sprechen von ganz simpler Mathematik. Multiplizieren Sie die Werte der „Zielerfüllungswert"-Spalten für jede mögliche Option mit der jeweiligen Gewichtung. Die Summe geht dann in die Spalte „Wert".

Schritt 8 – Addieren Sie die Summen der „Wert"-Spalten, um den

Gesamtwert der einzelnen Optionen zu ermitteln. Die höchste Zahl dieser Summen, gelb markiert im unteren Beispiel, stellt, basierend auf Ihren Bewertungen, die beste Wahl dar.

Scoring Modell Vorlage:

	Gewichtung	Mögliche Lösung #1		Mögliche Lösung #2		Mögliche Lösung #3		Mögliche Lösung #4	
		ZEW	Summe	ZEW	Summe	ZEW	Summe	ZEW	Summe
Kriterium #1									
Kriterium #2									
Kriterium #3									
Total	-----	-----		-----		-----		-----	

Der höchste Wert macht eine Lösung oder Entscheidung natürlich nicht perfekt oder unschlagbar. Die Wahl der Kriterien, die Gewichtung und die Bestimmung des „Zielerfüllungswerte“ sind jeweils subjektive Vorgänge. Das bedeutet, dass alles, bis auf die Mathematikaufgaben, auf Subjektivität basiert. Die Qualität der Ergebnisse des Scoring Modells ist deshalb nur so gut wie die Informationen, die Sie zum Einsatz dieser Methode heranziehen.

Leon und das Scoring Modell

Benjamin war ein schweres Stück Arbeit. Aber er erwies sich als fantastischer Kunde. Er und weitere Neukunden brachten einen ordentlichen Schub an Einnahmen mit sich. Diese Einnahmen konnten keinesfalls ignoriert werden. Leon und Thomas hatten jetzt die Möglichkeit etwas Grosses anzugehen. Aber, wie so oft im Geschäftsleben, waren die Optionen schier endlos.

“Ich denke, dass wir uns einen grossen Bonus verdient haben”, erzählte Thomas seinem Partner. “Wir sollten das Geld einfach aufteilen und um die Häuser ziehen.”

“Sehr lustig”, sagte Leon trocken.

“Okay, schon gut. Dann eben nur ein kleiner Bonus.”

“Es geht um die Verbesserung des Unternehmens, nicht um die Verbesserung deines Kontostands.”

“Die Geschäftswelt ist dazu da, deinen Kontostand zu verbessern, Leon”, entgegnete Thomas mit einem Anflug echter Verärgerung in der Stimme.

“Aber dieses Unternehmen wird deinen Kontostand nicht verbessern können, wenn du das Geld nicht einsetzt, um das Unternehmen zu Wachstum zu führen“, gab Leon mit deutlich mehr Verärgerung zurück.

“Ach? Wie laufen denn eigentlich die Abendessen mit der Familie?” fragte Thomas. Seine Verärgerung wandelte sich allmählich in Zorn. “Und wie steht es um deine lustigen Fussballspiele? Das trägt wohl alles zum Unternehmenswachstum bei, was? Sonst würdest du ja niemals Geld für einen weiteren Angestellten ausgeben, nur um für solche Spässe Zeit zu haben.”
Leon starrte Thomas stumm an, während sein Partner weiter machte.

“Ich habe dir deswegen nie Vorwürfe gemacht. Du willst dir Zeit für dich und deine Familie nehmen? Okay, grossartig. Das ist ohnehin der Grund, warum du dieses Unternehmen unbedingt wolltest. Aber meine Familie besteht nur aus mir. Keine Frau, keine Kinder und keine Intention, dass sich daran etwas ändert. Du willst Zeit?” Thomas tippte mit seinem Zeigefinger auf seine eigene Brust, “Ich will Geld.”

Leon fühlte sich hin- und hergerissen. Thomas hatte einige gute Argumente gebracht. Wenn er den Lebensstil, den er wollte, durch dieses Unternehmen bekam, hatte Thomas alles Recht auf dasselbe. Auf der anderen Seite wusste Leon aber zeitgleich, dass die frischen Einnahmen eine Vielzahl an Optionen eröffneten, um das Unternehmen für die Zukunft besser zu positionieren. Er wollte das Unternehmen nicht ausschlachten. Er versuchte Thomas mit einer anderen Perspektive zu überzeugen.

“Du hast doch letzten Monat von diesem neuen Programm gesprochen”, begann Leon. “Bist du noch immer daran interessiert, das zu entwickeln? Dieses Projekt würde natürlich Investitionen benötigen. Und die Einnahmen könnten reichen, um das zu ermöglichen.”

“Ein anderes Mal”, antwortete Thomas. “Ich hatte keinen Tag Urlaub in zwei Jahren. Wenn dir Investitionen so wichtig sind, dann sehe das als Investition in unsere menschlichen Ressourcen an. Ich könnte dieses Geld dazu brauchen, um mich zu regenerieren und danach wieder frisch und gestärkt durchzustarten.”

“Aber du würdest in ein Unternehmen zurückkehren, das kein Stück besser ist als zu dem Zeitpunkt, wo dein Urlaub begann.”

“Dann lass uns einen Kompromiss schliessen. Ein Teil des Geldes dient als Bonus, der Rest geht in die Verbesserung unserer existierenden Infrastruktur.”

Leon wurde klar, dass diese Diskussion zu Nichts führen würde. Er überzeugte Thomas davon, das Scoring Modell zu nutzen, um die möglichen Optionen zu ermitteln. Dann könnte eine wesentlich konstruktivere Diskussion über die einzelnen Optionen erfolgen. Eines der Kriterien, über das sie sich schnell einig wurden war, sollte die Weiterentwicklung des Unternehmens sein. Ein anderes Kriterium: sie selbst.

Thomas bekam seinen Bonus.

5.15 Entscheidungsmatrix

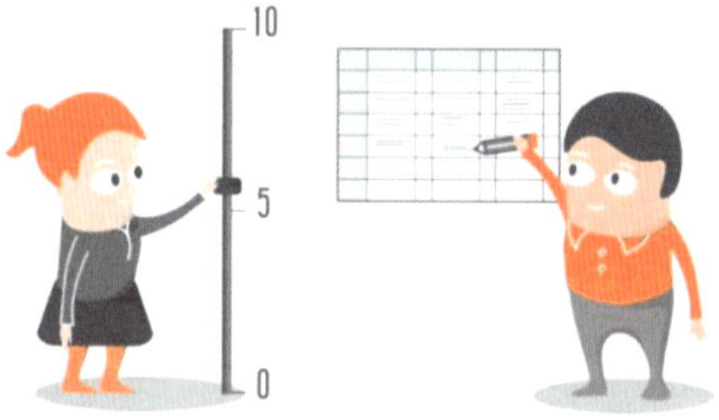

Streng betrachtet basiert das Geschäftsleben auf aufeinanderfolgende Entscheidungen. Eine Entscheidung jagt die Nächste. Ein Entrepreneur muss täglich Entscheidungen treffen. Ganz natürlich sind manche davon leichter als andere. Manche sind auch wichtiger als andere. Manche beinhalten klar ersichtliche Optionen, während andere undurchsichtiger Natur sind.

Die Entscheidungsmatrix ist eine Methode, um Entscheidungen zu treffen. Sie berücksichtigt dabei verschiedene Faktoren und organisiert Alternativen, aus denen Sie dann wählen können. Mit Hilfe von Bewertungen (konkrete Zahlen) werden so komplexe Entscheidungen besser überschaubar. Die Entscheidungsmatrix ist besonders dann nützlich, wenn mehrere Entscheidungen möglich scheinen und Sie an die Entscheidungsfindung rational, anstelle emotional, herantreten möchten.

Als Geschäftsführer oder Manager werden Sie häufig Entscheidungen zu treffen haben. Teils auch unter hohem Druck. Manchmal sind grosse Entscheidungen einfach schnell zu fällen. Und eine falsche Entscheidung kann unter Umständen zu vielen Problemen führen. Oder aber Sie fühlen sich überfordert, aufgrund einer Vielzahl an Optionen. Ganz gleich weshalb Sie Hilfe brauchen, um eine Entscheidung zu treffen, die Matrix kann Ihnen dabei helfen und Ihnen den kühlen, rationalen Blick auf die Sachlage ermöglichen.

Der Nutzen der Entscheidungsmatrix kommt vom Effekt, dass Ihre Aufmerksamkeit auf das grosse Ganze gerichtet bleibt, anstatt nur einen kleinen, speziellen Bereich zu sehen.

Die Matrix listet alle Ihre möglichen Optionen als Reihen in einer Tabelle auf. Die Spalten sollten dabei die relevanten Kriterien umfassen, wie Kosten, Einfachheit der Implementierung, Grösse, Farbe, Wartezeit oder welche Kriterien auch immer relevant sind für Ihre Entscheidung. Nachdem Sie die Tabelle ganz nach Ihren Bedürfnissen erstellt haben, gehen Sie sie durch und bewerten Sie jede der einzelnen Kombinationen aus Option und Kriterien.

Ein simples Beispiel: Sie wollen einen neuen Computer kaufen. Eines der Modelle besitzt eine wahnsinnig schnelle Rechenleistung, kostet aber auch dementsprechend. Dort, wo diese Reihe (Option) mit dem Faktor „Geschwindigkeit" zusammentrifft, bewerten Sie mit 5 von 5. Was den Preis anbelangt, bekommt das Modell magere 2 Punkte. Wenn Sie alle Kombinationen aus Optionen und Faktoren bewertet haben, werten Sie die Bewertungen aus. Wenn der Preis für Sie wichtiger ist als die Rechenleistung, wird die 2 mehr schmerzen, als 5 hilft. Oder eben andersherum.

Hier nochmal die Schritte, um die Entscheidungsmatrix einzusetzen:

- Listen Sie alle Ihre möglichen Optionen als Reihen in einer Tabelle auf. Die Elemente (Faktoren), die relevant sind für die Entscheidung, nutzen Sie als Spaltenüberschriften. Wenn Sie beispielsweise einen neuen Angestellten einstellen möchten, würden die der Tabelle (logischerweise) aus den Bewerbern bestehen. Die Spaltenüberschriften könnten dabei dann Bildungsgrad, Erfahrung, Lohnvorstellungen und Verfügbarkeit beinhalten.

- Arbeiten Sie sich anschliessend durch die einzelnen Spalten. Bewerten Sie dabei jede Kombination aus Alternative und Kriterium. Eine beliebte Form davon wäre 1 (schwach) bis 5 (sehr gut). Die Bewertungen der Optionen-Kriterien-Kombinationen müssen dabei nicht einzigartig sein. Wenn alle Alternativen bei einem bestimmten Kriterium schwach abschneiden, wie eine fehlende Erfahrung bei allen Bewerbern, können Sie auch alle mit 1 werten. Vielleicht wollen auch alle umsonst arbeiten. 5 von 5 bei der Lohnvorstellung für alle!

- Entscheiden Sie, wie sehr jeder der einzelnen Faktoren ins Gewicht fällt. Wenn Sie eine Reinigungskraft brauchen, könnte der Bildungsgrad für Sie womöglich nicht so wichtig sein. Wenn Sie hingegen jemanden brauchen, der Ihre Angestellten in der tieferen Raketenwissenschaft ausbildet, wird der Bildungsgrad gleich eine ganz andere Rolle spielen. Bewerten Sie jeden Faktor von, sagen wir, 1 bis 5. 1 steht für total irrelevant und 5 für unverzichtbar. Auch hier ist es total in Ordnung, wenn mehrere Faktoren die gleiche Bewertung erhalten.

- Multiplizieren Sie nun alle Bewertungen aus Schritt 2 mit den Bewertungen aus Schritt 3. Diese Aktion resultiert in gewichteten Bewertungen für jede einzelne Optionen-Faktoren-Kombination.

- Addieren Sie anschliessend die einzelnen Bewertungen für jede Option. Die Option mit der höchsten Zahl, stellt die beste Entscheidung für Sie dar (basierend auf Ihren Bewertungen!).

Olivia und die Entscheidungsmatrix

Olivia hatte einen mentalen Punkt ohne Rückkehr erreicht. Die Frage war nicht länger, "ob" sie ihr eigenes Fahrrad im Laden anbieten würde, sondern „wie". Ihre Freunde und Jillian waren nicht die einzige Quelle für Kapital. Es gab eine Vielzahl an Möglichkeiten, um Geld zu erhalten. Olivia würde nur die Optionen verfolgen müssen und anschliessend wählen, welche Form die Beste wäre.

Andere Investoren würden sicherlich interessiert sein. Bekannte, vielleicht. Michael kannte sowohl Olivia als auch Charlie. Vielleicht würde er investieren wollen? Ein Kredit der Bank könnte ebenfalls eine Option darstellen. Aber Olivia war auch die Unabhängigkeit wichtig. Wenn sie also irgendwie alleine an das Geld kommen würde, müsste sie niemanden um Erlaubnis fragen oder sich in irgendwelche Abhängigkeiten begeben.

Das Problem mit der letzten Option: Olivia hatte einige „Upgrades" an ihrem Lebensstil vorgenommen, als der Fahrradladen anfing richtig gut zu laufen. Sie und Connor zogen in eine grössere Wohnung, wo der Kleine mehr Platz zum Spielen hat. Sie kaufte sich ein neues Auto, als Belohnung für ihren Erfolg. Und sie konnte sich dieses Leben auch leisten, wenngleich nicht viel Geld übrigblieb, um zu sparen. Es würde eine Menge Opfer von ihr fordern, wenn Sie das Geld durch die Einschränkung im eigenen Budget auftreiben wollte.

Olivia erstellte eine Entscheidungsmatrix, um eine Entscheidung zu finden. Sie dachte über ihr generelles Interesse an Krediten nach und über mögliche Rückzahlungsoptionen. Sie bewertete ihre Optionen anhand der Einfachheit, diese Finanzierungen zu erlangen. Auch bewertete Sie den möglichen Einfluss auf ihre Beziehungen, falls das Vorhaben scheitern sollte. Dabei legte sie spezielles Augenmerk auf die Familie und Freunde. Natürlich ging es hier ums Geschäft, aber solche Probleme könnten sich schnell in private Bereiche ausbreiten, würde sie nicht aufpassen.
Nach Abschluss und Auswertung der Matrix, stand ihre Entscheidung fest. Sie würde das Kapital selbst finanzieren.

Sie begann damit, ihren Wagen zu verkaufen. Wie üblich, bekam sie weniger Geld über den Verkauf, als sie ausgegeben hatte, aber die Summe war schon mal ein guter Start. Als ihr Mietvertrag endete, erhielt Olivia die Kaution zurück und suchte sich ein weniger teures Zuhause. Es befand sich näher am Laden, so konnte sie auch ohne Auto zur Arbeit gelangen (per Fahrrad!). Der Umzug war ein drastischer Schritt, aber die Angelegenheit wurde schnell leichter, als klar wurde, dass sie viel Inventar verkaufen musste. Das bedeutete natürlich mehr Geld und weitere Schritte in Richtung Kapital. Weniger Inventar hiess natürlich auch weniger Schlepperei beim Umzug. Olivia stoppte zudem die Versicherung ihres Ladens um den bald folgenden, halbjährigen Beitrag zu vermeiden.

Als Olivia das gesammelte Geld durchging, fiel ihr auf, dass die Summe beinahe ausreichte. Aber nur beinahe. Sollte sie Charlie geben was sie hatte und fragen, ob das reicht? Nein. Ihr Stolz würde das niemals zulassen. Zudem wäre das ein schrecklicher Beginn für eine professionelle Partnerschaft. Es schien also, als müsse sie für ihren Traum noch ein paar Opfer bringen.

“Es ist Zeit den Diamanten herzugeben”, sagte Olivia zu sich selbst mit einer Spur von Traurigkeit.

Sie holte ihren Ehering aus der Box, in der sie ihren Schmuck aufbewahrte. Sie blickte auf den strahlenden Diamanten in der goldenen Fassung und dachte zurück an den Tag, als ihr Ex-Mann ihr den Ring das erste Mal an den Finger steckte. Der Schmerz der Erinnerung überraschte Olivia. Ein Teil von ihr wollte den Ring nicht verkaufen. Aber wenn sie ihn verkaufen würde, wäre das Investment womöglich gesichert. Die volle Akzeptanz über ihre gescheiterte Ehe würde dann zu einer neuen Beziehung führen: Einer professionellen Geschäftsbeziehung, die viel Potential in sich hätte.

Mit einem Kloss im Hals, ging Olivia Richtung Juwelier.

5.16 Fehler-Ursachen-Analyse

Als Gründerperson werden Sie zwangsläufig auf das ein oder andere Problem stossen. Einige werden einfach zu lösen sein. Manche jedoch entpuppen sich als überraschend kompliziert. Wenn Sie mit einem Problem der ersten Kategorie konfrontiert werden: Glückwunsch. Falls nicht, verwenden Sie die Fehler-Ursachen-Analyse, um sicherzugehen, dass Sie das Problem auch wirklich beheben können.

Der Sinn der Fehler-Ursachen-Analyse ist die Wurzel des Problems zu finden, um nicht Zeit, Geld und Mühen mit Arbeit zu verschwenden, dessen Auswirkung zu korrigieren. Probleme an der Oberfläche zu behandeln, lässt die tatsächlichen Ursachen ausser Acht. Das führt dazu, dass sich das Problem weiterentwickelt oder sich wiederholt. Das ist ein einfacher Weg, sich selbst verrückt zu machen und dabei absolut nichts zu erreichen.

Eine tiefgehende Analyse der Problemursache wird den genauen Grund ans Licht bringen. Finden Sie unterschwellige Prozesse, die die unerwünschten Probleme verursachen. Damit sind Sie in der Position, die genaue Ursache zu beheben, was ja Ziel der Übung ist.

Den genauen Ursprungspunkt des Problems zu finden, ist nicht so einfach, wie es anfangs scheint. Die Ursache und Wirkung zwischen zwei Vorgängen, bringt Sie womöglich nicht tief genug in die Materie, um die Wurzel zu erkennen und das Problem auszuschalten oder an der Wiederkehr zu hindern. Die Zwickmühle, die Sie als Ursache identifiziert haben, mag ihrerseits nur ein Effekt einer tiefer liegenden Ursache sein, die Sie genauer untersuchen sollten, um bessere (günstigere, einfachere oder zuverlässigere) Resultate zu erhalten.

Eine qualitativ hochwertige Fehler-Ursachen-Analyse, verlangt nach einem methodischen, systematischen Ansatz:

1. Definieren Sie das genaue Problem, welches Sie zu lösen versuchen. Warum Sie unzufrieden mit den aktuellen Ergebnissen sind. Setzen Sie sich realistische Ziele für verbesserte Szenarien.
2. Sammeln Sie Daten und Fakten von Faktoren, die in das Problem mit hineinspielen. Zeichnen Sie einen Zeitstrahl, der die einzelnen Punkte genau beleuchtet, die das vorliegende Problem hervorgerufen haben.
3. Überlegen Sie sich, welche Verhaltensweisen (die in Ihrer Macht liegen) zu veränderten Ergebnissen führen würden. Sein Sie sich sicher, dass die eingeführten Änderungen zu einem verbesserten Ergebnis führen, in welchem Bereich auch immer. Diese Änderungen dürfen natürlich nicht zu neuen Problemen führen.
4. Überlegen Sie sorgfältig, welche Änderungen sinnvoll sind, und setzen Sie diese zeitnah um.
5. Beobachten Sie die neue Entwicklung eingehend. Stellen Sie sicher, dass es bergauf geht.
6. Arbeiten Sie an der Optimierung der Lösung des Problems. Geht es auch einfacher? Günstiger? Oder mit weniger Aufwand?

Hier sind einige Tipps, um das meiste aus Ihrer Fehler-Ursachen-Analyse herauszuholen:

- Denken Sie genau über den Zeitpunkt, den Standort und die Stärke der Beeinflussung der Faktoren nach, die zu dem Problem führen.
- Um das Problem zu beheben, müssen Sie etwas anders machen. Also bereiten Sie sich darauf vor, Veränderungen in Ihrer Handlungsweise, Ihrem Verhalten oder den Geschäftsbedingungen durchzuführen. Es ist sinnlos das Problem zu finden, wenn danach nicht alles an eine Verbesserung gesetzt wird.
- Es mag verschiedene Auslöser für ein Hauptproblem geben. Doch je geduldiger und hartnäckiger Sie sind, desto wahrscheinlicher werden Sie sie finden.

- Es mag verschiedene Herangehensweisen geben, wenn das Problem erst mal identifiziert ist. Je gründlicher Sie bei Ihren Nachforschungen sind, desto mehr Lösungsansätze werden sich präsentieren. Das bedeutet: Sie haben mehrere Wahlmöglichkeiten. So können Sie die passende Lösung für sich finden.
- Gemeinschaftliche Arbeiten führen meist zu einer besseren Fehler-Ursachen-Analyse.
- Wir Menschen tendieren dazu, uns die Fakten so hinbiegen zu wollen, dass sie unsere gegenwärtige Meinung stützen. Das macht es schwierig zu erkennen, was Ihr Team als Problem erkennt. Boxen Sie sich durch Ihre eigenen Vorurteile.

Sie können die Fehler-Ursachen-Analyse auch als Zukunftsanalyse nutzen und so eventuelle Schwierigkeiten vorhersehen. Dadurch können Sie schnell handeln und gegensteuern. Da die Vorsorge üblicherweise günstiger, einfacher und weniger traumatisch ist, als mit Dingen fertig zu werden, die bereits im Argen liegen. Proaktive Fehler-Ursachen-Analyse ist eine sehr sinnvolle Sache.

Olivias Fehler-Ursachen-Analyse

Die gute Nachricht war, dass sich Olivias Fahrraddesign gut verkaufte. Den Leuten gefiel das Design und sie akzeptierten den Preis. Schon bald musste sie ihre Bestellungen erhöhen, um mit der Nachfrage Schritt halten zu können.

Die schlechte Nachricht: Nach kürzester Zeit gab es beunruhigend viele Reklamationen bzw. Rückgaben. Weshalb auch immer ihre Kunden unzufrieden waren, musste schnellstens behoben werden. Olivia musste die Ursache des Problems schnell finden, ehe der Ruf ihrer Fahrräder oder der ihres Ladens gefährdet würde. Sie durfte nicht zulassen, dass dadurch der Verkauf einbricht oder dass die Loyalität ihrer Kunden ins Wanken gerät.

Weil sie immer darauf geachtet hatte, eine persönliche Bindung zu ihren Kunden aufzubauen, war sie nun in der Lage, offene Gespräche mit reklamierenden Kunden zu führen. Dabei erfuhr sie, dass etwas mit der Gangschaltung nicht stimmte. Die Fahrradketten würden dadurch aus der Verzahnung fallen. Die Kunden waren es leid, mit öligen Fingern nach Hause zu kommen.

Olivia war überrascht. Sie war regelmässig mit ihrem eigenen Fahrrad zur Arbeit gefahren. Da der Weg jedoch recht kurz und eben war, benutzte sie die Gangschaltung selten. Sie hatte das Problem nie. Trotzdem fühlte sie sich verpflichtet, den Verkauf ihrer Fahrräder stillzulegen, bis die Ursache des Problems gefunden und behoben war.

Das Telefonat mit Charlie war kein Erfreuliches. Olivia erläuterte, dass das Problem mit der Gangschaltung an stümperhafter Verarbeitung lag. Er jedoch sah das Problem in Olivias Originaldesign. Sie bestand darauf, dass er die Ketten der Fahrräder, deren Gangschaltung Probleme machten, umsonst austauschte. Er hielt es nicht für die Lösung des Problems, ein fehlerhaftes Produkt erneut in die Fahrräder einzubauen.
Beide Unternehmer waren unzufrieden. Der Anruf brachte keine

wirkliche Lösung. Als sie aufgelegt hatte, rief sie Michael an.

"Mach doch einen Testlauf mit einem neuen Zulieferer", schlug Michael vor.

"Aber ich bin eine Partnerschaft mit Charlie eingegangen", sagte Olivia. "Ausserdem verliere ich mit jedem Fahrrad Geld, wenn ich mit einem teureren Zulieferer zusammenarbeite."

"Ihr habt doch keinen exklusiven Vertrag. Von jemand anderem zu bestellen, ist die schnellste Lösung, um zu erfahren, ob das Problem in deinem Design oder Charlies Verarbeitung liegt – und ein kleiner finanzieller Rückschlag jetzt ist allemal besser, als viel Geld an eine weitere Lieferung eines fehlerhaften Produktes zu verschwenden."

Olivia entschloss sich dazu, Michaels Vorschlag umzusetzen. Sie kontaktierte die Kunden, die Fahrräder zurückgebracht hatten, um ihnen ein exklusives Angebot zu unterbreiten. Wenn sie ihre neuen Räder für einen vereinbarten Zeitraum testen würden, bekämen sie einen beträchtlichen Nachlass auf einen späteren Kauf. Wenn Sie bei Olivias Design blieben, könnten sie die Fahrräder für die Hälfte des offiziellen Preises haben.

Die Fahrräder des neuen Zulieferers bestanden den Test. Die Fahrradketten setzten nicht mehr aus und Olivias Kunden blieben bei ihrem Design.

Als der neue Zulieferer hörte, wie gut sich die Fahrräder verkauften und wie zufrieden die Kunden waren, unterbreitete er Olivia ein Angebot. Er würde ihr Design zu einem erschwinglichen Preis produzieren, wenn sie ihrerseits grössere Stückzahlen in regelmässigen Abständen abnehmen würde. Es war eine vernünftige Anzahl an Produkten, würde aber einen langfristigen Wechsel zu dem neuen Zulieferer bedeuten. Sie müsste ihre Zusammenarbeit mit Charlie beenden.

Egal wie sinnvoll dieser Wechsel auf dem Papier schien, die Entscheidung den Zulieferer zu wechseln war nicht einfach. Sie hatte viel in Charlies Startup investiert. Er hingegen war ihr mit flexiblen Finanzierungen nach dem Brand entgegengekommen. Und es war Charlie. Jetzt zu wechseln, schien Olivia wie ein Verrat an ihrer Partnerschaft. Sie erkannte, dass obwohl sie keine romantische Beziehung hatten, die bestehende Freundschaft Druck auf die geschäftliche Beziehung ausübte.

Sie besuchte Charlie in seinem Büro, bevor sie eine Entscheidung traf. Er hörte aufmerksam zu, als sie von dem Test mit dem neuen Zulieferer erzählte und dem Angebot, das er ihr unterbreitet hatte.

“Ich freue mich, dass dein Design sich gut verkauft”, sagte Charlie. “Ich kann verstehen, wenn du wechseln willst. Du solltest tun, was das Beste für dein Geschäft ist.”

“Ist es möglich, dass du die Produktqualität verbesserst?” fragte sie etwas verdutzt, dass er sie so schnell aufgeben wollte.

“Ich kann es mir nicht leisten, bessere Ausrüstung zu bestellen”, sagte er und schüttelte den Kopf. “Und ich weiss, dass du es dir nicht leisten kannst in mein Produkt oder Geschäft zu investieren”

“Also war´s das”, sagte Olivia sanft.

“Ich schätze schon”, entgegnete er und schüttelte ihre Hand. “Danke für die Zusammenarbeit.”

“Danke für alles”, sagte sie. Sie drehte sich zur Tür, als er sie aufhielt.

“Italienisch?” schlug er vor.

“Italienisch hört sich grossartig an”, sagte sie mit einem breiten Grinsen.

3... 2... 1... Launch!

Alles in diesem Buch – jeder Prozess, jede Analyse, jede Strategie – wurden beschrieben, um Ihnen zu helfen. Obwohl es einige Aspekte des Business gibt (und immer geben wird), die Ihre Aufmerksamkeit verlangen, ist jedes dieser Elemente ein Teil des grossen Ganzen. Wenn Sie einen der Schlüssel ausser Acht lassen, tun Sie das gleiche mit dem gesamten Unternehmen. Wenn Sie die 7-Schlüssel weise nutzen, bleibt Ihr Geschäft im Gleichgewicht.

- **KUNDEN -** Je mehr Sie über Ihren Markt wissen, desto einfacher wird es Ihnen fallen, den Kunden zu geben, was diese wirklich wollen. Verstehen Sie Ihre potenziellen Kunden und deren Bedürfnisse. Bauen Sie Ihr Geschäft darauf auf.

- **PRODUKTE / DIENSTLEISTUNGEN -** Sie müssen wissen, was Sie anbieten und was Ihre Zielgruppe wirklich braucht. Wenn Sie einen klaren Mehrwert bieten und Ihre Angebote strukturiert und wettbewerbsfähig sind, haben Sie eine solide Grundlage für Ihr Geschäft.

- **WETTBEWERB -** Bleiben Sie stets informiert über Ihre Konkurrenz. Solange Sie deren Stärken und Schwächen kennen, können sie neue Möglichkeiten suchen (und finden), Ihre Konkurrenz zu übertrumpfen und Kunden abzuwerben.

- **MARKTEINFÜHRUNG -** Wie Sie mit Ihrem Umfeld interagieren wird über das Schicksal Ihres Unternehmens bestimmen. Entwickeln und arbeiten Sie alle Verkäufe und Marktaktivitäten genau aus, mit dem, was Sie über das 7-Schlüssel-Modell gelernt haben.

- **PERSONEN -** Wer Sie sind, sollte direkten Einfluss darauf haben, was Sie tun. Stehen Sie zu Ihren Interessen, Motivationen, Stärken und Schwächen. Bleiben Sie mit sich selbst im Kontakt, mit dem was für Sie zählt, mit Ihren Zielen. Wenn Sie für sich selbst arbeiten, sollte alles mit

Ihnen beginnen, enden und auf Ihre Bedürfnisse als Individuum abgestimmt sein.

- **RESSOURCEN** - Eine Inventarliste von dem, was Sie haben und was Sie brauchen. Greifbar oder nicht, permanent oder vorläufig. Seien Sie sich bewusst, was zum Erfolg beiträgt. Wenn Sie es schon besitzen, nutzen Sie es überlegt. Haben Sie es noch nicht, holen Sie es sich.

- **GELD** - Wo kommt das Geld her? Wo geht es hin? Erstellen und folgen Sie Ihrer Finanzplanung. Das tiefe Verständnis über Ihre Einnahmen und Ausgaben ist der erste Schritt diese beiden Faktoren unter Kontrolle zu haben.

Ganz gleich in welcher Phase Sie sich mit Ihrem Unternehmen befinden, ob Sie gerade erst den Gedanken fassen zu gründen oder schon seit vielen Jahren im Geschäft sind, die 7-Schlüssel enthalten die Kraft, um Sie auf die nächste Stufe zu befördern.

Weil die Informationen in diesem Buch auf Sie zutreffen (ganz gleich in welcher Phase Sie sich befinden), halten Sie es stets griffbereit bei zukünftigen Fragen. Beschäftigen Sie sich immer wieder damit. Nutzen Sie die Werkzeuge auf der getLaunched®-Plattform. Fürs Erste haben Sie jetzt, was Sie brauchen, um Ihr Startup zu neuen Höhen zu befördern.

It is time to getLaunched®!

Bibliografie

[1] Sixth European Working Conditions Survey: 2015 | Eurofound. Retrieved August 5, 2023, from https://www.eurofound.europa.eu/surveys/european-working-conditions-surveys/sixth-european-working-conditions-survey-2015

[2]Porter, Michael E. The Five Competitive Forces that Shape Strategy. Harvard Business Review 2008. Druckausgabe.

[3]McCarthy, E. Jerome. Basic Marketing. A Managerial Approach. Homewood, IL: Richard D. Irwin, 1960. Druckausgabe.

[4] Felkai, Roland, und Beiderwieden, Arndt. Projektmanagement für technische Projekte: Ein Leitfaden für Studium und Beruf. Springer Verlag, 2015. Druckausgabe.

[5] Kaplan, Robert S., und David P. Norton. The Balanced Scorecard: Translating Strategy into Action. Druckausgabe.

[6]Osborn, Alex. Your Creative Power: How to Use Imagination. New York: Scribner, 1948. Druckausgabe.

[7]Zwicky, F.. Discovery, Invention, Research - Through the Morphological Approach, Toronto: The Macmillan Company, 1969. Druckausgabe.

[8] Attribute Listing, Morphological Analysis and Matrix Analysis: Tools for Creating New Products and Services: 2016 | Mindtools. Retrieved March 3, 2016, from https://www.mindtools.com/pages/article/newCT_03.htm

[9]Olson, Robert Wallace. The Art of Creative Thinking. New York: Barnes & Noble, 1980. Druckausgabe.

[10]De Bono, Edward. Six Thinking Hats. Boston: Little, Brown, 1985. Druckausgabe.

[11] Peters, Thomas J., und Robert H. Waterman. In Search of Excellence: Lessons from America's Best-run Companies. New York: Harper & Row, 1982. Druckausgabe.

[12] Eberle, Robert F.. Scamper: Games for Imagination Development. Buffalo, NY: D.O.K., 1971. Druckausgabe.